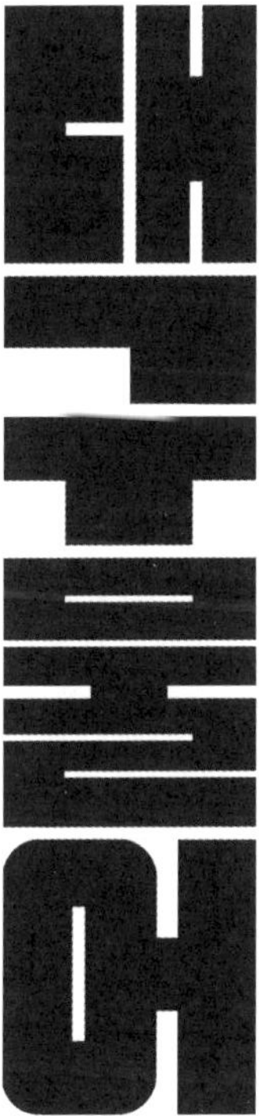

1904~1910년의 대구 이야기 : 대구물어

초판 발행 2022년 12월 15일

초판 2쇄 2025년 3월 14일

지은이 가와이 아사오(河井朝雄)

옮긴이 영남대학교 일어일문학과 근대사료 번역팀

디자인 정재완

펴낸곳 영남대학교출판부

펴낸이 최외출

출판등록 1975년 9월 5일 경산 제16-1호

주소 경북 경산시 대학로 280

전화 053) 810-1802~4

FAX 053) 810-4722

홈페이지 book.yu.ac.kr

ISBN 978-89-7581-861-5 93910

값은 표지 뒷면에 있습니다.

잘못 만들어진 책은 바꾸어 드립니다.

대구물어

1904 —
1910년의
대구
이야기

가와이 아사오 지음
영남대학교 일어일문학과
근대사료 빈역팀 옮김

영남대학교출판부

서문

1904년 26살 무렵 대구에 와서 벌써 27년이 흘렀다. 혈기 왕성하던 청춘부터 귀밑머리에 서리가 내린 지금의 나이까지 대구라는 땅에서 살아왔다. 돌이켜보니 27년이라는 세월이 제법 길다. 20여년 전 잡초가 무성하던 대구도 이제는 인구 10만을 포용하는 조선의 4대 도시가 되었다.

이조 말엽 천 이백만이라던 한국의 인구는 이천만이 되었고 삼십년이 채 되지 않아 조선의 인문人文도 상당히 발전하였다. 미개하던 당시로부터 세계 3대 강국의 반열에 오른 오늘날까지 생동하는 조선의 역사 속에서 미덥지 못하나마 문장보국文章報國의 일원으로서 조선의 개발에 줄곧 종사해온 것을 작은 보람으로 여긴다.

길지 않은 일생에서 52세라고 하면 이미 황혼에 가까워진 듯하여 올해 6월 붓을 들어 「나를 중심으로 한 대구사」라는 것을 집필했다. 처음에는 문헌을 남기고자 계획적으로 한 것도 아니고 그저 흥미 중심으로 써내려간 것인데 선배와 지인들로부터 여러 귀중한 자료를 받고 나 스스로도 흥미가 일어 본격적으로 27년간 내가 걸어온 길을 써야겠다고 결심한 것이 이 『대구물어』이다.

20년 전에는 두세 권 대구사정을 쓴 책도 있었으나 지금은 사라져 찾을 수 없다. 몇해 전 고인이 된 미와 조테쓰三輪如鐵가 1912년 무렵에 쓴 『대구일반大邱一班』이 남아있을 뿐 그 외 대구 27년의 역사를 정리하여 서술한 문헌은 하나도 남아있지 않아서 나 뿐만 아니라 많은 이들이 이를 유감으로 여기고 있다. 만약 이 『대구물어』가 장래 대구사를 엮는 데 어느 정도 참고가 되고 이 책을 통해 초창기 대구를 건설한 이들의 면모를 엿볼 수 있다면 기대 이상의 숙원을 이루는 것이라 생각하여 먼저 이 한권을 저술하였다. 쓰다보니 조선의 추이도 폭넓게 이해할 필요가 있기에 조선의 사정도 함께 기술하였다.

본래 졸필임에도 대구의 사정과 조선의 추이를 아는 데 도움이 된다며 각 방면에서 출판을 권유받아 대담하게 이 책을 간행하기로 하였다. 1909년 이후의 대구를 중심으로 한 이야기는 추후에 집필할 예정이다.

1904년 이래로 대구에 계속 거주하고 있는 일본인이 아직도 십수 명 있으나 모두 50세 이상 노년에 접어든 이들 뿐이고 내가 비교적 젊은 축에 속하는 데다 기억도 아직 또렷하여 이정도나마 쓸 수 있었다. 수기나 기타 자료는 거의 없어서 이 책에 기술한 내용 대부분은 내 기억에 근거하여, 그리고 생존해 있는 관련자들의 이야기를 듣고 연도 순으로 써내려갔다. 대체로 정확하다고 믿으며 관련자들도 모두 이를 인정하는 바이다.

끝으로 이 책을 편찬하는데 도움을 준 여러 분들께 진심으로 경의를 표하며 삼가 대구 개발의 선구자 영령께 이 책을 바쳐 오래도록 그 공로가 기억되기를 바라는 바이다.

1930년 음력 12월 저자 씀

차례

일러두기

- 『대구물어』는 1931년 일본인 언론인에 의해 간행된 자료이므로 일본 관점의 표현과 용어가 많다. 이 글이 문학서가 아닌 1차 자료라는 관점에서 가급적 원문의 표현과 용어는 수정하지 않았으며 해당 표현과 용어 등은 번역자의 관점이나 역사 인식과 별개임을 밝힌다. '일한' 표기는 '한일' 표기로 바꾸었다.
- 원문에서 사진 설명은 각 절의 끝에 괄호로 표기되어 있으나 번역서에는 편의상 사진 바로 밑으로 사진 설명문을 옮겼다.
- 한자를 병기하기 위해 사용한 것 이외의 본문 내 주석은 원문 저자가 설명을 위해 붙인 것이다.
- 일본어 용어나 어려운 한자어 및 설명이 필요한 어휘는 번역자가 각주로 설명을 달았다.
- 한국의 지명은 일본인 거주구역의 일본식 지명이라 하더라도 한국어 한자 발음으로 표기하였고 일본의 지명은 일본어 발음으로 표기하였다.
- 일본인 인명의 경우 원문에 표기된 일본어 발음 표기를 한국어로 표기하였다. 하지만 발음 표기가 적혀있지 않은 경우 일본인 이름은 발음을 확정하기 어려워 일본어 한자 음독 발음으로 표기했다.
- 원문의 이름 뒤에 모두 '氏'가 붙어 있으나 가독성을 고려하여 모두 생략하였다.
- 연도는 원문에서 모두 일본의 연호를 사용하였으나 번역서에서는 서기로 바꾸었다.
- 원문의 차례에는 번호가 붙어있지 않으나 번역서에는 편의상 번호를 붙였으며 본문의 소제목도 내용 파악에 도움이 될 것이라 생각하여 차례에 포함시켰다.
- 각주의 설명은 별도 표기가 없는 경우 국립국어원 표준국어대사전, 일본어 사전인 goo와 コトバンク의 설명을 참조하여 실었다.

1904~1910년의 대구 이야기 : 대구물어

1. 히타치마루常陸丸호가 조난된 현해탄을 건너다

처음으로 대구에 오다

내가 처음으로 대구 땅을 밟은 것은 1904년 7월 23일이었다. 대구 시찰이 주된 용건으로 그 참에 30지게 분량의 잡화도 가지고 갔다. 체류하는 5일 동안 대구라는 곳의 사정을 대강 알 수 있었다. 당시 밀양까지 열차가 다녔지만 아직 정식 영업을 개시하지 않아서 특정인에 한해 철도건설용 화객차貨客車에 승객과 화물의 편승 및 수송을 허가하고 있었다. 말만 편승이지 사실상 영업과 마찬가지였고 그에 상응하는 요금도 물론 받았다. 밀양까지 기차로 이동하고 거기서부터는 30여 명의 지게꾼에게 짐을 지게하여 중간에 이틀 밤을 묵고 3일째 되던 날 대구에 도착했다. 내가 조선에 온 것은 그 해 6월 15일 이었는데 모지門司[1]에서 전마선傳馬船[2]으로 본선에 옮겨 탔다. 옮겨 탄 본선은 약 5백 톤, 당시 유명했던 오사카 상선인 지쿠고카와마루筑後川丸호였다. 6월 7일 모지에 도착하여 그날 저녁에 승선할 예정이었는데 운송선인 히노데마루日の出丸호가 러시아함대에 쫓겨 간신히 시모노세키에 입항했다는 보도가 나오며 현해탄 항로는 칠흙같은 어둠에 휩싸이

▶ 당시의 필자

1 후쿠오카현 기타큐슈에 위치한 지역

2 큰 배와 육지 또는 배와 배 사이의 연락을 맡아 하는 작은 배

고, 상선은 시모노세키와 모지 사이에서 정선停船 명령을 받았다. 그날인가 그 다음 날인가 확실하지는 않지만 운송선 히타치마루常陸丸호가 간신히 격침 위기는 벗어났으나 승조원들이 배 위에서 장렬하게 자인했다는 신문 기사를 보았다. 적들이 현해탄 곳곳에 수뢰를 부설했다는 보도도 있었다. 현해탄 항해는 대단히 위험해 보였으나 다행히 6월 15일부터 정선 명령이 해제되어 첫 번째로 내가 승선했다. 하지만 위험이 완전히 사라진 것은 아니었다. 수뢰에 부딪히면 그것으로 끝이라 조심조심 살피며 항행하는 기분이 그다지 좋지는 않았다. 무쓰레섬六連島 앞 바다에 돛대가 꺾여 크게 기울어진 채 간신히 해면에 떠 있는 히타치마루호가 오른쪽에 보였다. 그리고 17시간이 지나 부산에 도착했다. 그 후 부산에 30여일 머물면서 일상생활에 필수적인 한국어를 공부하고 처음으로 한국 내지를 여행한 것이다. 한국어를 제대로 익히지는 못하고 '안되겠소', '좋소', '오너라', '가거라' 네 마디 정도만 외워서 지게꾼 30여 명을 인솔하여 대구까지 온 것을 생각하면 정말이지 포복절도할 일이다.

빈대의 습격

밀양에서 청도까지 대략 7리[3] 라고 들었는데 그날 밤 청도까지 겨우 도착하여 그 유명한 팔조령八助嶺 기슭의 한 주막에 묵었다. 처음엔 작은 방 하나를 빌려 침침한 석

3 일본의 당시 도량형법에서 1리는 약 3.9km이고 한국은 약 420미터이다. 번역문의 '리'는 원문과 같은 일본의 도량형을 의미한다.

유램프에 의지해 하룻 밤을 보내려 했다. 그러나 빈대의 습격을 받아 방을 뛰쳐나왔고 결국 짐을 쌓아올린 노천에서 밤을 새웠다. 팔조령이 정확한 이름인지 아닌지는 모르겠지만 일본인들은 흔히 팔조고개라고 불렀다. 실로 양의 창자처럼 구불구불한 고개로 당시 사람들 사이에서는 유명한 험지였다. 고개에서 계속 내리막길로 내려오는데 24, 5관貫[4]이나 되는 무거운 짐을 짊어졌기 때문에 지게꾼들은 내리막길에서도 비척비척 조심스럽게 걸어야 했다. 대구까지 약 3리 못미처 어느 마을에서 또 하룻밤을 보내고 그 다음날 오전 10시쯤 대구에 도착했다. 부산대구 가도는 지금의 대구연대大邱聯隊 앞에서 배수지 아래로 나와 덕산정德山町에서 명치정明治町까지 이어져 있다. 명치정길은 부산, 대구, 경성에 이르는 국도이고 경부선속성공사 제1기 계획에서 남산정南山町 뒷편에 정차장을 만들 예정이라 투기꾼들이 이미 그 부근 토지를 매수하여 기회를 엿보고 있었다. 따라서 구 남문밖 지금의 명치정길이 가장 번화한 지역이었다.

---

4 1관은 약 3.75kg

2. 내가 대구인이 되기까지

경제의 중심지

대구는 예전부터 시장이 번성한 지역으로 유명했다. 음력 2일과 7일에는 서시西市, 4일과 9일에는 동시東市가 열렸다. 서시는 현재의 시장우편소 전방 약 2천 평 일대에 있었고 동시는 현재의 달성군청 부근에 있었는데 서문시장이 1922년에, 동문시장은 1923년에 지금의 장소로 이전했다. 20-30년 전 한국에는 도읍이고 산촌이고 상설점포가 거의 없어서 일용품 및 기타 필수품을 한달에 여섯 번 열리는 읍촌의 시장은 모두 한달에 여섯 번 개시 시장에서 구했으므로 시장을 쫓아 전전하는 상인들이 상당한 세력을 형성하고 있었다. 일본인들이 차츰 이주해 들어오면서 상설점포가 문을 열었으나 그럼에도 시장을 중심으로 사람들이 모여들었기 때문에 자연히 사람들 모이기 좋은 곳이 번창했다. 그 무렵 본정本町 2정목丁目과 시장 부근이 경제의 중심지였다. 1904년 7, 8월 경에는 대구를 중심으로 철도속성공사가 한창이었다. 철도 종업원, 공사 청부업자와 그 직원들에게 물자를 공급하는 상인, 여관, 요릿집 등이 일시에 격증하여 적어도 천여 명의 일본인들이 모여 있었다. 한국 정부 치하에 살면서도 일본인들은 거의 치외법권의 상태로 놓여있어 상당히 제멋대로 굴었다. 물론 부산에는 일본 정부의 영사관이 있어서 질서가 유지되고 일본인의 정당한 권리행사도 주장할 수 있었지만 대구에는 당시 겨우 경찰관 출장소가 설치되어 순사부장 한 명과 순사 두 명만 있었으므로 갑자기 한국인과 일본인 사이에 문제가 발생하면 중재를 못할 정도로 불안한 상황이었다.

부산까지 강행

당시 나는 용무를 끝내고 7월 28일 대구를 떠나 부산으로 돌아가게 되었다. 공교롭게도 7월 24일부터 비가 내리기 시작해 27일까지 나흘간 계속 퍼부었다. 하천이 범람할 만큼 위험하다는 말을 들었지만 3, 4명 동행자가 있어서 출발을 강행했다. 설령 하천이 범람하더라도 청도까지만 가면 건설용 열차가 있으므로 괜찮을거라 생각하여 청도까지 갔으나 열차가 불통이었다. 그날 밤 10시 경 밀양 읍내까지 겨우 도착했는데 밀양에서도 열차가 불통이었다. 그 다음날인 29일 삼랑진, 구포, 초량까지 가서야 철도가 고장으로 서 있는 곳이 초량이라는 것을 처음 알았다. 대구 부산간 78마일[5]을 이틀 동안 강행한 이 일정은 내 일생에서 가장 먼 길을 걸어본 기록이다. 부산에 도착하자 피로가 한꺼번에 몰려왔고 동시에 빈대에 물린 곳이 너무 가려워 긁다 보니 물집 같은 것이 불거졌다. 그것이 점점 퍼져 결국 왼쪽 다리 전체에 번지면서 부어올랐다. 부산에서 해수욕 등을 하며 두 달을 보냈더니 간신히 나았다. 그 후 빈대의 독에는 면역되었다.

---

5 1마일이 약 1.609km 이므로 78마일은 대략 125.502km

대구인이 되다

그해 11월 27일 두 번째로 대구 땅을 밟으며 나는 대구에 거주하게 되었다. 그때는 열차가 청도까지 편승 허가라는 이름으로 운영되고 있었기에 청도까지는 일정 승차 운임을 내고 편하게 타고 왔지만 청도부터는 당연히

▶ 당시의 필자

걸어가야 했다. 계절은 11월 하순인데도 어처구니없이 춥고 싸락눈이 내렸다. 청도부터 대구까지 도보여행이라니 잠시 진저리를 내며 골치를 앓고 있는데 청도역에 도착하기 직전에 옆에 앉아있던 30대 정도의 어떤 부인이 행선지를 묻기에 '대구까지'라고 대답하자 부인은 다시 승차권을 갖고 있느냐고 물었다. "아니요. 청도부터는 걸어갈 생각입니다."라고 대답하자 부인은 "그거 참 큰일이네요. 철도공사 종사자와 그 가족에게는 편승권을 주는데 다만 청도부터 왜관까지는 무개화차無蓋貨車[6]에 타야합니다. 그래도 이 추위에 걷는 것 보다는 낫지요. 제가 편승권을 마련해 드리겠습니다."라고 친절을 베풀었다. 눈 내리는 7, 8리 산길은 걸을 수 있는 길이 아니다. 지옥에서 부처를 만난 심정으로 기쁘게 부탁드렸다. 그러자 그 부인은 익숙한 듯 청도역에 도착하자 나를 데리고 건설 사무소에 들어가 "남편과 둘이서 가는데 편승권이 한 사람 분으로 되어 있으니 교환해 주세요."라고 태연하게 신청하여

6 덮개나 지붕이 없는 화물차

나를 편승시켜 주었다. 왜관 철교공사에 종사하는 청부인의 아내인 것 같았다.

3. 임시 역사와 인두세

정차장 앞 풍경

무개화차로 대구까지 와서 내려 보니 대구역은 현재 위치에 임시로 지어진 가건물이었다. 역 앞에 초가지붕을 얹은 철도원 주택이 있고, 사방은 풀밭이 무성한 가운데 다다야唯家 여관민이 우뚝 솟은 듯한 커다란 함석지

▶ 1905년 당시의 필자

붕에 최하급 판자 건물로 세워져 있어 눈에 띄었다. 다다야 여관 서쪽에 도이土肥 여관이 있었다. 길다운 길이 없었는데 다다야 앞길만은 넓게 펼쳐져 있었다. 칠성석七星石만이 몇 천 년 동안 조금도 움직이지 않았는데, 그 곳에는 정자가 하나 있었다. 일본인 점포가 곳곳에 있는 북문 밖에서 공북문供北門을 통과해 북문 안으로 들어와 서문 내에서 달서문을 지나 남문 밖 앞밖리에 있는 내 점포에 도착했다. 대구 시내를 성벽이 둘러싸고 있었는데 요새로서 견고한지는 모르겠지만 하나의 성곽으로 방비는 되어 있었다. 성벽 안쪽을 문안이라 부르고 바깥을 문밖이라 하였다. 성벽의 길이는 약 1리이고 높이는 평균 2장丈[7] 정도로 모두 마름돌을 쌓아 축조했다. 3자尺 정도 간격을 두고 사방 5치寸 정도의 총구가 뚫려 있었다. 남쪽에 정문인 영남문嶺南門, 북쪽에 공북문拱北門, 농쪽에 진동문鎭東門 서쪽에 달서문

7 1장은 10자(尺)과 같고 3.03m 이며, 1자는 30.3cm, 1치(寸)는 약 3.03cm 이다.

達西門이 있었고, 대략 밤 8시쯤 되면 각각의 문을 튼튼한 문짝으로 일제히 닫았다고 한다. 이 성벽은 1907년까지 남아있었는데, 1906년 11월 박중양朴重陽이 대구 군수 겸 관찰사 서리로 재직하고 있을 때 직을 걸고 철거를 감행했다. 지금의 원정元町, 동성정東城町, 남성정南城町, 서성정西城町 길로 이어지는 원형의 버스 운행노선은 이전에 성벽이 있던 자리를 그대로 도로로 이용한 것이다. 남문밖에 정차장이 생긴다는 소문이 단순한 풍설인지 혹은 진짜인지 모르겠지만 정차장이 북문밖에 생겼기에 남문 방면은 일시에 쇠락했다. 물론 대구 부근의 속성공사가 끝나고 연장공사가 북쪽으로 계속 진행된 이유도 있지만 대구의 발전은 정차장을 향해 차츰 북쪽과 동쪽으로 진행됐다.

거류민회 설립

1904년 8월 아리요시有吉 부산영사의 인가를 받아 대일본인거류민회를 대구부에 설립했다. 회장 1명, 부회장 1명, 평의원 20명으로 거류 일본인의 자치행정을 시작했다. 하지만 그것은 내가 거주하기 전의 일이기 때문에 당시의 상황을 자세히는 모른다. 당시 거류민회의 간부는 다음과 같다.

민회장	도쿠히사 요네조徳久米蔵
부회장	이노 히데스케井野英助
의장	이노우에 쓰네나오井上常直

평의원 중 기록에 남아있는 인물은 다음과 같다

도쿠라 소로쿠戸倉十六, 미와 조테쓰三輪如鐵, 마유미 다다시眞弓忠, 시라타 신스케白田新助, 가미야 도요나리神谷豐功, 마스다 도라타增田虎太, 오쿠보 하지메大久保肇, 스즈키 히사지로鈴木久次郎, 가와시마 규에몬川島久右衛門, 요시키 도시조吉木利造, 스다 산페이須田三平, 시모다 고키치霜田語吉, 쓰지 소노지로辻園次郎, 모리나가 소이치守永宗一, 오카다 지로岡田二郎, 우치다 로쿠로内田六郎

나머지 두세 명은 누구였는지 알 방법이 없다. 민회 사무소는 구 서문시장 한쪽에 있었다는 기록이 있는데 서기 한 명을 두고 업무를 처리했다. 당시 민회는 인두세가 유일한 재원이었다. 인두세란 일본인 1인당 한 달에 15전씩 과세한 것을 말한다. 당시 재류 일본인은 약 천 명, 한 달에 150원의 재원이 이 인두세에서 나온 것이다. 인두세는 부산에도 있었으나 일본인의 기초가 튼튼해지면서 이런 종류의 악세가 자연히 사라지고 호별로 부과금을 거두었다. 물론 당시 부산에는 전화도 있었고 전기도 들어왔다. 일본인 인구도 1만 3천 명이라 하였다.

4. 젊고 활기찬 민회

신인들의 뛰어난 기량

1904년 말에는 경부철도속성공사가 끝나고 대구 부근에서 왜관 철교공사가 빠른 속도로 진행되면서 대구의 일본인 인구가 일시에 6, 7백 명으로 격감하였다. 속성공사가 한창일 때는 1천 명을 돌파한 적도 있었다. 대구에서 떠난 철도관계 직원과 인부는 왜관으로 모여들었다. 이듬해인 1905년 4월까지 왜관은 매우 번성하여 일본인이 필시 300 - 400명은 됐을 것이다. 당시 대구의 일본인은 젊고 기량이 뛰어난 신인들로 가득했다. 앞서 기술한 거류민회 간부 중에 부회장인 이노 히데스케井野英助가 24세, 시라타 신스케白田新助가 29세, 쓰지 소노지로辻園次郎는 22세, 지금은 원로의 자리에 있으면서 현존하는 당시 평의원으로 우치다 로쿠로內田六郎가 26세, 모리나가 소이치守永宗一가 32세, 마유미 다다시眞弓忠가 35세, 마스다 도라타增田虎太가 40세, 가미야 도요나리神谷豊功도 동년배였던 것 같다. 장로인 이노우에 쓰네나오井上常直 의장이 56세였다. 이렇게 조직된 지 석 달째부터 거주하기 시작한 내가 당시 26세, 마쓰마에松前 대구지점의 사카모토 도시스케坂本俊資는 나보다 조금 앞서 대구에 근무하기 시작하여 활달한 기량을 선보였는데 그때 21세였다. 참고로 현존하는 당시의 인물들을 열거해 보면 다음과 같다.

오구라 다케노스케小倉武之助, 나카에 고로헤이中江五郎平, 마치다 규고町田久吾, 하타모토 기헤이畑本儀平, 세노 히로키치妹尾廣吉, 가도타 기쿠門田菊, 우치다 로쿠로內田六郎, 요시하라 군타로吉原軍太郎, 후지나와 분준藤縄文順, 마스다 도라타增田虎太, 나가이 고타로永井幸太郎, 다나카 나라키치田中奈良吉, 모리나가 소이치守永宗一, 나카무라 헤이시로中村平四郎, 마쓰모토 세이치松本誠一, 시바타 지요키치柴田千代吉, 후루야 지스케古谷治輔, 사카모토 도시스케坂本俊資, 구와노 긴타로桑野金太郎, 나카모토 가타로中本嘉太郎, 야마자키 가도요시山崎角吉, 아카시 오토키치明石音吉 그 외 30여 명은 생략

모두 20대에서 30대였고 40대는 적었다.

난무하는 철권鐵拳

이렇게 원기 왕성하고 활달한 사람들이 모였으니 누구 한사람 섣부르게 나섰다가는 주먹으로 얻어맞기 일쑤였다. 그렇게 당시 민회의 광경은 상당히 사납고 떠들썩했던 것 같다. 나중에 듣기로 민회 사무소는 협소한 온돌집이라 몸을 움직이기도 힘들어 근처 일본식 왕골 지붕을 얹은 요릿집 토방에서 민회를 열었는데 비가 새어 회의 도중에 뛰쳐나간 적도 있다고 한다. 현재의 남산정南山町 장길상의 저택 위쪽에 있는 높은 건물인 동산루東山樓라는 요릿집에서 개회를 한 적도 있었는데 걸핏하면 분위기가 험악해졌고 결국은 주먹이 난무하는 일이 매번 있었다고 한다. 평의원 중에 오카다 지로岡田二郎는 동본정東本町 방천각芳千閣의 전신인 옛 달성관이라는 요릿집 주인으로 상당히 거친 사람이었다. 그가 평의원들 사

이에서 실력자이자 싸움 상대였다고 한다. 달성관은 함석 지붕을 얹은 판자 건물로 연회가 열릴 때는 백 명 정도 수용할 수 있었다. 당시 연회에는 한 사람당 50전 정도만 내도 참가할 수 있었다. 보통 1원 정도인데 1원 50전을 내면 선물용 나무 도시락 두 개를 주었다.

시부사와澁澤 옹의 인상

1905년 4월 어느 날 제일은행 총재이자 경부철도회사 이사 겸 회장인 시부사와 에이치澁澤榮一 씨가 대구를 시찰하기 위해 찾아왔다. 당시 조선에 유통되고 있던 지폐는 제일은행권이었고 그 지폐에는 시부사와 에이치 옹의 초상이 인쇄되어 있었다. 따라서 시부사와는 조선의 재류민들이 실제로 알지는 못하지만 동경하고 친숙하게 여기는 인물이었다. 그런 시부사와가 대구에 온다고 하니 한국인과 일본인 모두 옛 지인을 맞이하듯 기쁜 마음으로 환영했다. 법학사 오구라 다케노스케小倉武之助가 일장 환영사를 하고 시부사와 옹을 소개했다. 이윽고 일어선 시부사와 옹은 지폐의 초상 그대로 원만하고 부족함이 없는 얼굴의 소유자로, 지폐 앞면의 초상과 똑같은 소프트 카라에 검은 넥타이를 매고 프록코트를 입은 모습이었다. 오른쪽 볼인지 왼쪽 볼인지 어느 한 쪽이 살짝 패어 있었다. 알기 쉽게 한일 관계를 설명하며 친선을 장려하는 일장 연설을 하였다. 청중은 200명 정도 있었는데 당시의 광경과 시

▶ 시부사와 에이치

부사와 옹의 친근감있는 얼굴이 지금도 눈앞에 생생히 떠오른다. 그 무렵 관찰사는 배일의 최선봉으로 유명한 이용익이었다.

5. 여순 함락을 전기로

일본인 세력 신장

시부사와 옹이 대구에 온 것은 내가 대구에 거주한지 6개월째의 일이었다. 나는 그때부터 조금씩 대구의 사정을 파악할 수 있게 되었다. 이야기를 조금 앞으로 돌리자면, 대륙에서 러일 양군의 전투가 시시각각 우리 군의 승리로 향하면서 반도에 있던 동포들의 사기는 점점 더 올라갔다. 1905년 1월 5일 당시 대구 일본인회가 주최하는 여순함락 전승축하회 및 전몰자 추도회가 역 앞 칠성리七星里에서 개최되었다. 칠성리는 흔히 칠성공원이라고도 하는데, 현재의 대구공회당 건설지 뒷편 일대를 말한다. 당시 거주하던 일본인이 700명, 한국인 약 2만 명이 살고 있었는데 일본인 세력이 극히 미미하였는데도 여순함락 축하회는 상당히 성대하게 거행되었다. 참석자는 1천여 명으로 한국인 참석자가 의외로 많았다. 이때가 일본인 세력이 일시에 신장하는 중요한 전환기였다. 일본인회 부회장 도쿠라 소로쿠戸倉十六가 주최자 대표를 맡았고 니시혼간지西本願寺 출장소의 후카와 고테쓰府川宏哲가 추도회에서 법사 사회를 맡았다. 지금 생각해보니 대일본인거류민회장 도쿠히사 요네조德久米藏는 이보다 앞서 물러나고 도쿠라 소로쿠가 추대되어 회장대리를 맡으면서 그때 일본인회를 거류민회로 개칭한 것 같은데 기록이 없어 날

▶ 당시 대구거류민회장 다도코로 유키에

짜는 정확히 알 수 없다. 얼마 지나지 않아 도쿠라도 직을 내려놓았고 1905년 5월경 고치현高知県 출신인 다도코로 유키에田所幸衛가 민장에 당선됐다. 다도코로는 지방자치에 비범한 식견이 있어서 거류민회의 사무를 쇄신하고 일본인 사회의 발전에 상응하는 제반 시설을 갖추었다. 인두세를 악세라고 주장하는 목소리가 점차 커지자 회원들의 영업과 생활상태를 헤아려 호별로 부과하는 새로운 제도를 만들었다. 민회 사무소를 북문 밖으로 옮기고 서기를 증원하였으며 학교를 짓는 등 교육과 위생설비의 기초를 다졌다.

대소변을 제멋대로

당시 위생상태는 원시시대 그대로였다. 공사를 불문하고 위생시설이 거의 없다보니 아무 데나 대소변을 보았다. 소는 가두에서 도살되어 단말마의 비명을 질렀고 '개 삽시다, 개 삽시다' 라며 겨울에 날도 새기 전부터 곤봉을 든 개장수가 종횡무진 외치고 다녔다. '개 삽시다' 란 '개를 삽니다'라는 뜻으로, 그 소리를 듣고 '개를 팔겠소' 하며 나온다. 10전이나 20전에 매매가 이루어지면 별안간 개장수의 오른손이 옛날이야기인지 어딘지에 나오는 괴물처럼 움직이고, 동시에 개는 한두 마디 비명을 지르며 전 주인의 문 앞에서 시체가 되어 쓰러지는 것이다. 번견番犬이라기보다는 식용이나 아이의 대변을 처리하는 용도로 개를 길렀다.

개, 음경을 먹다

개가 대변을 처리하는 것을 보면, 아이가 세 살 정도 되면 개가 있는 방향으로 엉덩이를 내밀어 대변을 보는데 개로서는 진수성찬이니 다 먹어치운다. 이와 관련된 기이한 일화도 있다. 어느 집 안주인이 개를 방으로 불러들이고는 아이에게 대변을 보게 하였다. 개가 그것을 받아먹으려고 웅크리고 있자 드디어 대변이 나왔다. 그런데 방 안이 조금 어두워서 대변과 함께 그 아이의 음경까지 같이 먹어치웠다고 한다. 이 이야기는 실화이다. 그리고 어느 집이든 대개 돼지 5, 6마리 많게는 20, 30마리를 기르는데 돼지의 식량은 사람의 분변이다. 일반 한국인의 변소 구조는 매우 간단하여 구멍을 파서 판자 두 장을 나란히 걸쳐 놓을 뿐이었다. 항아리 속 여물이 아니라 대변을 돼지가 좋아한다고 하니 그 불결함은 견딜 수 없는 것이었다. 남한의 웅도 대구의 대로는 지금의 명치정明治町 길로, 이곳만큼은 과연 집안의 변소를 드러내지 않았다. 하지만 골목으로 들어가면 어느 집 변소든 담이 낮아서 길에서 내려다 보였다. 그 불결함이 대체로 상상이 될 것이다.

6. 비위생 백퍼센트

▨ 거리의 생지옥

더러운 이야기를 한 김에 조금 더 말해보자면, 소 가죽을 거리에서 말리고 행인들이 밟아도 그냥 두었다. 소 머리는 주막 문 앞에서 큰 솥에 끓이는데 커다란 두 눈이 원망하며 행인을 노려보는 듯한 오싹함을 준다. 대개 장날에 빈번하게 왕래하는 사람들이 한 그릇씩 사서 즉석에서 그 국물을 들이켜고 나갈 정도로 훌륭한 스프이며 상당히 맛있다고 한다. 가두에서 소를 도살하는데, 네 다리를 묶고 비틀어 쓰러뜨리자마자 우도牛刀로 재빨리 경동맥을 찌른다. 동시에 소가 필사적으로 네 발을 버둥거리며 비명을 지른다. 뚝뚝 흘러나오는 선혈을 한 말 이상 들어갈 만한 용기에 받는다. 몸부림치고 울부짖고 신음한다. 그렇게 약 10분쯤 지나 마침내 지쳐 죽을 때가 가까워지면 핏줄기가 똑 똑 방울져 간헐적으로 나오고, 이때 우도는 다시 번쩍하고 목부터 가슴 부근을 길게 일자로 꿰뚫어 가죽을 벗긴다. 가죽 벗기기가 끝나면 머리를 잘랐다. 대로에서의 도살 작업은 이렇게 끝난다. 내 점포에서 약 1정丁[8] 정도 떨어진 곳에 고깃집이 있어서 사흘에 한 번 정도는 소의 비명이 들린다. 처음 한 번은 진기함에 처음부터 끝까지 자세히 보았으나 그 다음부터는 볼 엄두가 나지 않았다. 그 정도로 대구는 불결한 곳이었다. 그런 큰 길에서의 도살은 군자의 나라라 칭하는 한국에 어울리지 않는 일이었지

8 1丁은 대략 109m 이다.

만 위생과 청결관념이 없던 당시의 한국에서는 위부터 아래까지 이런 상태였으므로 어떻게 손 쓸 도리가 없었다.

천연두의 유행

이 해 4, 5월경부터 천연두가 매우 유행하여 일본인 감염자도 적지 않았다. 지금까지 대구에 거주하는 사람 중 당시 천연두를 앓았던 사람으로 요시하라 군타로吉原軍太郎, 오치 와스케越智和助 부인 등이 있다. 나는 음력 4월 8일에 방천放川에 놀러 갔다가 돌아오니 열이 나기 시작하는데, 40도 이상의 열이 4, 5일이나 지속되었고 이후 조금 내리긴 했으나 1주일 정도 39도까지 열이 오르내렸다. 얼음은 당연히 없어서 물로 열을 식혔다. 2주 후에 의사의 진료를 받았더니 장티푸스에 걸렸는데 이미 회복기에 접어들었다고 하였다. 처음에는 천연두에 걸렸다고 믿고 열심히 그저 열만 내리려 하였는데 열흘이 지나도 발진이 올라오지 않아서 의사에게 달려간 것이다. 젊은 시절의 생명력은 각별하구나 싶었고 새삼 운좋게 목숨을 건진 것에 감사했다. 당시 대구에는 철도촉탁의鐵道囑託医인 후지나와 분준藤縄文順이 병원을 운영하고 있었다. 남문 안에는 야마와키山脇 병원의 야마와키 쇼사쿠山脇正作가 있었고 북문 안에는 나스那須 의원 등의 개업의가 있었다.

당시의 물가

참고로 당시 식료품 물가는 다음과 같다.

소고기 1근은 3전에서 5전, 닭 1마리 6전, 계란 3리

厘[9], 쌀 한 되升 4전 5리에서 5전

이것은 모두 이 지역의 산물이라 놀랄 정도로 값이 쌌다. 쌀에는 돌이나 흙이 섞여 있고 반쯤 도정한 반도미半搗米보다 도정 상태가 나빴다. 반면에 일본술이나 맥주, 미소된장, 간장 등은 또 놀랄 정도로 값비쌌다. 기차가 완전히 개통되고부터 값은 조금 내렸지만 일본이나 부산에서 들여온 물품은 아무튼 비쌌다. 자기와 유리 종류는 더욱 비쌌다. 부산 시세의 두 배 반 정도는 보통이었다. 가장 돈벌이가 좋았던 것은 요릿집으로, 그 수도 수요에 비해 너무 많을 정도였다. 서문 내에는 '다마스시玉すし'라는 요릿집이 있었는데 주인이 가가와현 사람으로 6, 7명의 미인을 고용하고 있었다.

달성관達成舘, 자유사自由舎, 오에루大江樓, 오사카옥大阪屋, 도쿄관東京舘, 노가미옥野上屋, 하카타옥博多屋, 가게쓰花月, 야마토やまと, 아카시明石, 바이린梅林

이 밖에도 십여 곳이 더 있었지만 이름을 잊었다. 오에루는 현재 팔중원정八重垣町에 있다. 아카시만이 지금까지 변함없이 왕성하게 영업중이다. 목욕료는 터무니없이 비쌌다. 불완전한 구조에 놀랍게도 1인당 15전이나 받았으니 이용자가 적어서 비싼 것 치고는 벌이가 되지 않았다고 한다.

9 1전의 10분의 1

7. 배일계排日系 관찰사 배척의 불길

대구실업신문

1905년 2월 18일, 조신민보의 전신인 대구실업신문이 탄생했다. 창설자는 구마모토현 사람인 시모즈 사부로下津三郎, 마키노 슈牧野周 등이었다. 러일전쟁에서 과연 난공불락이라 칭해지던 여순항도 용맹하고 뛰어난 일본군의 공격력에는 적수가 되지 못하고 결국 폐색閉塞되었다. 그리고 1905년 1월 1일에 러시아는 포위한 일본군 사령관에게 항복문서를 보내어 무릎을 꿇었다. 노기乃木 장군이 1월 5일 수사영水師營 숙사宿舍에서 스테셀과 회견한 것은 오래도록 청사에 남을 미담으로 지금까지 우리에게 생생하게 전해지는 이야기이다. 육지에서도 또한 연전연승하여 파죽지세로 봉천까지 쫓아가 전투를 앞두게 되자, 한국은 그제서야 위아래 할 것 없이 모두 일본의 위력을 두려워하여 과거에는 옥신각신하며 애먹이던 한일수교조약도 막힘없이 무난하게 성립되었다. 그와 동시에 한국은 일본의 보호 치하에 놓이게 되었고 그에 따라 한국인이 상당한 후의를 갖고 일본인을 대하였다. 대구실업신문은 한국인 유력자의 출연出捐[10]도 받아서 마키노와 시모즈 두 사람이 공동으로 경영하였으나 무엇보다 사람이 적었던 시절이라 경영이 순조롭지 않았다. 손수건 크기에 격일로 발행했던 소신문이었다. 발행 당시에는 성대하게 축하회를 열어 패기있

10 금품을 내어 도와줌

는 신진들 중 시라타 신스케白田新助, 노장파 논객인 요시다 주이치로吉田壽一郎 등이 축사와 연설을 했다고 기록이 남아있는데, 3개월도 지나지 않아 경영난에 빠져 결국 휴간하고 한참 후에 다시 발간을 시작했다. 그 후에도 휴간하고 다시 발간하는 식으로 거의 부정기적 발행이 1년여 계속되었다. 창간 후 얼마 되지 않은 4월 28일 일본인대회를 열었을 때 벌어진 이용익 관찰사 배척운동의 불씨는 대구실업신문이 지핀 것이었다.

이용익 관찰사 배격

이용익의 전임 관찰사는 이완용 백작의 형인 이윤용이었고 그 전임 관찰사는 현 경일은행장인 장길용의 부친 장승원이었다고 한다. 이윤용과 장승원은 내 기억에는 없으나, 이윤용 관찰사가 대단한 친러파로 일본인에게 토지를 팔지 못하게 금지했다는 이야기를 당시 살았던 사람들은 기억하고 있다. 그 뒤를 이은 이용익은 이윤용보다 더한 배일파排日派로 유명했다. 이 관찰사는 일본인에게 토지를 팔지 못하도록 금지하고 그 법령을 어기는 자는 투옥했으며 일본인 토지매매 중개인에게 고용된 한국인을 포박하여 옥에 가두었다. 그 방식이 너무나 노골적이고 전승 분위기도 다분히 더해져 마침내 재류 동포들이 결연히 들고 일어났다. 당시 발기인은

도쿠라 소로쿠戶倉十六, 마유미 다다시眞弓忠, 샤쿠오

슌조釋尾春仍[11], 오쿠보 다사부로大久保太三郎, 오구라 다케노스케小倉武之助, 도요타 게이조豊田敬藏, 니시무라 우이치로西村右一郎, 고지마 구마노조小島熊之丞, 시라타 신스케白田新助, 가야모리 세이타로柏森精太郎, 시모다 고키치霜田語吉, 스다 산페이須田三平, 마치다 규고町田久吾, 미와 조테쓰三輪如鐵, 시모즈 사부로下津三郎, 가미야 도요나리神谷豊功, 가와시마 규에몬川島久右衛門, 시노하라 가나메篠原要, 오카다 데쓰고로岡田鐵五郎, 스즈키 히사지로鈴木久次郎, 오키타 스테지로沖田棄次郎[12], 나카니시 다몬中西多門, 오카모토 우이치岡本宇一, 마스다 도라타增田虎太, 오카다 지로岡田二郎, 다니구치 세이노스케谷口清之助, 아키모토 세이타로秋本政太郎

이상 27명으로 현재까지 생존해 있는 사람은 몇 명 되지 않는다. 여로여전如露如電[13]의 세상이라 하지만 그래도

11 원문에서 샤쿠오 슌조의 이름이 본명인 「釋尾春仍」와 호를 사용한 샤쿠오 아키쿠니「釋尾旭邦」 두 가지로 혼재되어 있어 이 번역서에서는 혼동을 피하기 위해 본명으로만 표기하였다.

12 오키타는 규슈지방의 사가(佐賀)현 출신으로 이름은 스테지로(棄次郎)이다. 1900년 6월부터 1901년 9월까지 목포신보 기자로 신문경영에 참여한 뒤 나주에서 일어금성학당(日語錦城學堂)을 경영하였는데 학당 앞에 있는 금성산(錦城山)의 이름을 따서 긴조(錦城)라는 별명을 사용했다. 원문에는 본명과 별명이 혼용되어 쓰였으나 번역서에서는 혼동을 피하기 위해 본명으로 통일하였다. (최혜주, 2019, 오키다 긴조[沖田錦城]의 내한활동과 『裏面の韓國』 간행, 한국독립운동사연구 66, pp.161-162 참조)

13 금강경에 나오는 말로, 이슬과 같이 덧없고 번개와 같이 순식간에 사라져버린다는 의미. 모든 인연에 따라 생겨난 것들은 실체가 없고 공(空)이라는 것을 비유한 말

마유미 다다시眞弓忠, 오구라 다케노스케小倉武之助, 마치다 규고町田久吾, 마스다 도라타增田虎太 네 명이 남아 있는 것만으로도 만족한다. 그때 격문이 매우 통쾌하고 당시 사정을 이해하는 데 도움이 되므로 이곳에 기록해 두고자 한다.

[우리 동포들께 올리는 격문]

아국我國의 진상을 시찰한 후, 이용익은 마치 큰 깨달음을 얻은 것처럼 귀한하자마자 완고하고 어리석은 간계를 부려 한일 국교를 저해하고자 한 행적이 있다. 결국 경성에서 쫓겨나 우리 대구로 부임하게 되자 겉으로는 열심히 우리 동포와 친선을 가장하여 도로, 위생, 교육 등 문명 시설을 마련하며 내외적으로 크게 신망을 얻고 있다. 하지만 그가 가진 배외사상과 보수적이고 완고한 정신은 결국 바뀌지 않아 우리 재류민의 요구에는 항상 말을 이랬다저랬다 하며 거절하고, 현재 토지와 가옥의 정당한 매매를 방해하고 막음으로써 한일 양국민 공통의 이익을 저해하며 확실한 배일 실태를 드러내고 있으니, 그는 분명 한일 간의 국교를 저해하고자 하는 것이다. 토지와 가옥의 매매를 막아 한일 양국민 공통의 이익을 저해하는 것은 단지 우리 대구 재류민의 이익 문제에 머무는 것이 아니라 실로 우리 국권상의 큰 문제이다. 어찌 하루라도 침묵하며 이것이 끝나기를 기다릴 수 있겠는가. 우리 동지들과 동감하는 인사들이 모여 이곳에 사무소를 두고저 이용익 응징과 배척에 관한 모든 수단을 강구할 것이며 오는 28일 오후 1시를 기하여 동문 밖 달성관에서 임시대회를 개최하여 단호한 우리의 목적과 그 수행의 제1 서막을 열고자 한다. 대구에 있는 우리 동포들이여 대거 참가하여 우리 대제국을 위해, 우리 동포를 위해 발분하자, 건투하자.

삼가 격문을 올림 1905년 4월 26일 임시일본인대회

재류민의 기개

격렬한 문장이기는 했으나 분명 당시 일본인에게는 이 정도의 기개가 필요했다. 결국 당일에 대구의 일본인들이 총 출동하여 성황리에 일대 시위를 벌여 지금 경상북도 산림과가 들어선 선화당으로 함성을 올리며 밀어닥쳤다. 당시 수비대장인 히타카 사이지日高才二 육군대위와 박중양 등이 중재에 나서서 하옥되어 있던 한국인이 4월 29일에 모두 석방되는 개가를 올렸다. 이용익은 그 다음날인 30일 황급히 대구를 떠나 이후 상해로 가서 병사했다고 하는데 다시 소식은 듣지 못했다. 후임 관찰사는 불필요한 일을 다시는 하지 않았는데 그것은 당연한 일이었다.

8. 일본에 알려지지 않았던 대구

일약 10부府에 들어가다

이야기가 앞뒤로 왔다갔다 하는데 그래도 조금 더 1905년의 광경을 옮겨보고자 한다. 예를 들어 1904년의 대구가 갓 태어나 아직 첫 목욕도 하지 않은 갓난아기라면 1905년의 대구는 아기가 사람답게 표정을 지을 수 있게 되어 웃기도 하고 울기도 했던 시기라고 할 수 있다. 어느 정도 응석을 부려보는 식으로 조금씩 다른 사람과 의사소통이 가능하게 된 것이다. 대구의 발전은 이 해에 싹이 트기 시작하였으므로 1905, 6년에 일어난 일들에는 기억할만한 일들이 많다. 미개발국이라 해도 좋을 만큼 한국의 구습은 그 무렵까지 남아있었으나 통감부가 설치되고 보호정치가 곳곳에 미치면서 가속도가 붙어 문화가 급속도로 발전했으니, 합병 후에 조선에 온 사람들을 위해 당시 한국의 모습을 속속들이 드러내 보려 한다. 대구에서 일본인의 발전은 지금 이야기한 것과 같이 1905년에 시작되어 1906년에는 대구이사청이 설치되고 거류민단법이 실시되면서 일약 한국의 11번째 부府로 추가될 정도로 발전상을 보였다. 그 전까지 대구는 큰 시장이 열리는 곳, 봄 가을 2번의 약령시가 열리는 곳 정도로만 알려져 있었을 뿐 도시로 전혀 인정받지 못했다.

'大邱'를 발음하는 방식

1904년 한국의 개항장開港場 및 개시장開市場은 부산1876년 2월 개항, 마산1899년 5월 개항, 목포1897년 10월 개항, 군산1899년 5

월 개항, 인천1890년 개항, 경성잡거지雜居地의 용산1884년 개시, 진남포1897년 10월 개항, 평양1899년 5월 개시, 원산1880년 5월 개항 이상 9곳으로 대구는 포함되어 있지 않으나 1906년 이후에는 일약 개항장과 개시장을 제치고 쑥쑥 성장했다. 하지만 도시로서의 역사가 없어서 대구를 일본에 선전하는 것이 상당히 힘들었다. 오사카와 도쿄에서는 대구를 모를 뿐만 아니라 심지어 경성에서 평양 사이에 있는 작은 도읍 정도로 생각하는 사람도 있었다. 대구는 일본어로 '다이큐'라고 읽고 한국어로는 '대구'라고 하는데 어느새 일본인들 사이에서 '다이코'라고 불리기 시작했다. 한국인들도 그것을 따라서 '다이코'라고 부르기도 했다. 1905년 1월 1일, 철도회사에서 '다이큐'[14]라고 역명을 적은 푯말을 세웠으나 우리는 아랑곳 없이 여전히 '다이코'라고 발음했다. 그러다가 점점 일본인이 늘어나면서 대구를 '다이큐'라고 하는 사람도 있고 '다이코'라고 말하는 사람도 있어서 좀처럼 통일되지 않았다. 원래 '다이큐'라는 정확한 발음이 있는데 구태여 잘못된 발음인 '다이코'를 고수할 필요가 없다며 서로 경계하여 '다이큐'라는 정확한 발음으로 통일된 것은 최근의 일이다. 더욱이 요즘 상업회의소가 무슨 일에든 눈치 빠르게 일하면서 발음 교정에 힘쓰고 있다.

당시의 일본인 단체와 관공서

당시 일본인 단체 혹은 관공서로는 부산영사관 소속 대

14 원문 표기는「たいきう」

구경찰서, 대구수비대, 대구거류민회, 부산우편국 대구출장소 정도가 있었다. 기록에 의하면 1905년 1월 제일은행 부산지점 대구출장소가 설치되었다고 하는데 나는 4월경에 설치된 것으로 기억한다. 출장소는 초가지붕을 얹은 작은 건물로 역 앞에 현재는 미곡창고가 들어선 그 자리에 있었다. 한국측 관아는 과연 남한의 정치중심지인 만큼 모든 것이 갖추어져 있었다. 먼저 관찰도가 있어서 행정, 사법, 경무를 관장하고 있었다. 진위대鎭衛隊 1개 대대가 있었고 경무서, 우체사郵遞司, 전보사電報司, 군아郡衙가 있었다. 전보는 일본어로 보낼 수 없었던 시절이 있었다. 우편도 한국의 우표와 엽서가 사용되었다. 이렇게 대구라는 도시는 새로운 도시이며 시대의 변화라는 흐름에 잘 편승하여 오늘날과 같이 크게 번성한 것이니, 낡은 시대를 살았던 사람들이 악전고투하며 혹은 목숨을 걸고 이렇게 발전시켜 왔다는 것을 간과해서는 안될 것이다.

9. 이주시대의 가벼운 생활의식

임시방편의 생활

당시의 추위는 오늘날 상상하기 힘든 것이었다. 물론 어느 점포든 온돌집을 아무렇게나 개조한 수준으로 문짝이 제대로 맞는 집이 하나도 없었다. 임시로 하는 일이고 돈만 벌면 일본으로 돌아겠다는 생각이 모두에게 있었던 것 같다. 일본으로 치자면 축제의 노점상같은 모습이었다. 솔직히 말하자면 나 또한 이곳에 뼈를 묻을 생각은 없었다. 따라서 일용품도 그때그때 필요에 따라 장만했다. 점포는 기존의 온돌집에 12평 증축한 초가지붕의 일본식 건물로 이것은 현재 명치정明治町에 남아 있다 문틀은 있으나 유리문은 달리지 않았다. 매섭게 바람이 들어오는 가게에서 화로 대용으로 높이 7치寸 정도, 직경 1자尺 2치 정도 되는 토기를 사용했다. 이 토기는 한국어로 '보지기'[15]라 하는데 물을 담는 그릇이다. 추위에 견디기 힘들어 이 낮은 화로를 끌어안고 있으면 다른 사람은 손을 뻗어 불을 쬐기 힘들었다. 불을 쬐려면 허리를 푹 수그려야 했는데 자세도 나쁘고 게다가 구차스러웠다. 그래서 궁리 끝에 한 말 들이 통보다 더 큰 통에 뚜껑을 없애고 화로를 넣어보았다. 알맞게 들어가기는 했으나 이번에는 반대로 너무 높아서 몸을 뒤로 젖혀 손을 뻗어야 했다. 과유

15 원문 표기는 '보지기'로 발음되는 「ボヂギ」로 표기되어 있으나 둥글넓적하고 아가리가 넓게 벌어진 질그릇인 '자배기'의 경남 방언 '버지기'로 추정된다.

불급이라는 말 그대로의 결과가 되고 말았지만 그래도 그 화로 하나만으로 겨울을 나고 다음 해 연말까지 견뎠다. 그렇게까지 한 이유는, 어차피 오래 머물것도 아니니 이것으로 견뎌보자고 생각하고 있었기 때문이다.

▨ 두루미와 꿩

근처에 같은 고향 출신인 마키 준이치로牧純淳一郎라고 건축청부업을 하는 사람이 있었다. 마키는 지금도 초량에서 활발하게 청부업을 하고 있다. 그해 1월 어느 날 마키에게 초대받아 저녁을 대접받았다. 술안주는 두루미 스키야키였는데 갓 잡아 따뜻한 재두루미로 아직 체온이 어느 정도 남아있는 것으로 보아 대구 근방에서 잡아온 것 같았다. 그것을 요리한다고 냄비에서 소고기 스키야키처럼 자글자글 끓였다. 고기가 신선하니 회로 먹어보자 하여 두루미 회에 두루미 스키야키까지, 지방이 많아서 부드럽고 매우 맛있는 것이 소고기 스키야키보다 훨씬 맛있었다. 당시에는 재두루미와 흑두루미가 많았다. 흑두루미도 먹었는데 재두루미와 같은 맛이었다. '연작燕雀이 홍곡鴻鵠의 뜻을 알리오'에서 '곡鵠'은 백조를 말하는 것이리라. 무게가 3관貫[16] 정도 나가는 것이 드물지 않았다. 꿩은 암컷이 더 맛있었다. 이런 것들을 얼마든지 잡을 수 있었다. 재두루미가 가장 비싸서 1마리에 2원 정도, 백조와 꿩은 1원 50전 정도였다. 연말에는 두루미 된장절임을 송송 고향에 보내어 어르신들을 기쁘게 해드렸다.

---

16 1관은 3.75kg이다.

10. 해이한 한국의 민요

소의 태

서병조의 부친 서상돈 옹은 인정이 두텁고 덕이 높은 사람으로 생전에 베풀었던 음덕이 헤아릴 수도 없다. 들어갈 때나 나갈 때나 당시의 풍습대로 5, 6명의 종자를 거느리고 흰 수염을 쓰다듬으며 의젓하게 길을 걷던 모습이 지금까지 눈에 선하다. 서상돈 옹을 서시찰徐視察이라 경칭하며 행인들 대부분이 최고의 예를 표하였다. 서 옹은 자주 내 점포에서 일용품을 구입했다. 어느 날 서 옹에게 초대받아 대접을 받은 적이 있었다. 술이 나오고 안주는 국인데 먹어 보니 상당히 맛있었다. 그런데 연한 고기를 씹은 뒤끝에 무언가 우물우물 씹히지 않는 찌꺼기 같은 것이 입속에 남았다. 그 찌꺼기는 털 같았다. 어찌된 일인가 싶어 고개를 갸웃하니 옹은 싱글싱글 웃으며 "그건 송치[17]라네 약이 되는 것이니 안심하고 잡숫게."라고 해서 놀라고 말았다. 그러니 당연히 입속에 털이 남는 것이다. 꺼림직한 느낌이 들어 다시 젓가락을 대고 싶지 않았다. 앞서 이야기한 소 도살 때 용기에 받은 피는 굳으면 한천寒天처럼 자르거나 소의 창자 안에 넣어 삶았다. 간이나 위장 같은 소의 내장은 모두 비할 데 없는 귀한 음식이었고 송치는 치아가 불편한 노인들이 먹기도 좋아서 진귀하게 여겨졌다. 하지만 풍습이 다른 우리에게 그다지 달갑지 않은 음식이었다. 두루미 스

17 암소의 배 속에 든 새끼

키야끼, 두루미 회 이야기 뒤에 송치 이야기를 하는 것도 조금 색다르다고 생각하여 덧붙여 보았다.

당시의 민요

대구에 왔을 무렵 오키타 스테지로沖田棄次郎의 『이면의 한국裏面の韓国』 이라는 약 100쪽 분량의 소책자를 누군가에게 받았다. 그 책에는 초심자의 이해를 돕기 위한 한국 사정이 적혀있었고 회화편도 있었다. 오키타 스테지로는 다음과 같은 내용을 책의 첫머리에 적어두었다.

> 한국의 민요 아리랑은 모두 구슬픈 가락으로 채워져 있다. 이런 노래로는 국민의 사기를 진작시킬 도리가 없다. 게다가 노래란 노래는 모두 노는 것만을 권장하고 있어 교양 면에서 유해할 뿐이다. 이런 식으로는 한국의 사직이 영속될 것이라 생각할 수 없다.

오키타는 내가 경영하는 조선민보의 전신인 대구일일신문의 사장이었다. 오키타에 관한 파란만장한 이야기는 추후에 소개하고자 한다. 그 당시 민요인 아리랑 기사는 다음과 같다.

> 노자 노자 젊어서 노자
> 늙어지면 못노나니
> 문경새재 박달나무
> 홍두깨 방망이로 다나간다

박달나무는 일본어로 오노오레칸바斧折樺[18]라고도 하는데 탄력 있고 일본의 떡갈나무 이상으로 단단한 나무이다. 오키타는 위의 노래가 글자 그대로 들어서는 안 되는 노래이며 다음과 같은 숨은 의미가 포함되어 있다고 말했다.

"'문경조령鳥嶺처럼 험하고 깊은 산에 있는 박달나무조차 모두 잘려나가 절굿공이가 되지 않는가. 우리가 피땀 흘려 일하더라도 틀림없이 가렴주구苛斂誅求를 당할 터이니 젊어서 놀지 않으면 무엇 하리'라는 의미이니 한국의 부국강병은 백년 황하가 맑아지기를 기다리는 것과 같이 이루어질 수 없는 일이다"

나는 이 의견에 시비를 가릴 생각이 없었다. 그저 당시 유행하던 아리랑을 한국 청년들과 함께 자주 불렀다. 그리고 그때 이런 노래도 유행했다.

경상북도 대구
북문 밖에 정거장 짓고
한성 기차가
오락가락 한다

1905년 1월 1일 부산과 대구 사이에 기차가 지나가며 포효하는 듯한 신기한 기적汽笛을 울렸다. 그것은 분명 당시 한국인들에게 커다란 경이로움이었을 것이다.

---

18 '도끼 부러뜨리는 자작나무'라는 뜻으로, 도끼를 부러뜨릴 정도로 단단한 나무라는 의미

11. 후시미노미야伏見宮 전하의 대구역 통과

대구의 개척자

당시 나는 일상에 필수적인 한국어를 습득하는 데 게을리하지 않았다. 하지만 글자 익히기를 건너뛰고 한국말을 외워서 익히겠다는 분수에 맞지 않는 바람을 가지고 있었다. 글자는 못 읽어도 말만 할 줄 알면 된다는 생각이었다. 대구에서 가장 오래전부터 거주한 사람은 오카야마현 사람인 히자쓰키 마스키치膝付益吉이다.[19] 그는 후에 철도회사에서 근무하다가 대구복심법원大邱覆審法院 통역관을 끝으로 1924년 말에 퇴직했다. 히자쓰키는 1893년 9월에 대구에 온 인물로 일본인으로서는 최초의 이주자이고 또한 우리에게는 대선배이다. 히자쓰키에 관한 것은 이후에 관련된 이야기가 나올 때마다 쓰고자 한다. 이 히자쓰키의 한국어 제자 중에 우라하마 야스타로浦濱安太郎라는 사람이 있었다. 서문 밖 달서교 근처에서 과자가게를 운영하면서 통역 일을 하기도 했다. 나에게 한국어 스승이 따로 있지는 않았으나 이 우라하마에게 상당히 많은 가르침을 받았다. 우라하마는 현재 포항

---

19 저자 가와이 아사오는 대구에 최초로 이주한 일본인 히자쓰키를 철도회사 및 대구복심법원에 근무한 히자쓰키 마스키치와 같은 인물로 서술하고 있으나, 1893년 9월 대구에 무로와 함께 온 일본인은 히자쓰키 마스키치의 동생 히자쓰키 레이(膝付靈)이다. 청일전쟁이 벌어져 히자쓰키와 무로 두 사람 모두 군대에 고용되어 통역과 의무를 맡았았다. 이후 1894년 8월 히자쓰키 마스키치가 동생을 대신해 대구에 와서 점포를 재개하고 철도회사 근무, 대구복심법원 통역관을 역임했다. (대구부 편찬, 최범순 번역, 대구민단사, 1915/2020, p.21)

에 살고 있다. 1905년 3, 4월 무렵에 단골 거래처에서 내게 통역을 해달라며 찾아왔다. 속성으로 배운 어설픈 한국어로 대담하게 한국인과 대화를 했으니 못 미더운 구석도 많겠으나 그래도 상대방을 설득하여 어려운 문제를 해결한 적도 있다.

나의 상인 시절

당시 러일전쟁은 고비를 넘기고 있었다. 봉천에서의 대전투로 적장 쿠로파트킨 장군은 예정된 퇴각이라 칭하며 고국으로 후퇴하고, 3월 10일 전후로 일본군이 봉천지방 일대를 평정하였다. 더욱이 멀리 개원開原과 창도昌圖를 점령하여 마치 맹호가 양떼를 사냥하는 것과 같은 기세였다. 이때 러일 양 병력은 모두 85만 명, 대포 2,500문, 전선戰線은 100여 리에 달하여 세계 유사 이래 미증유의 대 전쟁이라 일컬어졌다. 러시아의 병력은 이 전쟁으로 사상자가 십수만 명에 달하였고 저항할 기력도 잃어 40여만 명의 장졸이 고향으로 도망쳤다. 일본군이 대승리를 거두었으므로 3월15일 대구에서는 거류민회 주최로 대전첩축하회大戦捷祝賀会를 달성산에서 열고 산하가 흔들릴 정도의 대환성을 질렀다.

전첩축하회

나는 당시 부산연초주식회사의 대구특약점을 하고 있어서 같은 특약점의 고다마 이타로兒玉伊太郎와 상의하여 축하회 참석자에게 궐련을 하나씩 증정했다. '공전의 대전첩을 축하하며 만주 및 동양 하나를 참석자에게 드립니다.' 이렇게 직접 써서 축하회장 곳곳에 붙여 분위기를 크게 고조했다. 만주, 동양은 궐련의 명칭이다.

그러자 아사히 맥주 특약점은 아사히 맥주 한 병씩, 삿포로 맥주 특약점은 삿포로 맥주 한 병씩 기증했다. 이것이 참석자들을 매우 기쁘게 했고 행사는 줄곧 성황을 이루었다. 이 행사에서 내 가게의 부담이 가장 가벼웠는데 선수를 친 덕에 예상 밖의 인기를 얻게 되었다. 그 때의 나는 대구에서 개업한지 얼마 안 된 신진 상인이었기 때문에 꼭 나의 자화자찬만은 아니다.

경부선 개통식

1905년 1월 1일부터 영업을 개시한 경부철도는 5월 25일 즉, 일본해 해전[20]보다 이틀 앞서 경성 남대문 정차장에서 성대한 개통식을 거행했다. 오우라大浦 체신대신, 하세가와長谷川 육군대장, 하야시林 주한공사, 한국 고관, 각국 공사와 영사, 그외 귀빈 천여 명 정도가 참석했다. 우리 황실에서는 특별히 후시미노미야 히로야스伏見宮博恭 전하를 파견하셨다. 전하께서는 5월 23일경에 대구역을 통과하여 경성으로 향하셨다. 당시 대구에는 예복을 준비해둔 일본인이 극히 적었다. 잘 차려입어 봐야 신사복일 정도로 프록코트 같은 것도 갖추어 두지 않았고 전통 예복도 물론 갖고 있지 않았다. 하지만 전하를 허술하게 송영해서도 안 되고 국민이 충심을 드러내고자 하는 것도 세시할 수 없었으므로 '신사복 차림이어도 된

20 쓰시마 해전 혹은 동해 해전을 말한다. 원문 표기를 따랐다.

다. 전통 예복을 걸치지 않더라도 불경하지 않은 장소에 있으면 되니 다들 나오라'는 민회의 시달이 내려와서 동포 대다수는 제대로 차려입지 않은 모습으로 역에서 전하를 봉송하였다. 반바지를 입은 사람, 하카마도 걸치지 않고 줄무늬 하오리 차림[21]을 한 사람 등 지금 보면 이상한 모습이라고 생각할 수 있으나 당시에는 준비해둔 옷이 없으니 어쩔 수 없었다. 그래도 고귀한 황족의 봉송은 무사히 마쳤다. 황족들 중에 대구역을 통과하신 분은 후시미노미야 히로야스 전하가 처음이라고 기억한다.

21 일본 전통 의상에서 하카마는 하의, 하오리는 재킷 형태의 상의이다

12. 일본해 해전과 당시의 추억

일본해 해전

5월 27일 오후 1시부터 3시 무렵 사이에 저 멀리서 천둥소리 같은 굉음이 들려왔다. 28일이 되어 러시아의 발트함대에 맞서 도고東郷함대가 적 함대를 섬멸해 대승리를 얻었다는 일본해 대해전의 신문 호외를 보았다. 그제서야 전날 멀리서 나는 천둥소리와 같은 굉음이 일본해에서 벌어진 두 함대의 포격이라는 것을 알았다. 당시 대구에는 유력 신문사의 통신망이 설치 되어 있었다. 『오사카아사히신문大朝』, 『오사카마이니치신문大毎』을 비롯해 경성의 신문, 『부산시사신보釜山時事新報』, 『조선시보朝鮮時報』 등 여러 신문사들이 각각 전황을 보도했다. 「황국의 흥폐, 이 전투에 달려있다. 각 대원은 한층 분발 노력하라」 라는 세계사에 남을 불후의 글을 나는 병상에서 읽었다.

당시의 바람

당시 나의 바람은 몹시 작았다. 사오만 원 정도의 돈만 모이면 곧바로 고향으로 돌아가 으스대면서 살고 5만원이 있으면 일생을 편하게 살 수 있을 것이라 생각했다. 앞서 말했듯이 음력 4월 8일부터 발병해서 양력 6월 중순까지 병상에서 벗어날 수 없었다. 발병한지 7일쯤 됐을 무렵 동성정東城町 오치越

▶ 나가이 고타로

智 양품점 모당母堂께서 병문안을 오셨다. 오치의 모당은 그 시절 명치정明治町에 살면서 남편을 도와 열심히 일했던 분이다. 내 용태를 듣고 "우리 지에랑 똑같네. 천연두가 틀림없어. 안타깝게 곰보가 되겠어."라고 말씀하셨다. 하지만 병은 장티푸스였다. 40일쯤 병석에 누워있었지만 아침저녁으로 체온이 36도 5, 6부를 넘나들자 의사의 권유에 따라 부산으로 가서 요양하기로 했다. 부산에 가기 전 조사할 일이 있어서 북문 밖에 있는 운송점 도미시마구미富島組에서 육법전서를 빌려 읽었다.

나가이永井 와의 추억

도미시마구미富島組의 주임은 나가이 고타로永井幸太郎였다. 운송 관련으로 그 당시부터 친한 사이였다. 도미시마구미富島組에는 현재 김천에서 성공한 나카가와 다헤이中川太平도 있었던 것으로 기억한다. 나가이와 나는

"자네 안색이 상당히 나쁘군."

"장티푸스 때문에 2개월이나 누워지냈지 않았나."

"그런가 조심하시게 죽으면 그걸로 끝이니."

"바보 같은 소리 하지 마시게, 내가 장티푸스 정도로 죽을 만큼으로 약골은 아니지. 내게는 아직 할일이 남아있어."

"어떤 일인가."

"알고 있지 않나, 성공하지도 못하고 죽을 수 있겠나, 열다섯 칸 점포에 점원 삼십 명 이상 쓰게 될 수 있을 때까지는 안 죽네."

"허풍 떨지 마시게."

이런 대화를 하기도 했다. 이것은 지금도 이따금 나가이가 우스개 소리로 꺼내는 이야기인데, 당시의 나는 그 정도로 성공에 집착했다. 그리고 지금처럼, 전혀 다른 직종인 신문인이 될 거라고는 꿈에도 생각하지 못했다. 어디까지나 상인으로서 버젓하게 성공그렇다고 해도 바람은 작다하겠다는 것에만 마음을 두고 있었기에 당시 꽤나 열심히 일했다. 아침에는 4시에 일어나 손님이 있건 없건 매대를 정리하고 수요에 대처할 준비를 게을리하지 않았다. 마스다 도라타와 그 무렵 이웃이었기 때문에 당시 분투하던 모습을 마스다가 잘 알고 있다. 마스다는 당시 거류민회 평의원으로 대구 유일의 논객이었다. 훗날 거류민단 민회의장을 역임하고 대구에서는 최고참자로서 요즘 눈에 띄게 쇠약해지긴 했지만 최근 4, 5년 전까지도 헌신적으로 공사에 진력했던 사람이다.

▶ 마스다 도라타

13. 달성산의 전설과 공원 경영

달성산의 전설

달성공원은 사시사철의 행락지로서 지금은 대구 십만 주민을 즐겁게 하는 곳이다. 예전에는 달불성達弗城이라 부른 시절도 있었던 모양이다. 다만 그것은 먼 신라시대의 일로, 고려 말엽부터 조선 초기 이래로는 달성이라 부르고 있다. 읍지邑誌에는 대구 시가지가 달성산 서쪽에 있었는데 세종 때가 되어 시내가 협소하여 불편하니 지금의 장소로 옮긴 것이라 적혀 있다. 대략 450년 전의 일로 신빙성이 충분하다고 생각한다. 명치정明治町 남쪽, 미국인이 사는 십수 채의 양관이 우뚝 솟은 언덕은 '동산東山'이라 불리는 곳으로, 1904년과 1905년에는 일본인의 요릿집이 한 채 있어서 동산루東山樓라고 하였다. 현재 대구의 지형에서 보자면 오히려 '서산西山'에 해당하는데 동산이라 칭한 것이 의아하게 들리겠지만 읍지의 서술을 따라 당시의 대구를 보면 정말로 '동산'이었다고 수긍하게 된다. 달성산도 동산도 원래는 대구의 호족인 달성 서徐씨의 소유였다고도 전해진다. 달성산의 도리이鳥居[22] 밑을 지나 오른쪽에서 천 무늬가 찍힌 1치 내지 1치 5푼 정도의 두꺼운 기와가 많이 출토되었다. 초석 같은 것도 보였다. 성터같기도 했지만 예전에 호족이었던 달성 서씨의 광대한 저택 터였을 것이다. 우물이

22 일본 고유의 조상신이나 황실의 조상 등을 모신 사당인 신사 입구에 세운 기둥문

있어서 영천이 솟아나고, 손님이 있으면 손님의 숫자만큼 청어가 헤엄치고 있었다는 전설도 남아있다. 면적은 3만 9천여평, 절구모양으로 되어있고 언덕 위에서는 멀리 대구시가를 한눈에 볼 수 있는 절승지이다.

공원지로 공인

1894, 5년의 전쟁 때는 일본군 진지陣地로 사용되었다. 1904년 4월 일본 수비대가 한국 진위대와 충돌 직전까지 갔을 때 대구에 거주하는 일본인들은 수비대장의 명령만 떨어지면 달성산에 모여 생사를 결정하겠다며 준비까지 했던 적도 있었다. 그러한 연유도 있어서 당시에 대구의 장래를 멀리 내다보아 공원으로 조성될 것으로 가정하고 먼저 황조대신皇祖大神 요배전[23]을 건축해야 한다는 논의를 진행하였다. 하지만 앞에서 언급한 배일 관찰사 이용익이 달성 서씨의 후손들에게 명하여 달성산 개간에 착수하게 하였다. 그 이유는 국산 발전을 위해 뽕나무 밭을 일구는 것이라고 하였다. 1905년 4월경의 일이었다. 그래서 미와 조테쓰三輪如鐵가 당시 일본거류민회 부회장이었던 도쿠라 소로쿠戸倉十六를 재촉하여 수비대장 히타카日高 대위의 응원을 청하고 박중양, 히자쓰키 마스키치膝付益吉 등과 함께 이용익 관찰사와 담판을 지었다. 결국 개간을 중지시키고 한일 공동 유원지로 공인하게 하였다. 지금 생각하면 어리석은 이야기이다. 그런 곳을 뽕나무 밭으로 개간한들 무슨 소용이 있

23 멀리 떨어진 곳에서 일본 천황과 그 조상을 향하여 절을 하는 장소

겠는가 싶지만 전적으로 이 관찰사의 배일 감정에서 그러한 일이 벌어진 것이고, 어찌되었든 한때 개간 작업을 시작했던 것이다.

공원 조성의 공로자

1907년 무렵까지 공원 중앙에 원형으로 갈대가 자라는 습지가 있었고 산은 가는 곳마다 발 딛기가 매우 힘들었다. 특히 오르막길은 징검돌을 따라 걸어야 해서 두 명 이상 나란히 갈 수 없었다. 1905년 11월 3일 황조 요배전 부지를 정하여 후임 수비대장 야마다山田 중위, 아리마有馬 경찰서장, 다도코로田所 민회장의 입회 하에 푯말을 세우고 엄숙하게 요배식을 치루었다. 1906년 5월에는 2,500원을 투입하여 요배전을 건설하고 그해 11월 3일 천장절天長節[24]에 낙성 봉헌식을 올렸다. 이듬해인 1907년 달성공원 기성회를 결성하여 1만여 원을 들여 단풍나무, 벚나무, 소나무 등 약 6만 그루의 묘목을 심었는데 지금은 밀림을 이루어 풍치 있는 곳이 되었다. 민단 설립 후에는 민단이 공원을 경영했다. 1909년 1월 12일, 한국 황제께서 달성산에 임행臨幸하시고 이토 통감 및 한일 고관 또한 이곳의 경치를 상찬하였다. 이후 공원은 점차 공원다워졌다. 달성 공원의 보존 및 미화에 관해서는 고인이 되신 미와 조테쓰三輪如鐵의 공로를 잊어서는 안된다. 이와세 시즈카岩瀨静와 야스마쓰 구마키치安松熊吉의 공적 또한 크다.

---

24 일본 천황의 생일

14. 최초의 일본인 회사와 민족성

최초의 회사

달성산達城山 등산로 입구 인근은 미나리밭이었다. 1904, 5년 쯤에는 이 부근이 번창했다. 우체국도 있고 헌병대도 있었다. 부산의 오이케大池지점도 이 근처에 있었다. 도쿠라戸倉의 주택은 1904년 11월쯤부터 이곳에 있었고 도쿠라 기이치戸倉貴一의 선친인 소로쿠十六 옹이 1903년 4월에 대구로 이주한 이래 거처를 옮기지 않았으니 28년간 한곳에서 머문 이는 아마도 도쿠라뿐일 것이다. 다음으로 오래 머문 사람은 도쿠라와 이웃인 마유미 다다시眞弓忠일 것이다. 마유미는 1903년 말에 헌병으로 와서 그대로 대구에 거주한 사람이다. 부산의 오이케 주스케大池忠助, 하자마 후사타로迫間房太郎 등은 일찌감치 대구를 눈여겨보고 광대한 토지를 매수하였다. 지금의 유곽지 부근 일대는 오이케, 하자마 등의 공동 소유지였는데 이와세 시즈카岩瀨靜 등 여러 명이 공동으로 매수했다. 오이케는 토지를 10년 전 빠르게 처분했는데 하자마의 토지는 대구역 앞과 그 외에 대부분이 아직 남아있다. 부산의 나카무라 도시마쓰中村俊松도 당시 대구에 토지투자를 하였는데, 이와 별도로 나카무라는 기리오카 긴조桐岡金三, 삼랑진의 오타 가쓰사부로太田勝三郎, 대구의 도쿠라 소로쿠戸倉十六, 이노우에 쓰네나오井上常直와 함께 1905년 가을에 대구수산주

▶ 대구 개척의 공로자 도쿠라 소로쿠

식회사大邱水産株式會社를 설립했다. 자본금은 불과 3만원이었다. 대구에서 일본인이 투자한 최초의 주식회사는 이 수산회사였다. 나카무라 도시마쓰가 이사장, 도쿠라가 지배인, 이노우에 쓰네나오井上常直는 감사 겸 회계주임이었다. 1906년에 상호를 대구해륙물산주식회사大邱海陸物産株式會社로 변경한 무렵부터 내가 이 회사의 영업주임으로 초빙되었다.

거짓 현판

나는 별도로 점포를 가지고 있으면서 다른 한편으로 이 회사 일을 도왔는데, 당시 나의 성과로는 대구역 앞에 생선 경매시장을 신설하여 수급을 원활하게 함과 동시에 신속하게 시민에게 공급한 일, 미두米豆의 위탁매매를 개시한 일 등이 있다. 나는 1년도 안 되어 그만두고 후임에 사토 이사부로佐藤伊三郎를 추천했다. 사토 이사부로는 구 서시장西市場에 점포를 두고 미곡과 비료장사로 성공한 사람이다. 당시 쌀의 매매 방식은 매우 조잡했다. 쌀을 파는 한국인들은 순종적이어서 이른 아침에 판 사람이라도 전표 한 장만 건네주면 저녁때까지 현금으로 바꿔주기를 기다렸다. 한국인은 거짓말을 한다거나 무책임하다고 평가하는 사람도 있지만 대체로 대구 부근 한국인들의 특성은 본래 매우 선량했다. 나쁜 이들은 농공상보다도 관리들이었다. 관찰부의 징청각澄淸閣은 지금 경상북도 농무과로 쓰고 있는데, 예전부터 관찰사가 위세를 떨치며 집무하던 정청正廳이었다. 큰 절의 대웅전 같은 사무실 중앙에는 '이봉이록 민고민지爾俸爾

禄民膏民脂' 그리고 '하민이학 상천난기下民易虐上天難欺'라고 판각한 큰 현판이 걸려있었다. 가로 길이는 3칸 정도이다. 백성을 괴롭히고 하늘을 속이며 백성들에게서 피와 땀을 착취했던 건 역대의 관리들이었다. 이 현판은 지금도 걸려 있을 것이다. 예나 지금이나 입에 발린 포스터는 별로 효과가 없다. 무엇보다 한국은 관리들도 나빴지만 궁중에서도 역시 직접 백성들을 가렴주구 하거나 이권을 빼앗았다. 그 근본이 문란하니 말단에서 다스려지지 않는 것은 당연하다 하겠다. 불쌍한 것은 백성들이었다. 그리고 그 불쌍한 백성들이 이른바 군주에 대해서는 항상 이해하고 주구에 응하여 어떤 명령이 내려지든 그것에 따르니 더욱 안타깝기만 하다.

한국인과 국민성

1904년 2월쯤이었던 것 같다. 내가 히로시마현 구레에 있었을 때 고영근이라는 한국인이 우범선이라 하는 사람을 찔러 죽인 사건이 있었다. 이 일은 당시 상당히 세상을 떠들썩하게 했던 사건이지만 나는 그 해에 한국에

▶ 마유미 다다시

건너왔기 때문에 그 전말을 한국인에게 물어보니 "국모를 위해 원수를 갚았다."는 것이었다. 한국인들은 고영근을 지사志士로 대할 정도이니 교육을 잘 하면 훌륭한 일본인이 될 수 있는 국민이다. 감정은 일본이나 한국이나 대동소이하다. 단지 한국인은 너무나 심한 처사를 받아서 약간 주눅이 든 기풍이

있었다. 이것은 이조 오백 년의 폐정弊政 탓이며 또한 우리와 풍속과 관습이 다르기 때문에 아무래도 모든 면에서 느낌이 다르다는 점은 어쩔 수 없다.

15. 난맥이 극에 달한 당시의 화폐

당시의 화폐

당시 한국에서 유통된 화폐의 종류는 매우 많았다. 한일 양국 화폐가 혼용되었으나 남선 지방에서는 민중들이 아직 새 화폐를 인정하지 않았다. 주로 엽전이라고 해서 구멍 뚫린 일문전一文錢만 통용되고 있었다. 엽전도 종류별로 다양했다. 일본의 관영통보寬永通宝도 많이 섞여 있었고 중국 화폐도 있었다. 질 좋은 동전이 있는가 하면 질 나쁜 악전도 있었다. 상평통보도 있고 조선통보도 있었다. 한 닢에 1전 이상의 가치가 있는 것이나 무가치한 악전도 모두 1문文으로 유통되었다. 1905년이 되자 은화와 동화도 만들어졌다. 은화는 1냥兩, 5냥, 반원圓, 동화는 1전으로 일본 돈과 같은 재질이었다. 2전 5푼짜리 백동화는 일본의 백동화 5전과 비슷한 듯 하지만 질이 매우 조악하였고 위조품도 상당히 많았다. 부산과 경성에는 백동화 벼락부자가 많이 있었다. 못을 넣는 나무통 안에 위조 백동화를 섞어 넣어 한국으로 수입하여 터무니없는 이익을 보았다고 한다. 부산에서는 본정本町의 누구누구, 장수長手의 누구누구, 그리고 경성의 아무개 아무개가 모두 백동화를 위조하여 벼락부자가 된 인간들이라고 종종 전해들었다. 하지만 한국에는 이를 단속할 법령이 없었다고 하니 참으로 이상한 나라였다.

▶ 메가타 다네타로

일람불一覽拂[25] 어음

부산과 대구 부근에는 백동화가 일절 유통되지 않고 구멍 뚫린 일문전만 통용되어 5원 상당의 매매를 하는데도 대금 지불이 상당히 번거로웠다. 1관문은 일문전으로 1천문인데 2천문이 한 꿰미로 되어 있었다. 무게는 2관 이상이다. 그러니 큰 규모의 거래에서는 맞돈[26]을 운반하는 것이 큰일이었다. 맞돈은 일본에서 말하는 현금을 뜻한다. 따라서 한국인과 일본인 모두 어음을 발행하여 유통했다. 이 어음은 수표手票라고도 하고 음표音票라고도 하는데 한국에서는 오래전부터 발행해 온 일람불 어음이다. 어음은 대개 위와 같은 형식으로 단지 종이에 적어서 주거나 아니면 이 종이를 둘로 잘라서 나중에 맞대었을 때 맞으면 돈을 지불하는 형식도 있었다.

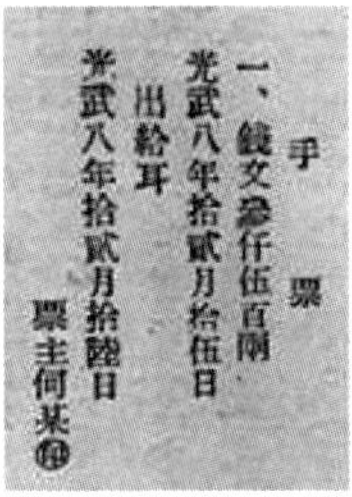
手票
一、錢文參仟伍百兩
光武八年拾貳月拾伍日
出給耳
光武八年拾貳月拾陸日
票主何某 ㊞

경부철도 속성공사 시절에 부산에서는 한전조합韓錢組合을 조직하여 조합장 후쿠다 마스베福田增兵衛의 이름으로 장방형의 질 좋은 종이에 인쇄한 한전韓錢어음이 발행되었다. 이것은 마치 일본의 옛 번찰藩札[27]같은 것으로 한국인 사이에서는 아무런 의심 없이 유통되었으나 오지奧地로 한 발만 들어가도 받아주지 않았다. 무엇보다 영동永同 이북에서는 이미 백동화가 유통되고 있었다.

---

25 수취인이 지급인에게 어음 금액을 청구하면서 함께 제시하면 바로 지급하여야 하는 어음

26 원문에는 「直金(マクトン)」으로 표기되어 있다.

27 에도 시대에 각 번에서 발행하여 그 영지 안에서만 쓰이던 지폐

말 귀에 염불

한국인에게 제일은행권 1원 지폐를 건네주면 이상하다는 듯이 심지어 진기하다는 듯이 바라보고 받지 않는다. 종이 인쇄물에 어떤 가치가 있느냐고 할 뿐, 태환兌換[28]의 성질에 대해 모르니 아무리 설명해도 말 귀에 염불하기였다. 따라서 엽전의 수요는 결코 줄어들지 않았다. 엽전이 아니면 물자는 매매가 모두 막힌다. 수요가 늘면 엽전의 가치가 등귀하거나 수요가 줄면 반대로 하락하기도 한다. 내 기억에 12할 5푼이 가장 싸고 23할 5푼이 가장 비쌌다. 일본돈 1원 25전 또는 2원 35전에 대해 한전韓錢 1관문, 즉 천 닢을 지불해주니 미국의 외환시세 이상으로 오르내림이 있었던 것이다. 이 시세는 하루에 몇 번이고 바뀐다. 이 한전의 수급을 조절하는 한전 중개인이라는 직업도 있었다. 1904년 말에 메가타 다네타로目賀田種太郎 남작이 한국 재정고문이 되고부터 화폐의 문란이 재정 운용에 가장 큰 결함이라는 것을 간파하고 정리방침을 세웠지만 남한 방면에는 알려지지 않아서 개인이 주조한 위조 백동화나 엽전이 공공연하게 통용되고 있었다.

28 은행이나 정부 지폐를 액면 금액과 같은 가치를 갖는 금화나 은화 등의 정화(正貨)로 바꿈, 혹은 그런 일

16. 거저먹는 세금징수 청부업

대금업 횡포 시대

한전을 지방에서 수송하는 데는 막대한 운반비가 필요하기 때문에 군부郡部에는 세금징수 청부업자가 있었다. 군수 또는 지방의 재산가가 청부를 맡았다. 재산가가 아니면 왜 청부가 안 되는가? 예를 들어, 영천군 일대의 조세를 10만원으로 청부하여 우선 정부에 대납부터 한다. 대납한 후에 그 지방에서 자신이 세금을 거두어 들인다. 15만원을 징수하면 5만원을 벌게 되는 것이다. 상당히 이익이 남는 장사이니 중앙에 맹렬하게 운동을 벌였다. 대구에도 세금징수 청부업으로 재산가가 된 사람이 아직 생존해 있다. 이는 대금업보다도 거저먹는 장사였다. 당시 일본인 중에 매우 지독한 대금업자가 있었다. 기일에 지불하지 않으면 채무자를 불러 감금하는 일도 있었다. 냄비나 가마솥, 장롱 등을 빼앗는 것 정도는 예삿일이었다. 대신에 한국인은 교활하게도 욕심 많은 일본인을 잘 속이기도 했다. 욕심이 지나쳐 실패한 일본인 대금업자도 적지 않다.

경찰의 부재

나의 지인이며 같은 동네에 살고 있는 나카니시 다몬中西多門이 1905년 봄 경찰에 소환되어 1주일 정도 구금되었다. 석방되고 나서 문안을 가니 그의 거실에는 '괴로운 일이 그 위에 또 쌓여가니'라는 고가古歌가 적혀 있었다. 어떻게 된 일인지 물어보니 한 한국인에게 빌려준

▶ 경성에서 성공한 나카무라 사이조

돈을 독촉했지만 지불하지 않아서 교섭하던 중 그 한국인이 졸리다며 방에서 잠시 자고 싶다고 하여 청을 들어주었다. 그런데 일어나더니 그대로 경찰서로 뛰어 들어가 불법으로 감금당했다며 고소한 것이다. 게다가 외부에서 자물쇠까지 걸어서 격리되었다고 허위 신고를 했는데 이쪽의 답변을 받아주지 않아 결국 구류되는 고초를 겪게 되었다는 것이다. 반대로 스즈키 다케시鈴木趣라는 친구는 어떤 상점에 상품을 맡기고 그곳에 보관하여 팔면서 매상고를 매일 계산해 받기로 하였는데, 사기를 당하여 상품을 모두 잃었다. 그래서 경찰에 신고하였으나 상대를 3일간 구치하여 조사한 뒤 그냥 석방하였다. 죄로 인정하지 않은 것이다. 그 부도덕한 상대는 야반도주하듯 부산으로 갔는데 부산에서 현재 성공한 사람 중 하나로 꼽히고 있다. 경찰은 있으나 거의 없는 것과 마찬가지의 상태였으니 순사의 풍기 문란도 말할 필요가 없었다.

나카무라의 일화

당시 경찰서장은 가고시마현 출신의 아리마 고코有馬高孝였다. 아리마는 1885년 외무성 순사로 한국에 파견되어 경성 영사관에서 근무하다 부산 영사관으로 옮긴 후 한번도 고향을 찾은 적이 없을 정도로 어딘가 독특한 사람이었다. 이듬해인 1906년 퇴임한 이후 대구에서 한가롭게 살다가 1925년 명치정明治町에 있는 거처에서 병사했다. 전형적인 사쓰마薩摩 사람답게 강직하고 술을 매우 좋아하는 사람이었다. 아리마가 내게 직접 들려준 재미있는 일화가 있다. 아리마가 외무성 순사로 경성에 근무하던 1887년 무렵의 일이다. 상관인 한 경부警部가 한양에서 병사했다. 경성에는 사오백 명 정도의 일본인이 있었는데 어느 광장에서 거행된 그 경부의 장례식에 총출동하였다. 사회자는 경성에서 크게 성공한 나카무라 사이조中村再造로, 장례식이 진행되면서 2, 3명의 조사弔詞가 이어졌다. 조사가 더 있을 것이라 생각했는지 사회자 나카무라 사이조中村再造가 "누구 축사나 축문 하실 분 안 계십니까?"라고 태연하게 말하였다. 특별히 잘못 말했다고도 느끼지 못하는 것 같았다. 나카무라는 그런 경우 축사나 축문이라고 해도 괜찮다고 생각했는지 모르겠으나 아리마로서는 상당히 이상했다고 하는 이야기를 나는 기억하고 있다. 당시에는 교육을 못 받은 사람들이 경성, 부산에 많았다는 일종의 풍자인데 이후 대구에서도 역시 비슷한 일이 있었다.

17. 문란한 법제 치하의 행형

▧ 황금만능 시대

당시 행형은 가혹했다. 행형 중 총살과 교살은 많은 사람들이 보도록 장날에 집행되었는데 그 무참한 처형 장면은 아무도 정시正視할 수 없었다. 나는 모두 한번 씩은 보았고 사진도 남겨두었다. 예로부터 한국은 형식을 중시하여 문물과 법도는 눈부시게 발달했다고 할 수 있으나 이조 말기에 이르자 완전히 공허한 내용이 되어버렸다. 특히 사법권 같은 것은 문란함이 극에 달하여 도저히 이루 말할 수 없을 정도로 부패하였다. 이조 오백년 동안 사법권은 관청과 관리들이 제멋대로 행사하였고 개인이라도 그 권세가 강한 자는 약한 자에게 일종의 사적 형벌을 행사하기도 하였다. 사법권의 행사라는 것에는 별개의 의미가 있어서 뇌물의 많고 적음에 따라 형량이 결정될 뿐이라는 것이었다. 만약 관리가 돈이 필요하면 무고한 부민富民을 끌고 와서 당치도 않은 죄명으로 투옥시켰다. 여기서 구제받을 수 있는 수단은 그저 황금의 힘뿐이었다. 그 정도로 사법권은 문란했다.

▧ 매 한 대에 1관문

내가 잠시 부산에 있을 때, 가게에 있던 손자옥이라는 스물네다섯 살 된 청년이 감옥에 갇혔다. 무슨 죄인지는 모르지만 우리는 모두 그가 착한 사람이라고 믿었으므로 안타깝게 생각했다. 그렇게 7일 정도 지나자 내 앞으로 한 통의 편지가 왔다. 이 편지를 받으면 바로 10관문의 돈을 들고 와 달라는 내용이었다. 청년의 숙부와 상의하여 원하는 대로 10관문을 들고 갔다. 1904년 무렵에 부산은 아직 해면 매축에 착수하지 않아서 북빈北濱에서 산길을 따라 초량까지 걸어야만 했다. 부산 정차장이 초량에 있던 시절이었다. 부산과 초량의 중간에 속칭 언덕밑이라는 곳이 있는데 그곳에 동래 감사가 있던 감영과 감옥도 있었다. 기와지붕을 얹은 크고 작은 수십 채의 건물이 널찍하고 황량하게 서 있었다고 기억한다. 간수의 안내로 손자옥이 감금된 옥사까지 가서 직접 말을 걸었다. 간수가 찾아온 이유를 묻기에 돈 10관문을 가져왔다고 하니 자물쇠를 풀어 손자옥을 밖으로 꺼내주었다. 매질 10대의 태형에 처해졌으나 매 1대에 1관문씩 내면 가볍게 때려준다고 하니 10관문을 부탁한 것이라고 하였다. 다음 날 아무렇지 않은 얼굴로 손자옥이 돌아왔다. 엉덩이에는 한두 줄의 매 맞은 흔적이 남아있었다. 이렇게 웬만한 죄는 돈을 내면 사면되었다. 중죄를 저지르면 재산을 몰수하는 법도 있었으나 은밀하게 이에 상응하는 환산법이 있어서 그렇게 해결되었다.

시장의 행형장

1905년 봄 어느 장날, 선두에 종이 깃발을 앞세우고 거칠고 새된 소리를 지르며 수많은 사람들이 시장 안으로 무리지어 걸어왔다. 무슨 일인가 물으니 살인강도범 3명을 오늘 시장에 설치한 형장에서 교살로 처형한다고 하였다. 종이 깃발을 보니 주소와 이름 그리고 죄명과 죄상 등이 쓰여 있었다. 구경꾼 몇백 명이 그 뒤를 줄지어 따라갔다. 인파에 둘러싸여 야위고 배만 불룩 튀어나온 죄인이 손을 묶인 채 도살장에 끌려온 양처럼 맥없이 끌려갔다. 목적지는 서문시장 서쪽 구석에 있는 형장이었다. 형장에는 지붕 없는 망루 같은 형태의 건물이 있었다. 그 건물의 높은 곳에 올라간 관리가 큰 소리로 죄상을 읽어주었다. 장날에 모인 군중이 몇백인지 몇천인지 그 수를 정확히 알 수 없으나 그러한 군중 속에 둘러싸여 불쌍하게 목이 졸려 죽는 것이다. 이 얼마나 야만적인 풍습인가.

18. 서투른 사수로 인해 총살 재집행

60여 명 교살

참고로 내가 총살 집행을 보았을 때의 일에 대해 적어보고자 한다. 시간순으로 먼저 교수형 광경부터 옮겨 적는다. 장소는 남문 밖 대구측후소 아래인데 이곳은 예전에 진위대 연병장이었던 곳이다. 1906년 봄 이틀에 걸쳐 60여 명이 잇달아 교수형에 처해졌다. 죄인들은 대개 화적이라 하는데 민가에 불을 지르고 약탈과 살인까지 한 놈들로 무리를 지어 흉기를 가지고 다닌 강도들이었다. 그중에는 여자도 1명 섞여 있었는데 홍일점이라고 할 수는 없었다. 첫 날에 20명 정도, 다음 날 40명 정도 교살했다. 한국인과 일본인 수백 명이 그것을 구경했다. 두 개의 통나무를 엇갈리게 묶어 양쪽에 세우고 그 위에 직경 두 세치 이상, 길이 2칸 정도의 튼튼한 통나무를 얹어 적당히 마룻대 같은 모양새로 결합하였다. 거기에 죄인 4명을 매다는 것이다. 밧줄을 그 마룻대에서 늘어뜨리면 죄인은 지게를 발판삼아 올라갔다. 죽음을 각오하고 있어서인지 매우 온순했다. 그때는 모든 기력을 상실한 상태였을 것이다. 턱에 밧줄이 걸리면 발판인 지게를 치워서 그대로 목이 졸려 매달리게 했다. 7, 8분 내지 12분 정도면 숨이 끊어졌다. 매달린 밧줄이 끊어지기도 했는데 순순히 다시 지게에 기어올라 매달렸다. 내 친구는 이 광경을 보고 정신이 아득해졌다고 말했다. 이렇듯 참혹하게 많은 사람을 동시에 죽이는 일은 아무리 한국이라도 흔한 일은 아니었다. 어느 날엔가 친모를 살해한 잔인한 청년에 대한 처형이 집행되었다. 이 때는 박살搏殺을 하였다. 죽도와 같은 곤봉으로 때렸는데 결국 척추뼈가 부려져 죽었다. 그리고 그날 시신을 치우지 않고 그대로 방치해 둔 것을 인근에 있던 사람이 거적으로 덮었다.

총살을 실제로 보다

1906년 10월 경에 일본 병사 한 명을 죽인 화적 세 명을 총살로 처형한 적이 있다. 장소는 지금의 대구회생병원 근처였다고 기억한다. 언덕 기슭의 경사면에 열 걸음 간격을 두고 3명의 화적을 엎드리게 했다. 약 15칸쯤 떨어진 곳에 한국군 병사 30명이 총을 겨누고 있었다. 한국병사의 뒤에는 10명 정도의 일본군 병사가 무장한 채 감시하고 있었다. "발사……" 하는 호령이 떨어지자 한국군 병사 30명의 총구가 일제히 탕 탕 탕 하고 울렸다. 물론 3명의 흉악한 도적을 사살하려던 총성이었지만 그 순간 오른쪽 죄인의 둔부에서 주륵 하고 붉은 피가 흘렀을 뿐 다른 두명은 아무 이상도 없었다. 둔부에 맞기는 했지만 조준이 빗나가 엉덩이를 부르르 떨었을 뿐 생명에는 아무 지장이 없었다. 무슨 이런 형편없는 컨트롤이 있나 어이가 없어 잠시 말도 나오지 않았다. 다시 총알을 장전하여 30명의 병사들이 일제히 사격했으나 맞히지 못하자 가장 왼쪽에 꿇어앉아 있던 죄수 한 명이 부스스 일어나 비척비척 언덕 위쪽으로 달려나갔다. 백일 이상 감옥에 갇혀 처참할 정도로 말라빠진 인간이 수십의 병대, 수백의 구경꾼을 곁눈질로 흘깃 보고는 뒤도 돌아보지 않고 도망치기 시작한 것이다. 사람을 우습게 보는 것도 정도가 있는 법, 도망치는 자를 쫓아 원래 자리에 꿇어앉히고 이번에는 죄인 한 명에 3명의 병사들이 심장과 폐를 관통하도록 총구를 뒤에서 직접 대고 쏘아 죽였다. 과녁이 빗나갈 리 없는 명안을 생각해 낸 것이다. 이런 식으로 진행된 총살형을 보고 한국 병대의 서투른 사격술에 놀라고 말았다.

용병은 파락호

한국 진위대鎭衛隊 제3대대는 경정京町에 있었고 건물은 지금도 현존하고 있다. 그들의 연병練兵이라고 하는 것은 우리가 어릴 때 들었던 조련調鍊을 말하는 것이다. 북을 목에 걸어 늘어뜨린 자가 둥 두둥 거리면서 선두에 섰는데 옷은 더럽고 보조는 맞지 않아 가관이었다. 그리고 또 구보驅步도 우스꽝스럽게 오리처럼 안짱다리로 뛰었다. 진위대는 1907년 8월에 해산되었는데, 한국 병사는 월급을 받는 용병일 뿐이라 대체로 질이 나쁜 파락호가 많았다.

19. 뇌물이 횡행한 옛 한국시대

해이한 민심

1895년 이전까지 한국의 사법행정은 문란이 극에 달하였으나 개국 504년, 즉 1895년이 되어 사법제도에 일대 혁신을 이루었다. 하지만 여전히 행정권과 사법권이 서로 뒤섞여 전혀 구분되지 않고 있었다. 따라서 뇌물수수가 공공연히 횡행하였는데, 예를 들어 고소인이 소장을 제출하려고 할 경우 먼저 문졸門卒에게 금품을 제공하여 그들의 환심을 사두어야 한다. 만약 제공한 금품의 액수가 그들이 만족할 정도가 아니면 일단 관청 문을 통과할 수 없다. 다행히 제1관문을 통과하여 소장을 제출할 때 이를 처리하는 관리가 또 금품을 요구하는데, 이것이 예전부터 관습이 되어 빼앗는 사람도 빼앗기는 사람도 전혀 이상하게 생각하지 않을 정도로 국민의 마음은 매우 해이해져 있었다.

재판의 한 장면

재판 실황을 보면 오늘날 상상할 수 없을 정도로 엉망이었다. 관찰도觀察道에도 군아郡衙에도 재판정이 따로 설비되어 있지 않아서 대부분 구내의 넓은 마당 안에서 재판이 이루어졌다. 따라서 갑자기 비라도 내리면 재판을 중지하는 기이한 광경이 드물지 않게 벌어졌다. 심문이 이루어지는 실황을 보면 먼저 넓은 마당으로 형사피고인 혹은 민사 당사자를 끌고 온다. 관찰도에서는 관찰사, 군아에서는 군수 등 이른바 재판관이 높은 툇마루 끝에 나와있거나 온돌방 안쪽 깔개 위에 드러누워 긴 담뱃대를 물고 있으며 방 밖에는 형리刑吏가 대기하고 있다. 저 아래 땅바닥 위에는 무거운 가추枷杻[29]를 차고 피고인 혹은 당사자가 엎드려 있다. 그리고 그 옆에 주장朱杖[30]을 든 관원이 한마디 명령만 내리면 당장 성난 목소리로 크게 질타하며 몽둥이로 난타할 태세를 갖추고 있다. 피고인이 몽둥이로 얻어맞기 전에 자백을 하면 고문의 고통은 겪지 않겠으나 만일 이러네 저러네 주장을 굽히지 않으면 즉시 몽둥이가 둔부와 배, 경부로 퍽퍽 소리를 내며 세차게 떨어진다. 그러나 사전에 약간의 돈을 관원에게 뇌물로 주면 같은 매라도 고통은 없도록 적당히 조절해 주었던 것이다.

옥중 고통의 예

감옥 안의 상황은 그야말로 참담하여, 실황을 아는 이들은 그 광경을 도저히 글로는 이루 표현할 수 없다고 말한다. '감옥은 이승에 있는 지옥이다'[31]라는 옛말이 있는데, 한국의 감옥을 보면 이 말이 반드시 과장이 아니라는 것을 깨닫게 된다. 옥중 고통의 예를 보면

---

29 예전에 죄인의 목에 씌우던 나무칼과 손목에 채우던 수갑을 아울러 이르던 말

30 주릿대나 무기 따위로 쓰던 붉은 칠을 한 몽둥이

31 원문에는 「獄は陽界の鬼府なり」라고 표기되어 있는데, 정약용의 『목민심서』 중 「형전육조(刑典六條)」에 나오는 '옥자양계지귀부(獄者陽界之鬼府)'를 인용한 것으로 보인다.

1. 목에 칼을 차는 고통
2. 옥중에서 착취당하는 고통
3. 질병의 고통
4. 추위와 굶주림의 고통
5. 장기간 구금되는 고통

이상 다섯 가지 고통이 옥중 최대의 고통이었다고 옛 책에 적혀있다.[32]

과거 형벌의 종류

1. 태형笞刑 2. 장형杖刑 3. 도형徒刑 4. 유형流刑 5. 사형死刑

이 중에서 사형은 집행의 잔혹함이 극에 달하였다. 사형은 교형絞刑과 참형斬刑 두 종류가 있다. 참형은 철판처럼 무딘 칼로 경부를 반복해서 타격해 결국 절단하는 것인데 그 참상은 이루 말할 수 없을 정도이다. 교형은 예로부터 보통은 때려 죽이는 박살撲殺로 집행되었는데 외국인이 많이 들어오게 되면서 그러한 참혹한 짓은 하지 않게 되었다. 그리고 교형 집행은 거의 '추분 후, 춘분 전' 일정한 시기에 한정하여 일반인의 이목이 가장 집중되기 쉬운 장소에 임시 사형장을 설치하여 20명 혹은 30명

32 옥중 다섯 고통에 대한 내용도 역시 『목민심서』의 「형전육조(刑典六條)」에 나오는 '枷之施項 出於後世 非先王之法也. 獄中討索 覆盆之冤也 能察此冤 可謂明矣. 疾痛之苦 雖安居燕寢 猶云不堪 況於犴狴之中乎. 獄者 無隣之家也 囚者 不行之人也 一有凍餒 有死而已. 獄囚之待出 如長夜之待晨 五苦之中 留滯 其最也' 에서 가져온 것이다. 본문에는 '옛 책'이라고만 되어 있으나 정약용의 목민심서를 지칭하는 것으로 추정된다.

의 사형을 동시에 집행했다. 그것이 앞에서 내가 말했던 괴이한 장면이다.

행복 향유 시대

러일전쟁의 결과 한국은 일본의 보호국이 되어 광무 10년1906년 10월에 지방 제도를 개선하고 이를 전후하여 재판 사무도 쇄신하게 되었다. 뒤이어 1909년 11월 1일에는 사법권을 위임하고 다음 해인 1910년 8월 29에는 한국과 일본이 병합되어 이곳에서도 드디어 사법권이 독립하여 그 신성함을 지니게 되었다. 이로써 수백 년 동안 재판의 공정함을 거의 경험하지 못했던 인민들은 이제서야 처음으로 신성한 재판을 받는 행복을 향유하게 되었다.

20. 공부라고 생각하여 보게 된 행형

냉담한 사형수

1903년부터 1906년 무렵까지는 오래된 풍습이 남아 있어서 행형도 옛날부터 전해진 방식 그대로 집행되었다. 그래서 초기에 이주한 일본인의 눈에는 그 모든 것들이 색나르게 비쳤다. 1903년 말부터 지금까지 29년간 대구에 거주한 촌상정村上町에 있는 요정 아카시明石의 옛 주인 아카시 오토키치明石音吉 옹은 당시를 회상하며 다음과 같은 이야기를 들려주었다.

▶ 아카시 오토키치

당시 우리의 눈길을 끌었던 것은 조선인의 인정 풍속으로, 특히 죄인이 줄로 묶여서 도로를 왕복하는 모습, 그리고 그 사람들이 임시 형장刑場이 있는 서문시장으로 끌려가는 것을 보고 그 기이한 광경에 놀랐다. 그런 일이 종종 있었는데 나는 원래 잔인한 광경을 보는 것을 좋아하지 않아서 보러 갈 생각도 하지 않았다. 그런데 "한번 봐두는 게 좋아, 무엇이든 공부가 될 테니." 라고 친구가 권유하여 싫지만 한 번은 보기로 하였다. 마침 장날이었고 이제 막 사형을 집행하려던 참이었다. 이날 교수대에 올라갈 사형수는 약 열댓 명, 이들이 관리에게 끌려 머리를 숙인 채 서문시장으로 들어왔다. 교수대라고 하는 것이 허름하기 그지없어 낡은 목재 대여섯 개를 가져와 양쪽에 서로 지탱하도록 기대어 세우고 거기에 가는 밧줄 대여섯 가닥을 매달았다. 준비가 끝나자 지켜보던 관리가 옆에서 구경하고 있던 지게꾼의 지게를 빼앗아서 밧줄 아래에 두고 일일이 명령하여 한 명 한 명 목을 매달았다. 그런데 그렇게 목이 매달리는 당사자들은 어떠한가 보면, 역시나 이제 생사의 경계를 넘나드는 그야말로 사선死線에 닿아 있으므로 얼굴색은 파랗게 핏기 하나 없다. 그리고 맥없이 체념한 듯 태연하게 교수대 위에 오른다. 비애, 근심, 번민 등은 더욱이 찾아볼 수 없다. 그러던 중 가느다란 밧줄이 끊어져 땅에 떨어지는 바람에 죽다 살아났는데도 태연하게 다시 교수대 위로 기어올라가는 사람도 있었다. 처음에 나는 깊은 동정심을 가지고 이 광경을 바라보았으나 죽음이라고 하는 것에 너무나 냉담한 그들의 태도를 보고서는 점점 동정심이 옅어졌다. 당시의 심정이 지금도 기억난다.

21. 만만치 않은 상인들 뿐

사족士族 출신 상인들

이 당시 대구에 있던 일본인은 소수의 관리와 철도 종사자를 제외하면 대부분 상인들이었다. 게다가 메이지시대 초기에 일본에 있었던 사족[33] 상인들처럼 상인이 된 지 얼마 안 된 사람들이 많았다. 따라서 모두 만만치 않은 다부진 기백은 가지고 있어도 순순히 허리를 굽힐 줄 아는 순 상인 기질을 가진 사람은 적었다. 한국인은 면도를 하지 않아서 일용직 노동자이든 아니든 여자와 어린애가 아니면 모두 수염을 기르고 있었다. 같은 형태의 하얀 한국 옷과 이 수염은 처음으로 한국에 온 일본인의 눈에는 독특하게 보였다. 지금이야 일본인 중에도 수염을 기르는 사람이 많아졌지만 한때는 관리들 이외에는 수염을 기르는 사람이 거의 없었다. 그런데 한국에 와보니 노동자도 상점의 지배인도 두부장수까지도 수염을 기르는 것이 눈에 띄는데, 한국인에게 수염이 없다는 것은 조롱할 만한 일종의 결점이었던 것이다. 일본에서 막 건너온 당시 우리 상인들의 눈에는 색다르게 느껴졌다.

33 옛 무사계급. 메이지시대에 사민평등 정책으로 무사계급이 폐지되고 사족이라 불렸다.

22. 막과자 가게라도 이름은 무역상

▧ 당시 내가 하던 장사

무역상 혹은 잡화상을 한다고 하면 상당히 큰 점포를 갖추고 있는 것처럼 들리겠지만 실상은 막과자가게조차 무역상, 잡화상이라고 했다. 내 가게는 주로 일본인을 대상으로 한 잡화를 늘어놓고 설탕, 밀가루, 담배, 종이 등을 도매하였는데 소매는 한국인 상대였기 때문에 설탕 1 전, 귤 한 개, 성냥 한 통, 알사탕 한 개 등의 자잘한 장사였으나 그래도 소중히 하였다. 누에콩을 볶아서 팔고 막과자 제조도 겸하고 있었다.

▧ 복통의 묘약

그 당시 한국인은 설탕을 약으로 복용하고 있었다. 배가 아프다며 약간의 설탕을 먹고는 그것으로 복통이 나았다고 말하니 기묘하다. 1전어치 판매되는 설탕은 대부분 약용이었다. 키나염[34]과 쓰시마의 천금단千金丹[35] 등은 잘 팔렸다. 생강을 끓인 물에 알코올과 설탕을 섞어서 적당히 맛을 낸 것을 백로주라고 이름을 붙여 병에 담아 팔았던 적이 있는데 잘 팔렸다. 알사탕은 가장 잘 팔리는 품목이었다. 하얗게 뽑아내어 오색을 배합한 알사탕을 '옥춘당玉椿糖'이라 하였고 까만 알사탕은 '눈깔사탕'

---

34 키니네를 염산, 황산 같은 산과 화합하여 만든 결정체로 말라리아 치료제, 해열제로 쓰였다

35 2차 세계대전 시기까지 일본 전국에서 인기있던 약으로 멀미, 두통, 속쓰림, 체증, 곽란 등에 효험이 있는 것으로 알려져 있다.

이라고 하였는데 이것은 일본어로 '안구당眼玉糖' 이라고 번역할 수 있을 것이다. 백설탕白砂糖은 한국어로 '설탕雪糖'이라고 하였다. 문자국인만큼 명칭을 붙이는 데는 일본인보다 뛰어나다. 키나염과 모르핀은 어느 막과자가게에서나 팔았기 때문에 아편중독자가 지금보다 물론 많았다. 단속도 없었고 무제한으로 모르핀을 마구 팔았기 때문에 오늘날 수많은 폐인廢人을 낳은 요인이 된 것이 틀림없다.

23. 호랑이 굴에 들어가 호랑이 새끼를 잡는 상술

이상한 진열 방법

남의 물건을 훔치면 안 된다는 것은 알고 있으나 훔친 물건값을 갚으면 그만 아니냐는 감각이 서민들에게 있었던 것이 틀림없다. 그래서 점포 안쪽과 처마 밑에도 되도록 훔치기 쉽게 물건을 늘어놓았다. 그렇게 하지 않으면 물건이 잘 팔리지 않았다. 이것은 나뿐만 아니라 당시의 상인들이라면 모두 이렇게 호랑이 굴에 들어가 호랑이 새끼를 잡는다는 식의 일들을 많이 했다.

관리가 된 상인

대구아사히상회의 아와타 에이지로粟田英次郎가 주판을 버리고 대구 최초의 소학교 교장이 된 것처럼 관리가 되거나 선생이 된 상인들이 많았다. 동시에 돈을 위해서라면 직업의 귀천을 따지지 않기도 했다. 요릿집이라면 그래도 낫지만 어떤 이들은 매춘업도 아무렇지 않게 했다. 나는 우골牛骨을 판매한 적도 있다. 우골은 100근씩 거래했는데 거적을 꿰매어 만든 포대 1장을 푸줏간에 맡겨 두고 그 포대가 꽉 차면 가져갔다. 포대에는 150근이 들어가는데 근량대로가 아니라 100근 값으로 거래가 이루어졌으니 상당히 후한 거래였다.

24. 민단 개혁을 위해 쇄신회를 조직

오키타의 풍모

나는 부산에서 요양을 끝내고 1905년 8월 초순에 돌아왔다. 돌아오자마자 오키타 스테지로沖田棄次郎가 찾아왔다. 오키타는 머리를 길게 길러 묶고 있었다. 수염이 성기게 나 있어 면도도 안 한 것 같았다. 다리를 심하게 절어서 항상 목발에 의지해 춤추듯 걸었으므로 누가 보더라도 괴상한 사람이라고 생각했을 것이다. 한국인들은 오키타를 보고 '대마도 사람'이라고 불렀다. 쓰시마 사람이라는 뜻이다. 일본인은 주로 단발을 할 것이라 단정하고 일본인 중에서 쓰시마 사람들만은 머리를 묶는 사람이 많다고 생각하여 스모 선수를 보아도 '대마도 사람'이라고 하였다. 오키타는 전라남도 여수 부근에 오래 살았던 것 같았다. 그리고 한국의 사정을 많이 연구하였고 한국어도 상당히 잘해서 앞서 말한 『이면의 한국裏面の韓国』과 같은 저서도 썼던것이다. 문필이 뛰어나고 언변도 좋았다. 그때 27살이었던 나는 오키타를 처음 봤을 때 나보다 4, 5살은 많을 것이라 생각했는데 그 뒤 얼마 되지않아 오키타의 친형을 내가 챙겨주게 되어 그때 오키타의 나이를 물어보니 1881년생이라는 것이다. 내가 1879년생이니까 오키타는 나보다 두 살 어렸다.

이름뿐인 상점

고베시 출신으로 아와타 에이지로粟田英次郎라는 사람이 서문 안에 살았다. 오사카부립사범학교를 졸업하고 고향에서 학교 선생을 하다가 한국에서 한번 새로운 일을 시작해 보고 싶다 생각했는지 몇천 원의 자본금을 가지고 대구에 와서 앞서 말한 오키타와 공동으로 아사히상회라는 잡화점을 열었다. '모모 상회', '모모 상행', '모모 양행' 등 아주 큰 무역상인 양 명칭을 붙인 상점들뿐인데 그럼에도 가게는 두 칸이나 세 칸 반 폭의 온돌집이었고 내용을 들여다보면 자본금이 물경 이백 원 내지 오백 원 정도에 불과했다. 특히 대구에 상회, 상행, 양행이 많은 점이 특징이었다. 오키타는 『오사카마이니치신문大阪每日新聞』 통신원으로 판매를 겸하고 있었다. 전첩축하회 등의 행사가 있을 때 절룩이는 다리를 끌고 오사카마이니치 통신원의 직함으로 축사를 읽을 때가 종종 있었다. 오키타가 찾아와서 말하는 것을 들어보니 거류민회는 다도코로田所가 민장에 취임하고부터 사무가 정리되어 본궤도에 오르긴 하였으나 경비가 끝도 없이 늘어났다. 지금이라도 경고하지 않으면 내년에는 더더욱 증가할 우려가 있었다. 특히 인두세는 불합리하니 차제에 폐지하고 그 대신 요릿집 업주들에게 특별부담금을 과세하는 것이 좋겠다고 생각하여 다도코로 민장에게 진언했으나 받아들이지 않았다. 그래서 오키타는 어쩔 수 없이 동지들을 모아 민장의 반성을 촉구할 생각이니 동의해 달라고 찾아온 것이다. 이치에 맞는 말이고 지당한 의견이기는 하지만 나는 2개월 정도 병석에 있어 최근의 사정을 알지 못하고 부산에서 막 돌아온 참이니 조금 생각할 시간을 달라고 대답하고 그날은 헤어졌다. 오키타는 그 일에 대단히 열심이었다. 목발을 짚고 매일 동지들을 설득하러 다녔다. 그리고 마침내 쇄신회라는 것이 만들어졌다.

쇄신회의 활약

오키타가 쓴 쇄신회 선언서가 탈고되었다. 인쇄물을 천 장 정도 찍어 집집마다 배포하고 포스터도 붙였다. 8월 22, 23일쯤으로 기억하는데 당시 거류민회 평의원 4명의 보궐선거가 있었다. 쇄신회는 이 보궐선거에서 동지를 의원으로 당선시키겠다는 작전을 세웠다. 쇄신회 후보자로 오키타 스테지로沖田棄次郎, 마치다 규고町田久吾, 오카모토 우이치岡本宇一, 가와이 아사오河井朝雄 4명을 추천했고 민장파에서는 오구라 다케노스케小倉武之助, 히자쓰키 마스키치膝付益吉, 고다마 이타로兒玉伊太郎, 도쿠라 소로쿠戸倉十六 등을 추천했는데 마치다는 입후보를 승낙하지 않았다.

25. 25년 전의 선거 일화

놀라운 사실

선거 유권자는 3개월 이상 대구에 거주하며 인두세를 부담하는 25세 이상의 일본 남자이므로 유권자 수는 200명 이상이었다. 선거 결과 오구라 다케노스케小倉武之助, 도쿠라 소로쿠戸倉十六, 히자쓰키 마스키치膝付益吉, 고다마 이타로兒玉伊太郎 4명이 당선되고 쇄신회파는 모두 낙선했다. 가장 많은 표를 받은 오구라 다케노스케가 48표, 가장 적은 표를 받은 고다마 이타로가 27표로 당선되었다. 나는 25표를 받았으니 당연히 낙선이었지만 득표 수에 납득할 수 없는 부분이 있어서 선거회選擧會[36]가 끝난 후 다도코로田所 민장과 면담하여 모든 투표용지를 점검하기 시작했다. 그러자 놀랄만한 사실을 발견했다. 가와이 아사오河井朝雄라고 정확하게 적은 것이 25표, 가와아이 아사오河合朝雄라고 '이井'를 '아이合'로 오기誤記한 것이 8표 나왔다. 그래서 나의 그 8표는 '피선거인이 누구인지를 확인하기 어려운 경우'라는 규정이 적용되어 무효가 되었다. 히자쓰키 마스키치膝付益吉를 '히자쓰키 마스키치膝月益吉'라고 발음은 같으나 다른 한자를 쓴 것이 3표, 고다마 이타로兒玉伊太郎를 '고다마 이타로小玉伊太郎'라고 역시 다른 한자를 쓴 것이 3표 있었다. 모두 단순한 오기이다. 그런데 이들의 표는 모두 유효표로 처리되

36 개표가 모두 끝난 후 각 후보자의 득표 총수를 계산하고 당선인을 확정하는 수속을 하는 기관. 선거장(選擧長)이 그 사무를 담당한다.

었다. 히자쓰키의 경우는 득표에서 문제될 것이 없으나 '고다마 이타로小玉伊太郎'라고 쓴 세 표가 무효가 되면 한 표 더 많은 내가 당선되는 것이다. 그 무렵 나는 무슨 일이든 이치를 따졌고 올바른 일은 통한다고 믿으며 꽤나 날카로운 논법을 펼치던 사람이었다. 그래서 이 선거의 처리 방식은 불법이며, 일부러 나를 떨어뜨리려는 다도코로 민장의 전술이라고 생각하여 끝까지 다도코로 민장에 맞서 한바탕 싸움을 벌여보려고 단단히 결심했다. 하지만 대구에는 민회를 지배하고 감독하는 공적 기관이 없었다. 게다가 선거 같은 것은 선거회가 마지막 결정을 내려 당선을 확정하기 때문에 시시비비를 판정해 줄 만한 곳을 찾을 수 없었다.

영사에게 소원장訴願狀

거류민회라는 것이 일본의 법령으로 인정된 기관이라면 든든하겠으나 그것은 하나의 사적 단체를 영사가 인정한 것에 지나지 않았다. 공적인 성질을 띠지 않는 기관이기 때문에 이러한 분쟁을 해결할 곳이 거의 없어서 곤란했다. 하지만 후배들을 생각하면 이런 불합리한 다도코로田所 민장의 처사에 굴복할 수는 없었다. 하물며 태어나 처음으로 선거라는 것에 임하여 일패도지一敗塗地[37]하는 것은 나쁜 징조이다. 일단 실상을 영사에게 호

37 싸움에 한 번 패하여 간과 뇌가 땅바닥에 으깨어진다는 뜻으로, 여지없이 패하여 다시 일어날 수 없게 되는 지경에 이름을 이르는 말. 한 고조 유방의 말로 『사기』의 「고조본기(高祖本紀)」에 나온다.

소하여 옳고 그름을 맡겨보자고 결심했다. 그 무렵 부산의 영사는 아리요시 전 정무총감의 친동생인 아리요시 아키라有吉明였다. 아리요시有吉는 지금 브라질 주재 특명전권대사特命全權大使이다. 오키타 스테지로沖田棄次郎의 형으로 오키타 도시타로沖田敏太郎라는 사람이 있는데, 부인을 동반하고 대구에 와서 특별히 하는 일 없이 지내고 있었다. 도쿄법학원의 졸업생으로 이후 마산에서 변호사 일을 하다가 1911년 무렵 마산에서 객사했다. 대구에 있을 당시 오키타 도시타로沖田敏太郎는 꽤 패기 넘치며 머리 회전이 빠른 사람으로, 달필로 명문을 써서 의론을 제기하기도 하였다. 오키타沖田는 그다음 해 거류민회의 의장이 되었다. 아리요시 부산 영사에게 보낼 한 통의 소원장은 즉시 완성되었고 필자는 오키타 도시타로沖田敏太郎였다. 읽어 보니 법률적으로 빈틈없고 조금도 흠잡을 여지가 없어서 역시 법률가로구나 싶어 생무지인 나는 감탄했다. 그 소원장이 완성된 것은 선거 다음날이었다. 나는 그것을 가지고 부산 영사관을 방문해 선거의 왜곡된 실정을 호소할 방침이었다. 그러자 그날 민회 수석 서기인 하타모토 기헤이畑本儀平가 나를 방문했다.

26. 나의 주장 관철, 인두세 폐지

하타모토의 방문

하타모토 기헤이畑本儀平는 러일전쟁 전에는 여순에 머물며 실업에 종사하는 한편, 러시아군과 마적馬賊 상황을 정탐하는 특수임무를 맡은 적이 있다. 쾌걸 호시 도루星亨의 밑에서 신문을 만든 적도 있다. 선천적으로 정치가 기질이 있는 사람으로 구마모토현 출신의 특성을 유감없이 발휘했던 사람이다. 1904년 10월 대구거류민회장 도쿠히사 요네조德久米藏의 초빙에 응해 민회 서기로 일했다. 하타모토가 갑작스레 내방한 의중을 대략 읽을 수는 있었지만, 뭐라고 이야기를 끄집어낼지 살폈다. 그런데 잡담만 이어질 뿐 쉽게 본론에 들어가지 않았다. 나는 하타모토가 좌담에 능하다는 사실을 그때 처음 알았다. 장사壯士[38]들을 상대로 도쿄나 군마현에서 싸운 일이나 만주에서 마적을 베던 이야기 등을 했다. 구마모토 사투리지만 비교적 억양이 심하지 않고 분명한 어조로 말을 하였는데 좀처럼 본론에 들어가지 않았다. 그러더니 결국 "가와이河井, 자네는 젊으니 의원 같은 건 언제든지 될 수 있지 않나. 이번에는 그만두시게."라는 말을 끝으로 두 시간에 걸쳐서 하타모토는 하타모토다운 말을 하고는 훌쩍 돌아갔다. 하

▶ 하타모토 기헤이

38 일본에서 1880년대 자유민권운동을 하던 직업적 정치활동가

지만 그래도 두 시간은 허비했다. '뭐야, 사람을 우습게 여기는 것 아닌가, 그런 일로 길게 이야기하는 것은 장사에 방해 아닌가.'라고 생각하며 오후 여섯 시 출발 기차로 부산에 가려고 준비하고 있으니 이웃인 마스다 도라타增田虎太가 찾아왔다.

내 주장 관철

마스다增田는 매우 단도직입적으로 소원訴願은 취소하고 어떻게 타협하지 않겠느냐고 하였다. 여지없이 끝까지 싸우겠다고 굳은 결심을 보이니, 마스다는 잠깐 기다려 달라고 하고서 어딘가로 가더니 곧 도쿠라 소로쿠戸倉十六를 데리고 왔다. 도쿠라는 1903년 4월에 대구로 이주한 선구자로 온후한 성격이었다. 도쿠라가 말하기를

"나는 원래 평의원이 될 의사가 털끝만큼도 없었네. 어쩌다 보니 당선됐지만 오늘 즉시 사퇴서를 낼 테니 차점자인 자네가 당연히 당선될 걸세. 그걸로 민장과의 싸움을 멈춰 주게나."

"내가 의원이 되고 싶어서가 아니야. 민장의 조치가 부당하기에 흑백을 가려보려고 하는 걸세. 가령 차점자로서 당선되더라도 선거 처리의 불법성은 철저하게 규탄하겠네."

▶ 장티푸스 완쾌 후의 필자

"그러지 말고 원만하게 협조하지 않겠나."

라고 마스다와 함께 교대로 권하고 설득하여 결국 다도코로田所 민장이 나에게 한 마디 사과하는 것으

로 하고 하타모토畑本도 중재에 나서 이 문제는 무사히 해결되었다. 결국 도쿠라戸倉가 사퇴하고 내가 당선되었으니 그때의 나는 다소 끈질기지 못했다. 이러한 연유로 다도코로와는 이래저래 뜻이 맞지 않았다. 당선 후 첫 회의에서 가와이가 기염을 토하리라 예상했는지 십여 명의 방청자가 있었다. 아닌게 아니라 나는 인두세의 불가를 주장하며 합법적인 세제稅制를 정하자고 따지고 들었다. 그리고 곧 인두세는 폐지되었다.

새된 고함을 지르는 자

이 회의의 방청석에서 빈번하게 새된 고함을 지르며 야유하는 사람이 있었다. 옆 자리에 앉은 사람에게 물어보니 샤쿠오釋尾라고 하였다. "가와이라는 자가 어떤 녀석인가 했더니 아직 새파랗게 어린 젖비린내 나는 놈 아닌가. 저런 자가 잘도 떠드는군. 예리한 녀석이야."라며 샤쿠오가 말한 모양이다. 당시 거류민회는 북문 밖에 있는 요정 도쿄관東京館의 별채를 사무실로 사용했다. 도쿄관은 마키 신이치眞木深一가 경영했던 것으로 기억한다. 장소는 지금의 마쓰마에 석조창고 앞이었다.

27. 신문과 신문인, 그 변천

두 신문의 대립

샤쿠오 슌조釋尾春仍는 진언종 승적에 있던 사람으로, 남문 내에 작은 절을 짓고전 대구여자보통학교 매우 열심히 불사를 행하는 한편 달성학교에서 교편을 잡고 있었다. 활자와 인쇄기를 갖추고 인쇄업을 하였으며, 1905년 6월경 『조선』이라는 제목으로 순간旬刊 신문을 대구에서 발행한 적이 있는 상당한 논객으로 승려 티가 나지 않는 정론가政論家였다. 그 후에 곧 활자기를 부산으로 가져가 부산에서 신문을 발행하기도 했다. 1907년경까지 대구에 있었지만 이후 경성에 가서 잡지 『조선』으로 크게 기염을 토하고 통감정치, 총독정치의 진전에 소위 문장보국文章報国으로 헌신한 사람이다. 현재 경성에서 『조선 및 만주朝鮮及滿州』를 발행하여 조선평단에서 큰 무게감을 갖고 있다. 샤쿠오가 신문 『조선』을 발행했을 때는 이미 『대구실업신문』이 발행되고 있었다. 초창기 대구에는 두 개의 신문이 대립하고 있었다. 『조선』은 오래 이어지지 않았다. 1906년 12월경, 샤쿠오는 다시 『대구일보』라는 제목으로 일간 신문 간행을 기획했다. 도쿠시마현 사람인 시노하라 가나메篠原要가 회계를 담당하고, 이나모토 신신稲本新臣[39]이 경

▶ 샤쿠오 슌조

39 원문 73쪽에는 이나모토의 이름 한자 발음이 '니오미(にいおみ)'로

영을 자처해 자금을 모아 12월 어느 날 제1호를 냈다. 16페이지에 상당히 형태를 갖춘 신문으로, 발행소는 동문 밖에 있는 고우라高羅 저택 부근에 있었다. 제2호에는 '반신불수의 일한협약'이라는 제목의 사설을 실어 철저하게 이토伊藤 공의 정책을 깎아 내렸다. 그것이 빌미가 되어 즉시 발행이 중지되고 다시 재기하지 못했다. 샤쿠오가 경성으로 간 것은 그 일이 있은 뒤였던 것으로 기억한다.

신문과 신문인

그 무렵 『대구실업신문』은 지금의 오구라 다케노스케小倉武之助의 저택 안에 있었다. 오구라의 저택 부지는 절반 이상이 한국시대 관유 건물이 있던 자리였다. 오구라는 후에 그것을 불하받아 근처 숲까지 사들여 현재의 한 구획으로 통일시킨 것이다. 오구라의 저택 맞은편이 와카마쓰若松 상회이다. 와카바야시若林는 1905년 4월경 이주해 바로 지금의 장소에 판자 건물을 세웠다고 기억하고 있다. 오구라, 와카바야시 두 집안은 지금으로부터 26년 전부터 서로 마주보고 있던 점포로 오구라 집안도 당시에는 장사를 하고 있었다. 여기서부터 동쪽 일대는 광막한 평야이고 이따금 한국인 가옥이 흩어져 있을 뿐 일본인 가옥은 거의 없었다. 오이관五二館이라는 이상한 이름의 하숙집인가 무언가가 오구라의 저택 부근에 있었

표기되어 있고 이후 353, 365쪽 등에서는 '신신(しんしん)'으로 줄곧 표기되어 있다. 이 번역서에도 '신신'으로 표기하였다.

던 것으로 기억한다. 1905년 9월 무렵 『대구실업신문』에 우에다 고쿠초上田黑潮라는 주필이 온 적이 있다. 우에다는 중국통으로 당시 유명했던 사람이었다. 우에다는 2개월 만에 떠나고 그 후에 온 주필이 노다 다다시野田正이다. 노다는 후에 아쿠타가와로 개명했는데, 부산일보를 오늘날과 같이 융성하게 한 고 아쿠타가와 다다시芥川正 사장이다. 아쿠타가와 주필 밑에 무라카와 가이치村川嘉一라는 기자, 아카호시 조조赤星讓三라는 영업부원이 있었다. 아쿠타가와는 1906년 3월 『대구안내大邱案內』라는 소책자를 저술하고 있었다. 10여 년 전까지는 그 책자가 나에게 있었는데 근래에 찾아볼 수 없게 되었다.

대구실업신보

『대구실업신문』은 대구이사청이 개설될 때까지 어디에 납본하고 있었는지 이사청 전신인 대구부청에는 보존되어 있지 않다. 『대구실업신문』이 이름을 바꾸어 『대구신보』가 되고 『대구일일신문』으로 또 이름을 바꾸면서 경영자가 3번 바뀌었는데, 그렇게 바뀔 때마다 이전 신문들을 버린 것이 틀림없다. 과거의 신문이 한 부도 보존되어 있지 않은 것은 오늘날 아무리 생각해 봐도 애석한 일이다. 1906년의 신문은 9월분이 두세 부 정도 나에게 있다. 1908년 발행분은 약 반년분 정도를 보유하고 있다. 1908년 10월 1일부터 내가 신문에 관여한 후의 신문은 전부 보존하고 있다. 대구 개발의 은인으로 대구에 나보다도 반년 정도 빨리 와서 큰 활약을 한 친구가 지금 도쿄에 있다. 시라타 신스케白田新助, 스즈키 히사지로

鈴木久次郎, 쓰지 소노지로辻園次郎 세 명이다. 요즘 『민보』에 대구의 추억담이 등재되는 것을 보고 다양한 자료를 보내주었다. 그중에 『대구실업신보』 제58호가 있다. 이것으로 『대구실업신문』이라고 알고 있던 나의 기억은 틀린 것이고 『대구실업신보』가 맞다는 것을 알게 되었다. 이것은 스즈키 히사지로鈴木久次郎가 보존하고 있던 것이다.

28. 대구구락부에 모인 사람들

대구구락부

남문 밖 거리에 일심관이라는 요릿집이 있었다. 초가집이지만 다다미 8장 크기의 3칸이 탁 트인 제법 큰 다다미방이 있는 한 채가 비어있어 그것을 빌려 바둑판 등을 놓고, 신간 서적을 몇십 권 정도 매입해서 윤독하기도 했다. 당시 황량하고 무미건조했던 분위기 속에서 피폐해진 기분을 어느 정도 위로하고자 하는 취지에서 대구구락부라는 것을 만들었다. 주도한 사람은 마키노 슈牧野周, 히자쓰키 마스키치膝付益吉, 다도코로 유키에田所幸衛, 스즈키 히사지로鈴木久次郎에 나를 더해 20명 정도였다. 그리고 1905년 7월 하순에 구락부 발회식発会式을 개최했다.

▶ 박중양

야마모토 신山本信이라는 이름은 일찍부터 한국인과 일본인 사이에서 유명했다. 하얀 얼굴, 마른 몸에 키가 큰 미장부인데 바로 당시 박중양의 일본 이름이다. 남문 안에 살았을 때는 한국인과 일본인이 얽힌 중요 사건의 통역도 했었는데, 세상의 변화에 관심 없이 한가하게 머무르지 않고 한성으로 또는 일본으로 오가는 그의 행로를 당시 사람들은 전혀 예측할 수 없었다. 일본인과 한국인 사이를 잘 주선하여 당시 사교계에 기여했다. 나는 그때 처음으로 박중양과 우에다 고쿠초上田黒潮를 만났다. 부임한 지 얼마 안 된 이토 쓰네조伊藤恆藏 재무고문, 이다 아키라飯田章 경무고문 등도 내회하여 참가자는 약 40명이었다. 당시로서는 성대한 모임이라 회장이 좁다고 느껴질 정도였다. 당시 히자쓰키 마스키치는 새카만 머리에 새카만 수염 게다가 드물게 긴 수염의 소유자로, 수염 속에서 하얀 얼굴을 내밀고 있었다. 스즈키 히사지로鈴木久次郎는 도쿄 사투리를 쓰며 일을 거침없이 해내는 시원시원하고 세상물정에 밝은 사람이었다. 서문 내에서 청주, 간장, 식료품, 기타 잡화를 팔고 한국돈 환전업도 했다. 스즈키는 그때 아직 궁벽했던 대구에 맥주회라는 것을 조직해서 달서교 부근에 비어홀을 차린 적이 있는 정도로 시대를 뛰어넘는 신인이었다. 그날 구락부 발회식에서도 스즈키는 앞장서서 주도하고 있었다. 이와세 시즈카岩瀨静도 참석하고 미와 조테쓰三輪如鐵도 참석해서 소감 연설을 했는데 그때 미와에게는 일언거사一言居士[40]라는 별명이 붙어있었다. 구락부는 다음 해까지 이어지다가 슬며시 없어졌다. 그것은 거류민들 간에 안팎으로 다툼이 매우 심각해져 모이기만 하면 시사 문제에 이르기까지 입에 거품을 물고 격렬히 논쟁하니 긁어 부스럼을 만들지 않으려고 결국 회원들이 모이지 않게 된 것이다. 반년 정도에 불과하지만 이 구락부의 활용이 대구 발전에 공헌한 점은 결코 적지 않았다. 성벽 무용론은 이때부터 구락부의 화제로 떠오르고 소학교 개설 등도 토의되었다.

40 무슨 일이든지 한마디씩 참견하지 않으면 마음이 놓이지 않는 사람. 말참견을 썩 좋아하는 사람

관부연락선

좁은 해협을 오가는 부산-시모노세키 간 연락선은 1905년 9월 11일부터 개시되었다. 처음에는 산요철도山陽鉄道가 운영하는 이키마루壱岐丸호뿐이었고 쓰시마마루對馬丸호는 조금 뒤에 취항했다. 요금은 1등 12원, 2등 7원, 3등 3원 50전이고 항해소요시간은 시모노세키에서 출항하면 11시간, 부산에서 출항하면 11시간 30분이 걸렸다. 그래도 그 전에 취항했던 오사카 상선회사의 배와 비교하면 3, 4시간 빨라졌다. 한일 간 교통에서 이키마루, 쓰시마마루의 이름은 역사에 길이 남을 큰 공헌을 했고 우리는 그 혜택을 입은 것이다.

29. 요람기의 대구교육계상

바가지 쓴 하주荷主

1905년경에는 일본인 운송업자가 하역수수료나 소화물의 운반비 등을 제멋대로 정하여 하주에게 바가지를 씌웠기 때문에 내가 앞장서서 하주조합을 조직하여 운송취급점을 지정했다. 6개월마다 계약을 갱신하기로 하고 처음에는 이토 모토타로伊藤元太郎의 가게를 맡고 있던 다케武 아무개씨와 계약했다. 여기 참여한 상점은 20여 곳이었다. 1달에 1번씩 아카시明石에서 회합會合하며 공동의 이익을 지향했으나 다른 운송업자의 와해공작으로 1년도 지나지 않아 해산하고 말았다. 하지만 운송업자들에게 상당한 자극을 주어 그 후로 터무니 없이 바가지 씌우는 일은 없어졌다.

달성학교의 유래

소학교 설립에 대해 기록하기 전에 달성학교의 유래를 이야기할 필요가 있다. 달성학교는 일본어를 한국인 자제에게 가르치고 지도하는 것이 목적이었다. 기록에 의하면 달성학교는 1899년 7월에 설립되었다. 설립자는 히자쓰키 마스키치膝附益吉이다. 히자쓰키를 도와 학교 경영에 애쓴 사람 중에 니타니 바쓰스케新谷松助라는 사람이 있다. 대구의 유력자 윤필오는 히자쓰키의 학교설립 계획에 찬성하여 앞

▶ 통역관 시절 히자쓰키 마스키치

장서 협력하고 경영을 맡았다. 당시 김직현 관찰사를 설득하여 설립비 가운데 100원을 기부하도록 하고 대략 7백여 평의 학교 부지와 사택 1동을 기부하게 했다. 윤필오는 1912년 무렵 경북 예안군 군수를 역임하고 그 외에 두세 곳에서 군수를 역임하다 퇴관한 후에는 고향인 대구에서 풍월을 즐기고 있으며 지금까지도 건재하다. 달성학교의 존재가 알려지자 한국 유지들 중에 금품 기증자가 적지 않게 나왔다. 금액은 700원에 달하였으나 아직 교사를 초빙하여 학교를 계속 유지하기는 어려운 금액이었다. 그래서 히자쓰키가 사재를 들여 교비를 제공했다. 한국 학부는 히자쓰키의 미담을 듣고 1900년부터 연 120원元씩의 보조금을 교부했다. 부산의 일본인 5개 사원에서도 매달 15원씩 기부했고 1901년부터 동아동문회東亞同文會가 연간 420원의 보조금을 지급했다. 부산 영사도 역시 약간의 보조를 해 주었다. 부산 사원의 보조는 1901년 4월부터 중지되었다. 그 외 전남 목포에 있는 유지들의 기부, 한남교육장려회韓南敎育獎勵會로부터의 보조, 1901년 9월부터는 경부철도주식회사도 기부금을 지급하여 학교의 기초는 차츰 단단해져 확고부동한 남한의 교육기관이 되었다.

히자쓰키의 노력

1902년 9월 히자쓰키는 샤쿠오 슌조釋尾春仍와 상의하여 학교를 크게 확장할 방침을 세웠다. 하지만 그것을 아직 실행하기도 전에 극동의 전운이 점차 짙어진다는 것이 알려지면서 한국인의 민심이 동요하기 시작했다. 그래서 조용히 상황을 관망하고 있었는데 1903년 4월이 되자 러시아 쪽으로 기울어진 한국인의 배일적 행동이 노골적으로 드러나면서 결국 학교 확장 계획은 중지되고 당분간 현상 유지에 노력했다. 당시 학교의 간부는 감독 겸 교사 히자쓰키 마스키치, 교장 겸 교사 윤필오, 주간主幹 겸 교두敎頭[41] 샤쿠오 슌조, 이하 교사 3명이었다. 1904년 2월 러일 국교가 확실히 난절되면서 경부철도 속성공사가 초고속으로 진행되고, 일본인들이 큰 강을 이루는 듯한 기세로 거침없이 대구로 흘러들어 왔다. 그때 히자쓰키는 급증한 일본 아동을 위해 교실 하나를 증축해 2부제로 수업하면서 월사금도 받지 않고 무보수로 교육을 맡았다. 일본인 취학아동은 한때 70여명에 달한 적도 있다. 히자쓰키의 헌신적인 봉사는 이듬해인 1905년 10월까지 계속되었다. 지금 생각해도 히자쓰키의 이러한 행동은 아무나 할 수 있는 일이 아니었으니 대구 사람들은 언젠가 히자쓰키에게 보은할 방법을 찾아 무엇이든 보답해야 할 것이다.

야학교 설립

1903년 말 정토종 대구포교소 주임 스토 시즈야首藤諍也 법사는 서문 내 지금의 본정本町 소학교 앞 포교소 안에 일본어속성야학교를 지어 포교와 함께 한국인 교육에 종사했다. 스토 법사는 1906년 2월 전임轉任 명령을 받아 떠나고 후임으로 시가현 출신 사토 겐쇼佐藤玄性 법사가

41 일제강점기에 소학교나 중학교의 수석(首席) 교사를 이르던 말

스토 법사의 뒤를 이어 일본어속성야학교를 경영했다. 1907년 정토종 포교소가 팔운정八雲町에 있는 현재 위치로 이전하면서 30여 평의 교사校舍를 지어 한일병합 당시까지 계속 운영했다. 이 일본어 야학교에서도 상당한 인재를 배출했는데 대구의 원로 정해붕 등도 여기서 배운 사람이다. 사토 겐쇼 법사는 공을 인정받아 내각 상훈부賞勳府에서 은배 한 벌을 받는 등 오래도록 그 공로가 기록되어 남겨질 것이다. 그는 1923년 고향인 시가현에서 입적하였다.

30. 요람기의 대구교육계하

소학교의 기원

1905년 4월 일본거류민회는 월 40원을 교부하여 잠시 달성학교에 일본 아동의 교육을 맡기고자 했으나 히자쓰키膝付는 한국인과 일본인 아동의 공학은 불가하다는 짐을 실득하고 일본인 소학교 설립을 종용했다. 이때 소학교 설립 논의가 대두하여 8월이 되자 점차 무르익었다. 1905년 10월 2일 북문 밖 임시 교사에서 일본인 거류민회가 설립한 소학교 수업이 개시되었다. 이것이 오늘날 대구소학교의 기원이다. 1907년 달성학교는 학생의 증가로 건축공사를 시작했으나 불행히도 낙성에 이르지 못하고 1907년 12월 29일 화재로 불타버렸다. 1909년 4월 달성학교는 협성학교에 통합되어 공자묘 부속 대강당으로 교사校舍를 옮겼다. 히자쓰키는 그 전에 통감부 철도관리국에 근무하게 되어 학교 경영에서 물러나고 교무는 구마모토현 사람인 기쿠카와 게이운菊川渓雲이 이어받았다. 그는 한일병합 후 금융조합 이사가 되어 함창에 부임해 지금도 그곳에 거주하고 있을 것이다.

▶ 초대 교장 아와타 에이지로

학생 38명

1905년 8월 중순 거류민회가 공립소학교 설립을 결의했다. 그러나 교사 건축은 아무리 서둘러도 제 날짜에 맞출 수 없으므로 북문 밖 민가를 빌려 그 해 10월 2일 개교식을 거행해 수업을 개시했다. 교장 겸 교사는 앞서 언급한 고베시 출신의 아와타 에이지로粟田英次郎였다. 보조교사 한 명에 단급제도單級制度[42]로 학생은 총 38명이었다. 1906년 봄, 아와타 교장이 떠나고 가고시마현 출신의 마에다 아쓰시前田篤志가 그 뒤를 이었다. 마에다의 후임으로는 히와타시 세이에이樋渡清栄가 부임했다. 히와타시는 현재 스기하라합명회사杉原合名会社의 기계부에 근무하고 있다. 1905년 10월 2일 이후 대구소학교 학생의 추이는 다음과 같다.

1905년 10월 2일 : 38
1905년 12월 말 : 76
1906년 12월 말 : 113
1907년 12월 말 : 175
1908년 12월 말 : 292
1909년 12월 말 : 483
1910년 12월 말 : 619

1905년 10월 대구소학교 개교 당시의 재학생으로 현재 확인된 사람은 다나카 가나메田中要, 야마다 히로미치山田博道, 나가에 요시마사長泳義正, 오치 와스케越智和助의 부인 지에코ちゑ子, 아카시 세이코明石せい子, 야마노 우에쿠니山の上くに 여사대구유치원 보모 등이다. 나가에는 현재 오

42 전교의 아동을 1학급으로 편제하는 학교를 단급소학교라 한다.

사카마이니치신문 경성지국장이다. 초대교장 아와타 에이지로粟田英次郎는 1924년 고향에서 서거했다. 아와타는 고지식하고 착실한 사람으로 교육에 열심이었다. 일본 각지에서 모여든 당시 학생들은 한 명 한 명 풍속과 습관이 각양각색인데다 의사소통이 제대로 되지 않는 경우도 있어 같은 일본인인데도 상당히 교육하기 힘들고 일본에서 교편을 잡았을 때보다 더 애를 쓰는데도 성적은 오르지 않는다고 아와타 교장이 늘 푸념했다고 한다.

민회의원 집단사직

1906년 5월 일본거류민회는 5000원의 예산으로 소학교 신축을 결의했다. 이어 기부금 모집에 착수하려 할 때 대구일일신문이 필진을 동원하여 다도코로田所 민장 및 유력자 이와세 시즈카岩瀨靜 등을 공격하기 시작했다. 그렇게 물의를 일으켜 기부금 모집은 불가능해지고 다도코로 민장은 의원들의 사표를 모아 1906년 8월 집단사직을 감행하였다. 학교문제와 관련하여 의원들이 집단사직한 후 거류민회는 한때 사무가 중지되었으나 다도코로 민장에게 후임이 결정될 때까지 사무를 처리하라는 명령이 내려졌다. 그 후 민단법이 실시되고 1907년 3월 학교신축공사도 완료되었다. 건축비 총액은 9천 3백원이었다. 1907년 12월에는 문부성 해외지정학교로 인정받았다. 경상북도 포항 토목과 파출소 주임인 세노 에이타로妹尾英太郎도 당시 이 학교를 졸업했다.

31. 피나는 판매경쟁의 추억

어용상인의 부수입

러일 전쟁에서 일본은 한번도 패하지 않고 완승했다. 사할린 평정을 끝으로 전쟁의 막은 내렸다. '일본이 이겼다, 일본이 이겼다, 러시아는 졌다, 졌으면 항복해야 하지 않겠는가.'라는 호외도 뿌려졌다. 이길 수 있었던 것은 물론 일본 군대가 잘 싸웠기 때문이고 따라서 군인의 위세는 대단했다. 한국 수비를 담당하는 병대도 전승의 후광으로 무척이나 우대받았고 한국으로 들어오는 군수품 같은 것도 모두 면세였다. 따라서 군수품을 취급하는 육군 조달 상인에게는 일종의 부수입이 있었다. 1904년까지 한국으로 들어오는 외국의 물자는 영국인이 경영하는 한국의 세관에서 높은 세금을 거두었다. 메가타 다네타로目賀田種太郎 남작이 재정 고문이 되고부터는 관세권을 한국으로 회수했다. 그 무렵 일본 전매국의 담배에도 종가從價 2할의 관세를 부과했다. 어용상인들은 거기에 잘도 구실을 붙여 세금이 붙지 않은 담배로 돈벌이를 했다. 예를 들어 군수용으로 10곤梱[43]이 필요한 경우에 20곤을 군수품으로 수입하여 증명을 받은 뒤 10곤만 납품하고 10곤은 시중에 파니 관세 만큼의 이득을 보았다. 지금의 식산은행殖産銀行 지점 앞에 난부 센조南部

43 포장한 화물, 특히 생사(生絲)나 견사(絹絲)의 포장 개수 또는 수량을 나타내는 단위. '곤'은 '고리'라고도 하였으며 1곤(梱, bale)=4가마니=40통=181.44kg=400lbs이다. 본문에서는 담배의 포장 단위로 쓰였다.

專三라는 육군 조달 상인이 있었다. 난부는 서시장의 오사카하라타 대구지점과 짜고 값싼 담배로 돈벌이를 했다. 당시에는 주로 '아사히朝日'가 많이 팔렸다. 하라타지점의 주임은 쓰지 소노지로辻園次郎라는 사람인데, 도쿄시 외곽의 이케부쿠로에 살며 이후 나와는 둘도 없는 친구사이가 되었으나 당시에는 깊이 교류하지 않았다. 게다가 하라타지점이 내 가게보다 담배를 싸게 팔아서 단골손님들이 불평을 하는 바람에 너무 힘들었다. 어쩔 수 없이 내 가게에서는 담배만 원가로 팔면서 이익을 포기하고 설탕이나 밀가루 그 외 다른 물건에서 단골손님을 뺏기지 않도록 대응했다. 그러자 하라타지점에서 경쟁에 뛰어들어 내가 파는 값 아래로 내리더니 결국『대구실업신보』를 사이에 두고 광고이용 경쟁까지 개시했다. 내 가게는 부산의 시마다 시즈카島田歸에게 담배를 공급받고 있었다. 시마다는 부산에서 민단장을 했던 적이 있다.「歸」는 보통 '가에루' 라고 읽는데 자신의 이름에 있는「歸」는 '시즈카'라고 읽는다고 가르쳐주었다. 하라타지점도 역시 시마다와 거래를 하고 있었으나 난부의 가게에서 종종 면세품을 받아 판매하니 도저히 이 경쟁에서는 내가 이길수 없었다.

판매경쟁의 추억

궁하면 통한다고, 아사히 담배 50보루가 들어가는 큰 상자 20곤梱 정도에 솜을 가득 채워 심야에 모운송점 앞에 겹겹이 쌓아 놓고 부산에서 도착한 짐처럼 꼬리표를 달아놓았다. 다음날 '아사히 신 입하新入荷' 전단을 뿌리며 엄청 싸게 판매한다고 선전하였다. 사실 10보루를 주문한 곳에는 1보루만 배달해주고 나중에 바로 나머지를 배달하겠다며 얼버무리고 상대 하라타 지점의 움직임을 살펴보았다. 역시 내 가격보다 싸게 팔기 시작했다. 게다가 상대는 물량도 넉넉했다. 그래서 은밀히 손을 써서 사람을 보내어 하라타原田에서 파는 '아사히' 두세 곤을 사들였다. 파는 족족 사들였기 때문에 결국 들키긴 했으나 이번에는 예상 외로 내가 이겼다. 하지만 이겼다는 생각은 나만의 자기만족이고, 사실 하라타지점에는 특별임무가 있었는데 그 임무가 이미 끝나 당시 폐점 준비를 하고 있었다. 즉 폐점의 한 방법으로 값싼 담배를 내세워 다른 상품을 손해 안 보고 팔아넘길 계획이었으니 이 승부는 무승부인 셈이다. 폐점 후 부산의 마쓰모토 석유부가 가게를 인수하고 스즈키 다케시鈴木赳라는 사람이 주임으로 왔다. 하라타지점과 내 가게의 경쟁은 사사키 이치조佐々木市臧가 중간에 개입해서 원만하게 해결되었다. 그다음 해 역 앞 큰길에 쓰지상회都路商会라는 가게가 개업했는데 앞에서 말한 쓰지 소노지로辻園次郎가 주인이었다. 매우 영리하고 솜씨 좋은 상인으로 지금도 도쿄에서 왕성하게 활동하고 있으며, 올해 4월 목포에서 돌아가는 길에 일부러 나를 방문하여 대구에서 3박하고 도쿄로 돌아갔다. 지금이야 그런 경쟁은 아무것도 아니지만 그 당시에는 각 상점을 응원하는 단골들로 하여금 탄성을 지르게 하였다. 이 정도로 판매방식 또한 유치했음을 고백하고자 한다. 그래도 당시의 분위기가 어떠했는지 그 흐름을 이해하는 데 참고는 될 것이다.

32. 민심을 이해하지 못한 정책의 실패

새로운 화폐의 주조

1904, 5년의 한국 사정에 대해서는 나보다 오래 거주한 만큼 쓰지 소노지로辻園次郎가 더 잘 알고 있다. 아래에 쓰지에게 들은 이야기를 소개하고자 한다.

▶ 쓰지 소노지로

조신도 중국도 국가 사업을 민간에 하청하던 시절이 있었으니 흥미롭다. 앞서 말한 세금 징수업자도 그 중 하나이다. 러일전쟁이 인천 앞바다에서 개시되어 코레츠, 와리야크 두 군함이 우류瓜生 함대에게 순식간에 격침되고 2월 20일에는 이노우에井上 중장이 이끄는 12사단 병사들이 경성에 들어왔다. 검과 총으로 무장한 일본 병사들이 한성의 천지를 압도하자 그때까지 극단적 배일 분위기가 팽배했던 한국 정부가 손바닥 뒤집듯 표면적으로는 경의를 표하였다. 그 후 정치를 시행하는 데 대체로 일본의 조언을 받아들이게 되었다. 하야시 곤스케林權助 공사의 주선으로 당시 오사카상업회의소 의원이었던 마스다 노부유키增田信之, 하라다 리베原田利兵衛를 초빙하여 마스다는 탁지부에 하라다는 농상공부에 적을 두었다. 그리고 한 명은 화폐주조를 맡고 또 한 명은 농사개량을 담당하여 탈곡기를 공급하는 임무를 맡았다. 마스다는 마스다은행增田銀行을 소유하고 있고 하라다는 니시로쿠은행西六銀行 은 행장이었는데 모두 한창 일할 나이였다. 화폐 통일을 위해 탁지부는 용산에 전환국典圜局을 설치하고 마스다에게 주전鑄錢 업무를 맡겼다. 금화 20원, 10원, 5원, 은화 반원, 20전, 백동화 5전, 적동화 1전을 주조했다. 새 화폐가 주조되기 전까지 세금이나 통화는 모두 엽전을 사용하여 불편했으나 새 화폐가 만들어진 후에는 민중들의 생활이 매우 편리해졌다. 추풍령 이북으로는 새 화폐가 유통되는 등 마스다의 화폐 주조는 성공적이었다.

탈곡기 배포 계획

농사개량 쪽을 살펴보면, 1904년에 탈곡기배포사무국을 경성에 설치하고 농가 8집에 탈곡기 1대를 강제로 배포하기로 했다. 그리고 그 대금은 관아에 납입하는 형식으로 전국에 약 30만 대의 탈곡기를 배포하게 되었다. 우선 경상남북, 충청남북, 전라남북에 1차로 발송하고 동시에 농촌 청년을 오사카로 보내어 내국권업박람회 견학을 겸해 단기간에 실습을 시키는 등 상당히 규모가 큰 사업이었다. 그런 계획으로 경상남북도만 해도 약 3만 대를 보내어 농가에 배포하랴 대금 회수를 관리하랴 매우 큰일이었다. 1대의 대금이 2관 8백 문이었기 때문에 결코 비싼 것이 아니지만 3관 문이면 3, 4인 가족이 2달 정도는 일을 안 하더라도 생활 할 수 있는 시절이었다. 그 때문에 탈곡기의 편리나 불편 따위는 안중에도 없고, 일본에서 말하듯 '꽃보다 경단'이 더 좋다고 대놓고 말하지 않을 뿐이지 돈 내는 것을 싫어했다. 탈곡기를 도로 가져가라고 하면서 각 농촌 마을 입구에 탈곡기를 산처럼 쌓아두고 관민이 서로 노려보듯이 기싸움을 하는 지구전에 들어갔다. 그런 방침을 세운 한국정부로서는 인민들이 대금을 내지 않는 것을 난처해하면서도 대신 내줄 리가 없었다. 관찰사에게 엄명을 내려 강제징수하도록 했으나 하급 관리들이 인민을 동정하여 제대로 징수하지 않으니 성적은 조금도 오르지 않았다. 어쩔 수 없이 사무국에서 황제의 국새가 찍힌 훈령서를 잔뜩 받아와, 관찰사 이하 지방관은 이 건에 한하여 이 국새가 찍힌 훈령을 소지한 출장원의 명령을 받들어 대금징수에 협력하라는 명령을 즉시 공표하였다.

농사개량 실패

이러한 연유로 대금 징수는 한층 엄중해졌다. 원래 농사개량은 좋은 일이지만 애초에 그 방법이 잘못되었다. 탈곡기 대금을 부담할 능력이 없는 농민에게서 갑작스레 대금을 징수하는 것은 한국 실정과 동떨어진 방법이었다. 결국 돈을 지불하지 못해 자살하는 사람이 나오거나 살해당하는 사람도 생기면서 자칫하면 각지에서 폭동이 일어날 듯한 형세가 되었다. 히다카日高라는 출장원은 전남에서 살해되었는데 하마터면 한일 간 국제문제가 될 뻔 했다. 그래서 강제징수를 보류하고 사변사査辨使라고 하는 고등관 대우의 관직을 부여한 일본인을 편의상 한국 관리로 채용하여 각 도의 관찰사와 협력해 온당한 방법으로 해결을 짓게 했으나 농사개량의 첫걸음인 탈곡기 배포는 완전히 실패했을 뿐만 아니라 대국적으로 보자면 유해무익有害無益이었다.

33. 급조된 사변사査辨使의 솔직한 이야기

사변사의 추억담

'농상공부 탈곡기배부사무국 경상북도 사변사'라는 한 번에 읽을 수 없을 정도로 긴 한국의 관명을 하사 받은 사람이 앞에서 서술한 쓰지 소노지로辻園次郎였다. 쓰지는 1904년 봄부터 탈곡기 배포라는 특종임무를 맡아 대구에 파견되어 서문시장에서 무역과 백화점을 운영했다. 하라타 대구지점의 주임으로 한때 나의 판매경쟁 적수였다. 그는 당시를 떠올리며 다음과 같이 솔직한 이야기를 보내주었다.

▶ 우치다 로쿠로

솔직히 말하면 점주의 밀명密命이 장사의 손익은 둘째로 하고 우선 하라타原田라는 가게의 존재를 알리면서 그 사이에 탈곡기 잔무를 처리하라는 것이었기 때문에 나는 상당히 거창하게 일을 벌였다. 당시 관찰도 주사 최만달과의 교제도 그 때문이었다. 서문시장의 점포는 오사카에서 가져온 함석으로 지붕을 얹고 유리문을 넣은 일본식 판자 건물로 신축했다. 개업식에는 아치를 만들고 근처에 있던 '야마토'에 부탁하여 양식을 준비하도록 하는 등 서서 먹는 형식이지만 다소 화려하게 준비할 계획이었다. 관찰사를 비롯하여 한일 관민 다수를 초대해 입식 연회를 열었다. 관찰사에게 초대장을 보내자 관기官妓 20명 가량을 거느리고 위풍당당하게 들어왔다. 이웃한 백의의 사람들이 진기한 광경에 몰려들었다. 마치 축제와도 같은 소란스럽고 북적북적한 개업 피로연이었다. 나는 일본에서 준비해온 전통 예복을 입어 그 화려함을 뽐냈다. 한국인들은 낯선 내 모습을 의외로 높이 평가해 주었다. 나는 당시 고등관대우 사변사라는 한국 관원이었기 때문에 좀 센제하는 것처럼 보이기는 해도 위엄 있어 보이기로는 우선 충분했다. 그 당시 유명했던 이와세岩瀨의 백금 시계나 커다란 금 시계줄, 금 지팡이도 내 생각과 동일한 발상에서 나온 것으로, 사대주의로 점철된 한국인의 마음을 단적으로 사로잡기 위해서는 이 방법이 필수적이었다. 그리고 사변사로서 관찰도에 처음 등청할 때는 양장으로 갔다. 수행원으로는 히메노 다로지姬野太郎次와 와세다 출신의 정鄭 군, 유兪 군 외 열 명 정도를 인솔하여 마중나온 가마를 타고 선화당으로 출발했다. 감색과 적색의 홑옷을 겹쳐 입고 일본의 전립 같은 것을 쓴 하인이 땅에 엎드려 머리를 조아리고 엄중하게 일반의 통행을 금한 가운데 관찰사 이하의 마중을 받으며 등청했다. 위엄있게 상석에 앉아 국새가 찍힌 훈령을 보여주며 인사를 하고 관찰사에게 훈령을 준봉遵奉하여 받들라 했으니, 그 광경은 지금 생각하면 너무나도 연극 같았다. 그것이 끝나자 따로 준비한 자리에서 한국식 연회가 열려 관찰사 이하 약 20명의 관리, 관기, 악인樂人 3, 40명에게 둘러싸여 환대받았다. 그 뒤 모든 교섭이 매우 원만하게 진행되었다. 그러나 약 3달 후에 관찰사가 바뀌고 한국의 정세에 일대 변화가 일어나 이 문제는 본점에서 직접 경성의 정부와 절충하기로 했다. 다른 도와 비교하면 나는 사변사로서 좋은 성적을 거두었으나 이 농사개량을 위한 탈곡기 배포는 크게 실패하였다. 화폐주조는 대성공, 농사개량은 대실패라는 이런 대조적인 일이 옛 한국에서 벌어졌으니 실로 기억에 깊이 남는 일이었다.

탈곡기 배포의 일은 필자인 나도 들은 적이 있으나 이것은 그저 일개 상인이 정부를 이용해 탈곡기를 교묘하게 팔아치운 정도의 일이라고밖에 생각할 수 없다. 사변사라고 하는 임시 직명 같은 것은 한국에 있을 법한 직함이라서 흥미로운 이야기였다. 히메노 다로지라는 사람은 1921년 경까지 본정本町에서 장사를 하고 있었으나 그 뒤 고향으로 돌아가 최근의 소식은 들리지 않는다.

1등 영화관

쓰지는 남보다 앞선 생각을 가진 사람으로 1910년 경에 대구 포항 간 자동차운행 계획을 세워 나에게 상의했으나 당시 유감스럽게도 내 머리가 거기까지 따라가지 못했기에 이 계획은 진행되지 못했다. 1911년에는 일찌감치 대구에 활동상설관을 만들었다. 장소는 대화정大和町으로 현재 가사와라 도기점笠原陶器店이 있는 곳에 '대구구락부'라는 상설관을 만들

▶ 어린 기생을 안고 있는 마에카와 도모지

었다. 대구구락부는 후에 나니와관浪花館으로 이름이 바뀌어 만담 등을 공연하는 대중 연예장이 되었다. 활동사진관 경영은 쓰지가 대구에서 1등을 차지하고 있었다. 쓰지가 대구에서 이름을 날린 것은 1904년부터 1909년까지 정도이다. 우치다 로쿠로内田六郎, 마에카와 도모지前川 知二 등이 가장 친분이 깊었다. 마에카와는 오사카 사람으로 곤도近藤 지섬을 경영하고 있었다. 이 사람도 당시 신인으로 우익에 몸담고 있었는데 안타깝게도 10년 전에 병사했다.

34. 민심 악화, 빈번한 화적 조난

빈번한 화적의 봉기

한일의정서 성립 후 이토 히로부미伊藤博文 공은 위문대사로 한국에 건너왔다. 1905년 5월 한국은 한러국교 단절 선언을 공개적으로 하고 일본에 의지한다는 뜻을 내외에 밝혔다. 그러나 이는 아마도 당시 한국 황제의 본

▶이토 히로부미

뜻이 아니었을 것이다. 한편으로는 연전연승의 여세를 몰아 일본의 세력이 한국의 상하를 휩쓸고 있었다. 한성에서는 배일 열기가 극심해 이토 공에게 질책을 받은 대신들이 잇따라 자살하였고, 일본을 저주하는 목소리가 상당히 높았다. 살기등등한 가운데 한국과 일본의 경찰 및 군대의 출동으로 간신히 평정을 유지하고 있었다. 하지만 이 여파는 각지로 퍼져 그해 가을 무렵부터 민심이 매우 악화되어 각지에 화적들이 출몰하여 도처에서 한국의 부호들을 습격했다는 정보가 전해졌다. 화적이란 무리를 지어 총기와 도검류를 휴대한 도적으로 매우 교묘하게 출몰했다. 교묘하다기보다는 단속이 따라가지 못했다고 해야 할 것이다. 그들의 수법을 보면, 어떤 부자에게 협박장을 보내어 장소를 정해 돈을 가져오도록 하는데 만약 그에 응하지 않으면 일가를 몰살하거나 그 조상의 묘소를 파헤치는 식이었다. 그 무렵 화적들은 각지의 일본인들을 습격하여 생활에 큰 위협을 가하고 있었지만 일본의 상비병

이 적어서 당분간 그들의 횡행을 내버려둘 수 밖에 없었다. 그래서 일본인은 대체로 호신용 도검이나 비수, 몽둥이, 권총 등을 지니고 있었다. 밤중에도 머리맡에 권총을 두거나 도검을 침구 밑에 숨겨두고 자는 등 무척 삼엄한 경계 태세를 취하였다. 그러나 나는 한국으로 건너와 줄곧 어떤 호신용품도 지닌 적이 없다. 쓰카하라 보쿠덴塚原卜傳[44]은 아니지만 싸우지 않고 책략으로 이기는 방식이 가장 강한 것이라 믿었다. 그래서 저항하지 않는 것이 적극적인 저항이라는 신념을 관철했다. 운 좋게 아무에게도 습격받지 않았고 또 습격 받을 우려가 있는 위험 지역에 들어간 적도 저항한 적도 없으니 다친 곳도 없다. 나는 원래 천성적인 겁쟁이다.

후지이藤井의 조난

1905년 늦가을에 우에다 기사부로上田義三郎라는 환전업자가 와서 서문 안에 있는 후지이닛신도藤井日進堂의 주인이 상주 오지에서 화적에게 칼로 습격당해 반죽음의 위독한 상태에 빠져있다는 소식이 들어왔다고 알려주었다. 그리고 닛신도에서는 곧장 힘 좋은 사람 몇 명이 구조하러 떠났다고 하였다. 후

▶ 완쾌한 후지이 만지로

44 일본 센고쿠 시대 유명한 검술가이자 병법가. 쓰카하라 보쿠덴이 나룻배에서 진검승부를 하게 되었을 때, 뭍으로 상대를 먼저 보내고 자신은 그대로 장대를 짚어 배를 띄우며 "싸우지 않고 이기는 이것이 나의 무수승류(無手勝流)이다"라고 훈계한 고사로부터 유래

지이는 후에 사카이 만지로境萬次郎로 개명하였는데,『조선민보』시내판매부의 사사모토 레이도佐々本霊導가 사카이 만지로의 사위이다. 후지이는 한국인 점원 한 명을 데리고 상주 방면에 갔다가 돌아오던 중 상주에서 4리 떨어진 옥산동에 도착하여 한국인 숙소에 묵었다. 숙면 중이던 후지이藤井의 얼굴에 문인지 장지문인지가 떨어진 것 같은 느낌이 들어서 잠에서 깨어 올려다 보니 수상한 한국인 1명이 무딘 칼을 쳐들고 후지이의 위에 올라타 있었다. 당했구나 직감한 찰나에 도둑이 후지이의 얼굴을 향해 칼을 내리쳤다. 다부진 후지이가 곧바로 도둑이 든 칼을 막무가내로 붙들고 빼앗으려 했지만 도둑이 칼을 잡아빼는 바람에 후지이의 양 손 손가락이 전부 베였다. 멈칫 하는 순간 연달아 칼이 들어와 머리만 3번 내려쳐서「サ」자 모양으로 상처를 남겼다. 오른쪽 귀가 반이나 절단되고, 동시에 코도 오른쪽이 절반 잘리고, 윗입술도 완전히 2개로 잘려서 언청이처럼 아래로 축 처졌다. 후지이는 이런 큰 부상에도 굴하지 않고, 더군다나 가까스로 대롱대롱 매달려 있는 10개의 손가락을 휘두르며 완강히 저항하였다. 한국인 종자는 기겁을 하고 도망쳤다. 숙소 주인도 동숙한 한국인도 누구 하나 도와주러 오지 않아 궁지에 몰려 있는데 어딘가에서 '탕' 하는 한발의 총성이 울렸다. 총성을 듣고 도적은 물건 하나 훔치지 못한 채 재빨리 도망쳐 행방을 감췄다. 총을 누가 쏘았는지는 아직도 모른다. 죽기 일보 직전의 상황에서 후지이는 목숨을 건졌다.

35. 유언비어 난무, 소방대 창설

재봉 바늘로 봉합

후지이藤井는 심각한 중상을 입었다. 그러나 45세 나이에도 생존욕이 대단히 강했다. 가지고 있던 버드나무 고리짝 양쪽에 두 자루의 통나무를 묶어서 속성으로 들것을 만들어 그 위에 후지이를 태웠다. 김천까지 가까스로 도착하여 대구의 자택에 전보로 긴급하게 알렸다. 귀는 두 갈래로 잘리고 코도 비스듬히 두 개로 나뉘어 있었다. 입술은 아래로 쳐지고 머리는 위쪽 세 군데에 큰 상처를 입어서 출혈이 심했을텐데도 기력만은 정정했다. 김천에 있는 철도의鐵道醫에게 응급처치를 받았는데 봉합용 바늘이 없어서 재봉 바늘로 꿰맨 채 대구로 돌아와 다시 꿰맸다고 한다. 이후 발열이 심해서 한때 위독하다는 소식도 전해들었으나 운좋게 고비를 넘기고 오늘날까지 건강하게 여생을 보내고 있다. 후지이는 후에 사카이堺 집안을 이어받아 성을 바꾸었다. 1906년에 최초의 민회의원이 되고 대구상업회의소 의원과 부회장에도 취임하여 대구의 발전에 공헌했다. 현재는 고향 시가현에 있으며 나이는 70 전후이다. 대구에서 낙동강을 따라 3리 떨어진 곳에 사문진이라는 곳이 있다. 지금은 달성군 화원면 관할이고 낙동강변 선착장이다. 1903, 4년 경부철도 속성공사에 쓰이는 여러가지 자재들은 이 사문진에서 하역하고 사문진에서 대구까지는 경편철도를 부설하여 운반했다. 공사가 끝나고 경편철도의 레일은 제거했으나 지금도 아직 선로의 흔적이 남아 있다. 1907

년 경에는 낙동강 물을 이용하여 대구에 수로를 만든다거나 대구와 사문진 간에 경편철도를 부설하여 낙동강의 수운을 이용하겠다는 계획도 있었으나 진전되지는 않았다. 위에 서술한 것처럼 후지이가 옥산에서 조난되자마자 사문진 방향에서 무리를 이룬 도적들이 대구를 습격하러 온다는 소식이 전해졌다. 누가 한 말인지 모르겠지만 대구 전체가 그 이야기를 믿어 성급한 사람들은 정차장까지 도망가기도 했다. 하지만 이 이야기는 헛소문이었고 아무런 일도 일어나지 않았다. 그렇다 하더라도 밤에는 결코 방심하지 않았다. 그 당시 곳곳에서 방화가 일어났다.

서부소방조직

후지이가 조난당한 일과 상관 없이 이 사건에 앞서 7, 8월 경부터 서문 안팎 사람들은 자경단自警団의 필요를 느껴 대구서부소방조직을 준비하기 시작했다. 발기인은 다카세高瀬 지점, 마쓰마에松前 지점, 아오미青見 지점, 우치다 로쿠로內田六郎, 오이케大池 지점, 스즈키 히사지로鈴木久次郎 등으로 기부금은 2백 원 정도 모였다. 당시로서는 최신식 수동 펌프를 하나 구입하고 깃발, 사스마타[45], 갈고리, 물 운반용기, 사다리 등

▶ 마쓰마에 지점장 시절의 사카모토 도시스케

45 사스마타(刺股)는 긴 막대 끝에 U자형 쇠를 꽂은 무기. 난폭한 범인의 목과 허리 등을 눌러 제압하는 데 쓰이거나 연소중인 건물 혹은 그 주변의 타기

필요한 것들은 9월 4일에 설비를 모두 갖추었다. 소방기구 격납고와 경종대는 달서교 부근에 설치했다. 소방복과 배지는 가게마다 자부담으로 마련하기로 하고 매달 윤번으로 소방기구 관리 임무를 맡기로 하였다. 그 관리위원은 다음과 같다.

사이토 요시조齋藤芳造, 마쓰마에지점松前支店, 다카세지점高瀨支店, 아오미지점青見支店, 스다 산페이須田三平, 우치다 로쿠로內田六郎, 하라타지점原田支店, 마루타지점丸太支店, 마유미 다다시眞弓忠, 도쿠라 소로쿠戶倉十六

이렇게 진용을 갖추고 9월 17일에 서문시장에서 기구 점검을 겸해서 화려하게 소방 연습을 하였다. 그리고 1906년 1월 4일에는 첫 번째 신년 시무식을 했다. 당시 소방조직의 구성은 다음과 같다

조장組長 스즈키 히사지로鈴木久次郎
부장副長 우라하마 야스타로浦濱安太郎
소두小頭 스에마쓰 긴지로末松金次郎, 가시마 쇼키치花島庄吉
별대別隊부장 시모조 효자부로下條兵三郎
소두 하라타 요시조原田由藏, 아베 기노스케安部喜之助

이하 14명의 계장이 있었다. 작년까지 대구소방조에

쉬운 목조건물 등을 파괴하는 소방도구로 사용되었다.

서 소두로 일했던 다나카 준지田中順次는 당시 별대에서 갈고리를 담당했었다. 그 후 동부에도 소방조가 결성되었다. 그래서 서부소방이 1907년 3월 민단에 기부를 신청하였는데 이것이 받아들여져 동서를 합병한 것이 대구 소방조의 시초이다.

36. 무질서한 세상, 과수원 경영

순사, 한판 당하다

1905년과 1906년 중반 까지는 일본인에 대한 단속법령이 없었고 또 한국 자체에도 아무런 질서가 없었다. 따라서 장날같은 날에는 어느 가게든 도로가 막힐 정도로 갖가지 잡화를 나열해 두었다. 1905년 말, 장날에 내 가게 앞에 석유, 성냥, 귤 등이 들어간 큰 상자 수십 개를 여러 겹 쌓아 올려두었는데 몇십 개의 짐이 또 들어왔다. 정리할 틈이 없어서 잠시 그대로 놔두었더니 일본 순사가 와서 한마디 하였다. 통행에 방해가 되는 게 당연하다 싶어 빨리 정리하려고 하였으나 바빠서 그냥 두었더니 또 그 순사가 다시 와서는 심하게 다그쳤다. 욱화가 치밀어 거꾸로 순사에게 "언제 도로단속규칙이 생겼습니까?"라고 따져물었다. 순사는 자신의 직무이기에 질 수는 없으니 어떻게든 얼버무렸으나 실은 이것을 단속하는 규칙이 없었기에 순사가 패배할 수밖에 없었다. 이것은 당시 한국이 얼마나 무질서했는가를 보여주는 한 예이기에 적어두는 것이다.

대담한 시도

1905년 6월쯤 효고현 사람인 야기 마쓰타로八木松太郎라는 사람이 훌쩍 나타났다. 수완이 좋은 사람으로 어느새 서상돈 옹을 설득하여 지금의 남산정南山町 뒤쪽 신학교 언덕에 '부식원富植園'이라는 사업단체 같은 것을 설립했다. 오래전 일이긴 하지만 분명 1만원 정도는 투자했을 것이다. 화훼, 과수, 그 밖에 원예, 새로운 서양종의 채소류까지 재배를 시작했다. 그리고 그 언덕 위에 큰 우물을 파고 이 층짜리 일본식 집을 두 채나 지었다. 계획이 엉성했는지 당시에 일반의 수요가 없었는지 사업은 완전히 실패로 끝나 1907년 가을에 야기는 허둥지둥 경성으로 달아났다. 그의 밑에서 사무원으로 일했던 사람이 바로 금년 봄 청진서장으로 퇴임한 요시무라 가쓰타로嘉村勝太郎이다. 야기의 사업은 실패로 끝나 지금은 아무도 남아있지 않지만 그때 지었던 건물 한 채는 오하시 마쓰타로大橋松太郎가 매수해 용강정龍岡町으로 이축하여 1919년경까지 살았다고 기억한다. 다른 한 채는 가와무라 기사부로河村義三郎가 매입하여 오하시 집 뒤편으로 이축한 것으로 기억하는데 확실하지는 않다. 서상돈 옹은 이로 인해 적지 않은 손해를 입은 것으로 짐작되는데 1905, 6년즈음에 그 정도로 원예 과수를 시험재배한 것은 대담한 시도였고 무미건조한 당시 사람들에게 다분히 정취를 느끼게 해준 공덕도 분명히 있다. 야기는 그 무렵부터 육지면陸地棉의 재배를 강조하고 있었다. 가미야 도요나리神谷豐功는 1904년부터 과수를 시작試作하고, 한발 늦게 나카하라 후사이치中原房一가 동문 밖 토지를 매수해 과수를 시작試作했다. 이것은 1905년 말에 있었던 일이다. 대구의 과수 경영은 1905, 6년이 요람기였다. 나카하라 후사이치, 가미야 도요나리, 시부사와 슈조澁澤周藏, 야마다 야헤이지山田彌平治, 오바 지로키치大場次郎吉 등이 이 길의 개척자이자 공로자들이다. 과수와 담배 재배의 경과에 대해서는 연도 순으로 서술하고자 한다.

37. 이토 공의 첫 조난 사건

대한정책 확립

일본군이 이미 개선凱旋하고 전운이 완전히 가라앉자 일본 정부는 한국의 근본적인 문제에 대해 기본 방침을 정할 시기가 되었다고 보고, 1906년 11월에 일본의 전권대사로서 이토 히로부미 공을 경성으로 보냈다. 그달 17일 이토 공은 주한군사령관 하세가와 요시미치長谷川好道 대장, 일본 공사 하야시 곤스케林權助를 거느리고 한국 황제와 접견했다. 일본은 한국을 위해 두 번의 대전에서 엄청난 희생을 치렀다. 따라서 한국에 대해서는 상당히 우월한 권리를 획득하고자 하였다. 한일협약 제의, 한국 외교권 양도, 통감부 설치는 이때 협의해 그 자리에서 결정한 것이다. 1905년 12월 20일, 일본은 칙령으로 경성에 통감부를 설치하겠다고 공포했다. 그러나 그렇게 되기까지 쉽지 않은 파란이 있었다. 이토 공이 이 사명을 가지고 경성에 체류하던 중에 어느 날 사냥을 나간 적이 있었다. 사냥이라고는 하지만 사실은 민정 시찰이 목적이었다. 온종일 사냥을 하며 하루를 보내다 돌아가던 도중에 경부선 안양역 부근에서 열차에 돌을 던진 사람이 있었다. 그 돌이 명중해 창문의 유리 파편으로 공은 미간 여기저기에 상처를 입었다. 큰 상처는 아니었지만 이 소식이 일본에 전해지자마자 상하를 막론하고 전 국민이 매우 우려하였다. 공이 아직 경성에 있을 때 남산에 있는 큰 자연석에

寶祚之隆與天壤無窮

大勳位侯爵 伊藤博文謹題 明治三十八年十一月書之

보조지융여천양무궁[46]

대훈위 후작 이토 히로부미 근제 메이지 38년1905 11월 서지

위와 같은 글을 조각하도록 하였는데 지금은 총독 관저 부근에 보존되어 있을 것이다. 11월 30일, 공이 경성을 떠나 인천에서 해로로 귀국길에 오른 지 얼마 지나지 않아 전 보국輔國 민영환이 자살하고 잇따라 조병세, 홍만식, 이한응, 이상철, 김봉학 등의 거물들이 자살하여 한성 천지가 일시에 긴장감에 휩싸임과 동시에 지방에서도 역시 연조비가사燕趙悲歌士[47]들이 나타났다. 하지만 일본의 대한정책은 이제야 가까스로 확립된 것이기에 재류일본인은 전력을 다해야 할 때가 왔다고 각오했다.

미나카이三中井의 유래

형세가 이렇게나 갑작스레 전개되었으나 대구의 조선인에게는 그다지 영향이 없었다. 여러 유언비어가 난무하는 것은 어쩔 수 없었으나 불온한 분위기는 조금도 없이 매우 원활하게 상거래도 가능하였고 한국인과도 역

46 『일본서기』에 나오는 구절로 '황위가 대대로 번성하여 가는 것은 천하와 같이 무궁할 것이다' 라는 의미

47 우국지사를 비유적으로 이르는 말. 중국 전국 시대에, 연나라와 조나라에는 세상을 비관하여 슬픈 노래를 부르는 선비가 많았다는 데서 유래한다.

시 기분 좋게 교류하였다. 그러나 거류민회에서는 평의원 일동을 모아 차제에 서로 언동을 삼가자고 합의했다. 이때는 이미 일본인의 숫자도 1300명으로 증가해 슬슬 시가지 체제가 형성되고 있었다. 역 앞의 길에는 폭 4칸 정도의 도로가 생기고 경주가도를 따라 드문드문하게나마 일본인 가옥이 건축되었다. 당시 일본인으로 위세를 떨치던 사람은 이와세 시즈카岩瀨静를 필두로 가야모리 세이타로柏森精太郎, 스기하라 신키치杉原 新吉, 오구라 다케노스케小倉武之助, 후지나와 분준藤繩文順 등이 있었다. 이들보다 먼저 서문 밖에 미나카이상점三中井商店이라는 근사한 점포를 꾸린 이들이 있었다. 조선인을 대상으로 여러 잡화를 도소매하고 대부업도 겸하였다. 미나카이라는 상호는 나카에 고로헤이中江五郎平, 나카에 도미주로中江富十郎, 나카무라 헤이시로中村平四郎 3명의 성씨 앞글자를 따서 '미나카三中', 오쿠이 와헤이奥井和平라는 사람의 성씨에서 '이井' 자를 따 '미나카이三中井'라고 지었다. 이렇게 조직되기 전까지 4명이 각자 자기 점포를 운영하고 있었으나 연맹하여 자본을 합쳐 미나카이상점이 조직되고, 조선인 대상의 잡화 판매에서는 대구의 패자覇者가 되었다. 후에 미나카이三中井는 대구에서 처음 오복점吳服店[48]을 열고 본거지를 경

▶ 스기하라 신키치

48 기모노와 기모노용 직물, 장신구 등을 판매하였으며 근대 시기 백화점으로 전환되었다.

성으로 옮기면서 각지에 미나카이오복점 점포를 신설했다. 도쿄에서는 마루빌딩 내에 점포를 꾸리고, 교토에는 매입부를 만드는 등 눈부시게 발전하고 있지만 미나카이오복점의 요람지는 대구이다. 나카에 고로헤이中江五郎平가 두각을 나타낸 것도 이 무렵부터였다.

38. 다사다난했던 1905년

최초의 벽돌건물

1905년 10월 말에 대구마쓰하코석유판매조합大邱松函石油販賣組合 설립에 착수했다. 마쓰하코석유란 미국 스탠다드사의 제품을 말한다. 당시 스탠다드사 석유 제품은 솔표松印와 승리표勝利印 두 가지가 있었는데 두 제품 모두 매우 우월한 지위에 있었다. 부산의 조합은 속칭 갑과 을로 나뉘어 있었다. 갑은 스탠다드사 인천대리점 직할 특약점이고, 을은 갑의 지배하에 있는 특약점이기 때문에 스탠다드사 대리점과는 아무 관계도 없는 거래처이다. 대구의 각 상점은 주로 을에 속하는 부산의 특약점에서 공급을 받고 있었다. 만약 대구의 상점들이 갑의 특약점과 직접 거래한다면 부산의 을의 판매점과 같은 특권을 갖고 동등한 이익을 얻을 수 있으므로 유리하다는 것은 두말 할 필요도 없다. 한때 대구거류민단 민회 의원이자 후에 대구상업회의소 서기장으로 일한 와타나베 히스루渡邊比가 1905년 가을 대구에 주점을 개업한 후 나를 찾아와 이 문제를 언급했다. 와타나베가 부산에서 대구로 진출한 것은 물론 석유와 관련된 사명도 갖고 있었기 때문이다. 대단히 좋은 일이니 즉시 조합을 조직하자고 하여

▶ 와타나베 히스루

이와세岩瀨상점, 노쿠라戸倉상점, 마쓰마에松前지점,

아오미青見지점, 미카지리三ヶ尻상점, 히메노姫野상점, 미쓰하시三橋상점, 미나카이三中井상점, 마쓰모토松本지점, 마에카와前川상점, 우치야마內山지점, 야스마쓰安松지점, 와타나베渡辺상점

등 위 상점들과 함께 수차례 이와세 저택에 모여 상의한 결과 조합을 결성하게 되었다. 스탠다드사 대리점의 부산 특약점은 대구조합을 위해 항상 2천 개 이상의 석유를 대구에 저장해 둔다는 조건으로 현재의 전매국 뒤에 벽돌로 석유창고를 건설했다. 1907년 1월에 올린 창고 낙성식에 오카모토岡本 부이사관, 박 대구군수 등이 참석하고 주최측에서는 부산의 우치야마 요네타로內山米太郎, 요시카와 가메키치吉川亀吉, 이나타 나카지稲田仲次 등이 와서 성황을 이루었다. 이 건물이 대구에 지어진 최초의 벽돌건물이라고 한다. 당시의 석유조합은 10여 년간 존속하다가 교통이 발달하고 지방에도 전기가 들어오면서 몇 번의 변천을 거쳐 결국에 해산되었다. 구 조합원 중에 뜻있는 사람들이 스탠다드사의 대리점을 지금까지 경영하고 있다. 당시 내 특약점 명의는 1909년 즈음 우치다 로쿠로內田六郎에게 양도하였고 현재 대리점의 중견中堅이 되었다.

▶ 부산의 오이케 주스케

의기양양한 일본인

대구뿐만 아니라 옛 한국의 도로는 좁고 구불구불하여

운수와 교통에 매우 불편했으나 한국인에게는 오랫동안 익숙하여 조금도 불편하게 생각하지 않았다. 하지만 일본인 사회가 발전하면서 그와 더불어 인력거, 우마차 등의 교통이 빈번해지자 도로개통 논의가 제기되어 동북문 밖 보리밭과 채소밭에 길을 내기로 하였다. 부산의 오이케 주스케大池忠助는 대구의 성벽을 파괴하여 폭 5칸 도로를 만들고 남은 2칸폭의 도로부지를 99년간 무상으로 대여해달라고 한국정부에 청원했다. 이 사실이 일반에 알려지면서 대구의 거류민들에게 일대 충격을 안겨주었다. 개인이 이익을 독점하게 되면 대구의 발전은 어찌된단 말인가 하며 거류민들이 모두 반대하였다. 오이케 개인에게는 좋은 계획이었으나 인가 받지 못하였다.

12월 20일, 일본이 칙령으로 경성에 통감부를 설치하겠다고 공포했다. 당시 한국 내각은 총리대신에 박제순, 내부대신에 이지용, 탁지부대신에는 민영기, 법부대신에는 이하영, 학부대신에는 이완용, 군부대신에 이근택, 농상공부대신에 권중현 등이 있었다. 일본의 보호정책이 점차 진전되면서 한국에 있는 일본인들의 사기는 매우 높아지고 득의양양해진 가운데 국가적으로도 개인적으로도 다사다난했던 1905년이 막을 내렸다. 이것으로 1905년의 이야기는 마치고 이어서 1906년으로 넘어가고자 한다.

39. 전승국민의 긍지, 팔조회 조직

전승국민의 긍지

나라의 운명을 건 전쟁에서 이긴 시대적 경험이 없는 사람은 전승국민이라는 빛나는 감정을 모를 것이다. 그런데 최근 벌어진 세계대전의 결과 세계적으로 사상의 대혁명이 일어나고 물질문명이 더욱 빠르게 진행되고 있다는 것 외에는 전승국 어디에서도 이렇다 할 빛나는 분위기를 찾아볼 수 없다. 세계적인 전쟁을 치렀다는 인상은 깊게 새겨져 있지만 전승국민이라는 감정은 찾아볼 수 없다. 패전 후 국가적으로 대혁명이 일어난 독일은 불붙는 듯한 눈부신 기세로 국민들이 총동원되어 국력의 신장에 힘쓰고 있으니 이 얼마나 용감한가. 그러나 승전한 쪽은 반동이 도래하여 모두 허덕허덕 볼썽사나운 모습을 보이고 있다. 청일, 러일 두 전쟁은 일대일 단판승부였던 만큼 일본국민은 총동원되어 싸웠다. 북경의 항복을 받아내느냐 일본이 망하느냐의 대승부였다. 시베리아 철도를 점령해 러시아의 남하를 저지할 것인가, 적에게 일본해를 제압당할 것인가, 적함을 궤멸할 것인가, 이른바 도고東鄕 대장이 말하는 '황국의 흥폐'는 실로 이 일전에 달려 있었다. 하늘의 도움과 국민의 용맹한 충성으로 대 러시아를 상대로 승리하였으니 이렇게 통쾌한 일이 또 있겠는가. 듣기만 해도 소름이 돋을 정도로 기쁨에 사로잡혔다. 비록 가깝다고는 해도 모국을 떠나 바다 건너 외국인 한국에 재류하는 일본인들의 기쁨은 특히 더 컸다. 그래서 그해 만큼은 커다란 긍지를 항상 가지고 있었다. 우리는 앞에 서술한 감정, 전승국민이라는 긍지를 갖고 밝게 빛나는 병오丙午의 1906년을 맞이했다. 돌이켜 보면 전쟁이 한창이던 1904년 말에는 800명 정도였던 일본인들이 1905년 말에는 거의 두 배로 늘어 1508명에 달하였으니 대구 발전을 위해 앞날을 크게 축복하면서 새해 축배를 올렸다.

개척자들의 친분

1904년에 대구로 와서 어떤 인연으로 영주하게 된 사람들은 뭐니 뭐니 해도 대구의 개척자라는 생각을 갖고 있어서 서로 특별한 친분을 맺고 있었던 것 같다. 1913년 2월 어느 날 모리나가 소이치守永宗一 등의 발기로 팔조회八助會라는 것을 조직하여 옛정을 돈독히 하고자 하였다. 팔조회는 1904년 기차가 아직 완전히 개통되지 않았을 때 부산에서 육로로, 혹은 밀양까지 기차를 타고 와서 청도에서 험준한 팔조령을 넘어 대구에 와야했던 때의 고생한 땀방울, 그 수고스러웠던 시절을 잊지 말자는 의미를 담아서 만든 이름이다. 그때 출석한 사람은 20여 명, 내게는 사전에 의견을 물었으나 양친의 기제사로 고향 오이타에 갈 예정이라 당시 주필을 맡고 있던 우에다 요시오上田義雄가 대신 출석했다. 여기 모인 사람들을 고참 순으로 살펴보면 히자쓰키 마스키치膝付益吉가 1893년에 왔고, 이즈카 쇼이치飯束昇一는 조선에 히자쓰키보다 먼저 왔지만 대구에는 1903년 쯤에 왔던 것 같다. 이즈카는 쓰시마에서 태어나 부산에 오래 살았고 그 후에 대구 사람이 되어 거의 평생을 한국에서 보냈다고 할 정도로 한국통이며, 부인은 한국인이었다. 미와 조테쓰三輪如鐵는 1891년에 잠업교사로서 한 번 한국에 건너왔다가 1903년에 매약賣薬[49]을 가지고 대구에 와서 농사 경영에 뜻을 두게 된 사람이다. 사카모토 도시스케坂本俊資도 1897년 무렵부터 부산에 와 있었다. 모리나가 소이치守永宗一가 대구에 온 것은 1903년 연말이고 도쿠라 소로쿠戸倉十六와 함께 스탠다드 석유의 판로 확장이 임무였다. 그 외의 사람들은 1904년에 팔조령을 넘어온 것으로 생각된다. 고인이 된 사람으로는 미쓰하시 에이타로三橋栄太郎, 니시야마 쓰루키치西山鶴吉, 미와 조테쓰三輪如鉄, 이즈카 쇼이치飯東昇一, 기도 다다지로城戸唯次郎, 마에카와 도모지前川知二, 후루카와 분노스케古川文之助, 가나모리 리키자부로金森力三郎 등이다. 현재도 거주하고 있는 사람은 사카모토 도시스케坂本俊資, 나카에 고로헤이中江五郎平, 나가이 고타로永井幸太郎, 우치다 로쿠로内田六郎, 모리나가 소이치守永宗一, 구와노 긴타로桑野金太郎 이상 6명이고 그 외에는 각 지방을 전전하거나 또는 생사불명인 사람도 있다. 유위전변有爲轉變[50]의 사회상이 이 모임에도 드러나 있다. 이 사람들의 직업을 살펴보면 미쓰하시 에이타로가 잡화상, 사카모토 도시스케가 면사· 면포상, 미와 조테쓰가 농업, 히자쓰키 마스키치는 복심법원 통역관, 이즈카 쇼이치는 무직, 기도 다다지로는 다다야唯家여관,

---

49 약국에서 일반 질병에 대한 약방문(藥方文)에 의하여 미리 조제해 놓고 시판하는 약

50 세상의 모든 사물은 인연에 의하여 이루어지고 항상 변천하여 잠시도 가만히 있지 아니한다는 뜻으로, 세상사의 덧없음을 이르는 말

마에카와 도모지는 석유상, 시노하라 가나메篠原要는 대부업, 이와세 시즈카岩瀨靜는 토목청부업, 가나모리 리키자부로는 대구소방조두, 구와노 긴타로는 토목건축청부업, 나카에 고로헤이는 금융업, 사이토 요시조齋藤芳造는 잡화상, 나가이 고타로는 운송업, 우에다 요시오上田義雄는 필자의 대리, 우치다 로쿠로는 석유· 식염상, 고다마 이타로兒玉伊太郎는 미곡상, 후루카와 분노스케古川文之助는 운송업, 이와나가 젠지로岩永善次郎는 잎담배 중개 및 선어 판매, 모리나가 소이치는 중개신탁업, 아베 도시로阿部藤四郞는 다다미업, 니시야마 쓰루키치는 중개업, 이시카와 오쿠조石川奧藏는 사진업, 마쓰이 이치타로松井市太郎가 양복업 등이었다.

40. 사은四恩[51]에 감사하며 갑진회 조직

개척자들의 재회

1904년 이래의 거주자 모임은 한동안 중단되었다가 1928년 2월에 갑진회甲辰會를 조직하고 대구신사에 도리이와 화강암 울타리를 세웠다. 현재 거주자들 거의 전원이 모여서 엄숙하게 봉납식을 진행한 이 날이 제2회 회합이었다. 이전 회합과는 달리 참가자 면면이 많이 바뀌어 제행무상諸行無常[52]이라 할 만했다. 첫 회합을 열었던 1904년은 갑진甲辰년이었기 때문에 그 간지와 연관시켜 갑진회甲辰會라고 이름 짓고, 규합한 회원이 77명이었는데 이후 현재까지 2년 동안 대여섯 명이 고인이 되었다. 무엇보다 회원 중에는 1904년부터 거주한 부형父兄의 뒤를 이은 사람이 20명 있었다. 회원은 아래와 같다.

이와나가 마지岩永馬二, 이노우에 산고井上三綱, 세노에이타로妹尾英太郎, 이시마쓰 시게키石松繁木, 이케다 쓰네요시池田常吉, 하라다 기이치原田儀一, 하타모토 기헤이畑本儀平, 호쿠조 준조北條順藏, 도쿠라 기이치戸倉貴一, 오구라 다케노스케小倉武之助, 오가사 구마지로小笠熊治郎, 오에 류타로大江隆太郎, 오치 와스케越智和助, 오리토 기요이치織戸吉代一, 오니즈카 슈이쓰鬼塚秀逸, 가와이 아

51 불교에서 말하는 사람이 세상에 나서 받는 네 가지의 은혜. 삼보(三寶-부처, 부처의 가르침, 부처의 제자인 승려), 국왕, 부모, 중생의 은혜 또는 삼보, 국왕, 부모, 스승의 은혜이다.

52 우주의 모든 사물은 늘 돌고 변하여 한 모양으로 머물러 있지 아니함

사오河井朝雄, 가와구치 유키치河口又吉, 가미야 도요나리神谷豐功, 가도타 기쿠門田キク, 가와카쓰 우메키치川勝梅吉, 가네미쓰 우헤이兼光宇兵衛, 가미타니 겐지로神谷顯治郎, 가사하라 사토시笠原覺市, 가네코 기이치金子毅一, 가도치 가나角地カナ, 요시하라 군타로吉原軍太郎, 요시다 다이조吉田太三, 다테시마 료사부로立島領三郎, 다나카 나라키치田中奈良吉, 다나카 후지타로田中藤太郎, 나키디 기누조田北網, 다케우치 도라조竹內寅造, 다카하시 우스케高橋卯助, 다카키 신지高木信二, 나카무라 헤이시로中村平四郎, 나가이 고타로永井幸太郎, 나카모토 가타로中本嘉太郎, 나카무라 기이치中村喜一, 나카쓰카 로쿠스케中塚六助, 나카에 고로헤이中江五郎平, 무카이 도모키치向井友吉, 무라오카 시게루村岡茂, 우치다 로쿠로內田六郎, 노무라 후사요시野村房吉, 구로노 기요쓰구黑野喜代次, 구와노 긴타로桑野金太郎, 야마다 우메지로山田梅次郎, 야마자키 가도요시山崎角吉 마치다 규고町田久吾, 마유미 다다시眞弓忠, 마스다 도라타增田虎太, 마쓰오 이와키치松尾岩吉, 마키 신이치眞木深一, 마쓰모토 세이치松本誠一, 후지나와 분준藤繩文順, 후루야 지스케古谷治輔, 아카시 오토키치明石音吉, 아오누마 규이치로青沼九一郎, 사카이 사쿠조酒井作藏, 사토 슈조佐藤周藏, 사카모토 도시스케坂本俊資, 사사키 이치조佐之木市藏, 기타가와 지헤이北川治兵衛, 기도 다다지로城戶唯治郎, 가즈 요시타로紀芳太郎, 기타무라 도시오北村俊男, 미야케 아키타로三宅明太郎, 미하시 지요타로三橋千代太郎, 미야마 요시노스케三山芳之助, 미와 노부오三輪伸雄, 시바타 지요키치柴田千代吉, 시부사와 슈조澁

澤周藏, 모리나가 소이치守永宗一, 모리모토 도네쓰키森本都音樹, 모모하라 야오조桃原八百造, 세노 히로키치妹尾廣吉, 스기하라 신키치杉原新吉

갑진회甲辰會의 취지

이들에 의해 조직된 갑진회 설립의 취지 및 신사에 도리이와 화강암 울타리를 봉헌한 뜻은 아래 취의서에 잘 기록되어 있다. 실로 영원히 기록에 남을 가치가 있는 것이기에 굳이 여기에 적어두고자 한다. 더불어 갑진회 임원은 다음과 같다.

회장 나카에 고로헤이中江五郎平

간사 가와이 아사오河井朝雄, 나가이 고타로永井幸太郎, 우치다 로쿠로内田六郎, 마치다 규고町田久吾, 사카모토 도시스케坂本俊資, 모리나가 소이치守泳宗一

취의서

우리가 이곳 대구에 온 것은 1902, 3, 4년 무렵으로, 한국은 일본, 중국, 러시아 삼국에 끼여있어 부산의 우리 영사관과 삼십여 리 떨어진 이 땅에서 당시의 우리 정부는 우리의 생명과 재산을 전혀 보호해 주지 못했다. 또한 당시 빈번히 화적이 출몰하여 횡행하는데 철도는 아직 연결되지 않아 모두 도보 혹은 말에 의지하여 험로를 지나올 수밖에 없었다. 한 자루 일본도에, 혹은 한 자루의 권총에 그 한 목숨을 맡기고 언어가 통하지 않고 인정 풍속이 다른 이 땅에 온 것이다.

맹렬한 한서寒暑와 싸우고 의식주의 불편을 인내하며 이 땅에 영주하기 위한 기초를 마련한 사람들이니, 오늘날 대구에 있어서는 소위 개척자이자 우리 자손에게는 최초로 이주한 선조인 것이다. 돌이켜보니 올해로 25년, 인생의 절반을 이 땅에서 지냈다. 이는 오로지 사은四恩의 은혜에 힘입은 덕분이니 어찌 감사하지 않을 수 있으랴. 그동안 재정적으로 어느정도 성공한 자가 있다 하더라도 자랑삼기에는 부족하며 또한 아직 성공에 이르지 못한 자가 있더라도 슬퍼하기에는 이르다. 이는 최근 수년간의 사소한 일에 불과하며 반드시 영구 불변한 것도 아니다. 더구나 축재가 인생의 목표 전부는 아니지 않은가. 우리는 그저 현재만을 생각할 것이 아니라 우리 자손으로 하여금 우리가 처음 이 땅에 왔을 당시를 기억하고 그 용기에 고무되어 자신의 일에 힘쓰는 한편 일단 손에 쥔 성공은 가능하면 영구히 유지하여 사은에 크게 보답하기를 기하고자 한다.

특히 올해는 금상 폐하의 즉위식을 거행하는 실로 경사스러운 해를 맞이하여, 1904년 이미 이 땅에 거류하였고 현재도 이곳에 사는 일본인과 그 유족들의 한결같은 정신적 일치로 여기 대구갑진회라는 것을 조직하여 옛정을 되살리고 친목을 돈독히 하고자 한다. 더불어 회원들 중 독지가들이 오랫동안 서로를 이끌어준 우정에서 내는 청정한 갹출금으로 황국의 조신祖神을 모신 우리 대구신사에 보답하고 기념하고자 석조 도리이 1기와 석조 울타리를 헌납하고자 한다. 그리고 여기에 회원 모두의 이름을 새겨 자손들에게 그 이름을 남기는 동시에 이들의 자손들 또한 우리와 마찬가지로 영구히 서로 화목하며 우리의 뜻을 저버리지 않기를 간절히 바라는 바이다.

1928년 2월 13일

대구의 약령시

1906년의 정월 설날은 의외로 따뜻했다. 나는 인버네스 코트도 입지 않고 새해 인사를 다니러 나섰는데 마침 음력으로 약령시가 열리는 날이라 종로 부근은 흰옷을 입은 사람들로 꽉 들어찼다고 할 정도로 번화하고 활기가 있었다. 종로란 지금의 경찰서 모퉁이부터 경정京町까지의 일대로 이 거리가 대구에서 가장 도로폭이 넓은 곳이었다. 연중 춘추 두 계절에 개시되는 대구의 약령시는 한국에서 전국적으로 유명하여 계림팔도鷄林八道에서 이른바 약이 된다는 초근목피는 이곳으로 모여들었다. 그 당시 연간 백만 원 정도의 거래가 이루어졌는데 지금은 점차 쇠퇴하고 있다.

41. 대구 명물의 하나 약령시

▧ 대구의 약령시

대구의 약령시는 일본의 소학교 교과서에 나올 정도로 유명하다. 지금은 조선을 조금이라도 아는 사람은 4대 도시의 하나인 대구라는 곳에 대해 알고 있으나 25년, 30년 전까지만 해도 개항장이나 교역장 이외의 곳은 일본에 알려져있지 않았다. 따라서 대구를 소개할 때는 이 약령시를 예로 들었고 약령시로 인하여 대구가 알려지게 된 것이다. 1904년 8월 7일 발행된 『한국실업지침』이라는 서적에는 경주, 안동, 상주, 낙동진, 선산, 성주, 대구 순으로 대구가 위의 지역과 나란히 소개될 정도로 빈약했는데, 거기서 대구의 약령시를 아래와 같이 서술하였다.

> 성 안의 종로는 가장 번화한 네거리로 춘추 두 시기에 영시장令市場으로 가득 찬다. 영시令市는 매년 2월과 10월에 열린다. 기간은 1달에 이르며 13도의 장사꾼 1만여 명이 모여 고객 거래금액은 70만원 내지 100만원에 달할 정도라고 하니 그 성황을 헤아릴 수 있을 것이다.

영시의 중심은 '달성관'의 경내였다. 달성관을 객사客舍라고도 하였는데 한국인들 중에는 달성관이라고 부르는 사람이 드물었다. 객사란 이조李朝 역대 주권자의 제사를 모시는 곳으로, 예전에는 관찰사가 엄숙히 제사를 지내고 신임 관찰사가 요배遙拜를 하던 곳이었으나 이조 말기에는 제사도 소홀히 했는지 매우 황폐해져 있었다. 따라서 갈 곳 없는 사람이나 걸인의 거처가 되어 어쩐지 서글프게 느껴졌다. 객사의 건평은 200평 이상이었을 것이다. 기와지붕에 훌륭한 옛 건물로 이조 전성기의 자취가 그 건축양식에 남아있다. 일본으로 치자면 신사와 같은 곳인데 독특한 양식의 문이 있었다. 경내에는 천 평 이상은 될 법한 매우 넓은 공터가 있어서 이곳이 약령시의 중심 지점이 되었다.

객사파괴 반대

그곳을 대구거류민단이 1908년에 한국정부로부터 무상으로 받아 파괴에 착수했다. 아무리 순박한 대구인들이라도 이 일에는 항의했고 머지않아 불온한 운동도 일어났다. 당시에 아직 허물지 않은 동서남북 네 성벽 문과 벽면에 '민단이 객사를 부수려 한다. 우리 모두 이를 저지하자.'라고 먹으로 선명하게 쓴 포스터가 붙었다. 그리고 밤이 되자 모닥불을 피우고 수백 명의 민중이 객사를 지켰다. 대구수비대 1개 대대가 출동해 객사를 포위하고 민중에게 퇴거를 명하여 방비하는 사이에 파괴작업에 들어갔다. 후에 객사 주변의 민가를 매수하여 개설한 도로가 대화정大和町의 곡물시장 부근에서 이토伊藤지물포 모퉁이까지의 길이다. 객사가 철거되었으므로 약령시가 열리는 장소도 바꾸어

▶ 세노 히사타로

야만 했다. 그래서 1908년 가을에 종로에서 남문 성벽길로 연장하여 이전했다. 세노 히사타로妹尾久太郎, 후쿠나가 도쿠지로福永德治郎, 마스다 도라타增田虎太 거기에 내가 합세하여 당시 경상북도서기관 시오카와 이치타로鹽川一太郎와 의논하고 절충하여 장소 이전에 대해 관찰사의 인가를 얻어낸 것이다. 이처럼 현재 남성정南城町의 약령시에는 상당히 오랜 역사가 깃들어 있다.

약령시의 보존

약령시는 옛날부터 대구명물 중 하나였다. 의학의 진보와 함께 초근목피의 약물은 멀리하게 되었다가 세월이 지나 근래에 다시 한방 약물이 인정받아 한때 대구에 자본금 50만원의 한약회사가 계획되었던 적도 있었다. 재작년부터 약령시장 이전운동이 벌어지고 있는데 옛부터 유서깊고 한국적인 정서가 풍부한, 그리고 특색있는 약령시를 되도록이면 보존하는 것이 바람직할 것이다. 또한 약령시보존회의 필요성도 제기될 것으로 본다. 경찰서의 네 모퉁이에서 동서로 가로지르는 도로인 서문 길은 도로폭이 넓은데 동문 길은 좁았다. 서문 안팎으로 일본인 상점이 가장 많아서 이곳 만큼은 일본인 마을처럼 보였는데 도로폭은 불과 2칸 정도였다. 경찰서가 있는 곳에 구리로 만든 길이 5자 정도의 영세불망비永世不忘碑 1기가 있고 거북모양 받침돌이 있는 석비가 주위에 십수 개 있어 언뜻 봐도 한국적인 분위기를 느낄 수 있다.

42. 기업시대, 이와세 왕국

보기 드문 한파

1906의 정월 닷새부터 놀랄 만큼 추워졌다. 청주가 얼고 계란과 야채, 어류, 통조림류 등 수분이 있는 것은 모두 얼었다. 맥주는 지금도 이따금 얼지만 청주가 어는 것은 대구에서는 드문 일이다. 일본주가 얼면 주정酒精 성분이 엷어지고 쓴맛을 띠게 되어 마실 수 없게 된다. 1월 7일에 와타나베 히스루渡邊와 함께 서시장의 스즈키 다케시鈴木赳를 방문했더니 대나무 바구니에 넣은 청주를 가지고 왔다. 바구니에 넣은 청주는 배꼽 떨어지고 처음 봤다. 통조림은 얼면 캔의 위아래가 부풀어서 일반적으로 주의해야 한다. 혹한기에는 회 같은 것은 당치도 않고, 언 생선은 톱으로 켜거나 도끼로 내리쳐 자르는 수 외에는 방법이 없다. 달걀은 얼면 방망이로 내리쳐도 깨지지 않는다. 그리고 얼었던 모든 것들은 자연히 녹을 온도까지 기다리면 바로 썩어버린다. 그 후 1923년 1월 19일에 덮친 한파는 영하 20도 2부였다. 27년 동안 대구에 살면서 이 두 번의 추위가 혹독했다고 느꼈다. 대구는 겨울에 보통 영하 12, 13도이고 15, 16도까지 떨어지는 경우는 매우 적다.

▶ 당시의 필자

이와세 중심 시대

1월 5일에 다도코로 민장 및 평의회 의장 등의 발기로 새

▶ 이종국

해 인사모임이 북문 밖 '야마토'에서 열렸다. 회비는 50전이었는데 당시 다들 기염을 내뿜고 있을 때였다. 특히 이와세 시즈카岩瀨静의 황금시대였고 마치 이와세 왕국처럼 보일 정도였다. 이와세의 측근으로 나카자와 덴노스케中澤傳之助와 나카에 고로헤이中江五郎平가 있었고 스다 산페이須田三平, 도쿠라 소로쿠戸倉十六, 가게야마 히데키影山秀樹, 스기하라 신키치杉原新吉 등이 왕국을 둘러싸고 있었다. 이와세가 부리는 호기로움은 생활 수준이 낮았던 당시 사람들을 놀라게 할만한 것이었다. 요배전遥拝殿과 소학교 건축은 이미 논의에 들어가 점차 구체화되고 있었는데 건축비가 얼마가 들든 그 예산의 10분의 1은 본인이 내겠다고 말하였다. 과연 먼저 요배전 건축비 1,500원의 예산 중에 이와세가 150원을 기부하겠다고 하였다. 소학교 건축비는 아직 설계가 끝나지 않았으나 이후에 8,500원의 예산이 편성되자 이와세가 850원을 기부했다. 그뿐만 아니라 공사公私를 막론하고 많은 사업에 큰 힘을 기울인, 초기 대구에서는 확고부동한 제1인자였다. 그러나 교목喬木이 바람도 많이 맞는 것처럼 일부 사람들의 반감을 사기도 하였다. 이와세에 대한 반감과 다도코로田所 민장이 이와세에 영합하는 그 태도에 불만을 품은 사람들이 동시에 다도코로 민장에게 반대하고 나섰다. 평의원들이 잇달아 사퇴하여 매달 1번씩 보궐선거를 하는 진풍경이 벌어지기도 했다. 결국 선량選良은 얻지 못하고 불과 3표나 5표를 얻은 인물로 간신히 정원을 채우고 있었다. 이나가키 시게미치稲垣重道, 오키타 도시타로沖田敏太郎, 니시모토 민조西本民城, 아카호시 조조赤星讓三, 류 고키치龍浩吉 등의 면면이 나타나더니 곧 민장과 정면 충돌하였다. 앞에서도 서술한 바와 같이 1905년 11월에 일본이 한국에서 거류민단법을 시행하기로 하여 다도코로 민장이 대구거류민 일동을 대표해 평의원 1명과 함께 1906년 2월에 경성으로 향했다. 그리고 통감대리 하세가와 요시미치長谷川好道 대장을 방문하여 대구이사청 설치와 거류민단법 시행을 요망하였다.

여러 사업의 시작

그 무렵에는 이미 보호정치에서 한 발 나아가 통감정치로 바뀌어 가는 과도기였다. 한국으로서는 오랜 미몽迷夢에서 깨어나 식산흥업의 첫 발을 내딛는 때였으니 지역에 적합한 기업 창업에 대해 보조금을 교부하여 그 사업을 보호해주었다. 오구라 다케노스케小倉武之助가 일본우선日本郵船계의 곤도 렌페이近藤廉平를 비롯하여 그 외 출자자를 모아 조직한 한국제연합자회사韓國製莚合資會社도 이때를 전후하여 설립되었다. 구마모토현의 정객인 후루쇼 모토사네古荘幹實라는 사람은 기업전습소를 세웠고 나가노현의 시노하라 이마시로篠原今四郎는 서상돈徐相敦 옹의 후원으로 일찍이 잠업전습소蠶業傳習所를 설립하였다. 시노하라는 잠업전습소를 이종국과 공동경영 방식으로 운영하였다. 이종국은 신녕군수를 시작으로 경북 각 군의 군수를 역임하다 달성군수에서 대구부 식산국으로 전임하였고 이후 평안남도 참여관으로 재직 중에 평양에서 병사하였다.

43. 아리타 오토마쓰有田音松와 당시의 동포회

아리타 오토마쓰의 등장

그 무렵이었던 것 같다. 대화정大和町에 있는 마쓰모토 세이치松本誠一의 현 자택 부근은 옛 북문 안에 있었는데 좁고 구불구불하게 동서로 가로지르는 길과, 공북문에서 남쪽으로 이어져 관찰부 뒷문으로 통과하는 길이 교차되는 곳에 미에현 출신의 가미모리 겐자부로神守源三郎가 운영하는 약방이 있었다. 말을 조금 더듬었지만 비교적 발음은 분명한 사람이었다. 그 가미모리가 어느 날 가로세로 5치, 9치 정도 되는 장방형의 목제함을 가지고 왔다. 그것은 만한매약상회満漢売薬商会의 좌약이었다. 만한매약상회는 부산 남빈南濱에 본점을 두었는데 검은 바탕에 금색으로 글자를 넣은 상당히 큰 간판을 내걸고 있었다. 아리타 오토마쓰가 주임이고 가미모리는 출자자 중 한 사람이었다. 아리타 오토마쓰는 현재 일본에서 유명한 약방을 운영하고 있다. 충군애국을 표방하며 매독, 폐병, 늑막염 약을 판매하고 영리하게 신문광고를 이용할 줄 아는 사람이었다. 아리타드러그상회는 전국의 도시마다 판매점이 있을 정도로 발전하여 아리타 개인에 대한 세상의 평판과는 별도로 뛰어난 성공자라는 점에는 아무도 이견이 없을 것이다. 그 아리타가 실은 원래 대구에 자리를 잡았었다. 1904년 8월, 대구일본인거류민회가 처음 조직되어 공비세입출예산이 결정되었을 때 '오이관五二館 아리타 오토마쓰'는 영업자등급할에서 부과賦課 4등으로 한달에 1원의 과금을 부담하였다. 오이관은 동문 밖 오구라 다케노스케小倉武之助의 저택 부근에 있었다. 아리타 오토마쓰는 별난 방식으로 성공한 상인인데 대구를 떠나 부산에서 만한매약상회를 운영하다 오사카로 가서 좋은 기회를 잡게 되었다. 이와같이 아리타는 대구에서 처음 정착하여 일을 시작한 바 있는 연고자이다.

약방의 증가

약방은 상당히 벌이가 좋았다. 초창기 대구로서는 지나칠 정도로 약방이 많았다. 서시장에는 마유미眞弓 약방, 스즈키 젠시치鈴木善七, 사에키 진세이도佐伯 仁正堂, 서문 밖에 시라타 요주도白田 養壽堂, 북문 안에 가미모리 겐자부로, 북문 밖 마치다 가이슌도町田 回春堂, 동문 밖 나카이데 세이타로中出清太郎 등이 유명했다. 마치다 규고町田久吾, 시라타 신스케白田新助, 김천의 호시노 미쓰키星野光鬼 등은 1904년 봄 같은 시기에 한국으로 건너왔다. 도쿄의 시회의원市會議員이던 나가타 기겐永田儀源이라는 사람은 한국을 시찰하며 매약이 이익이 될 것임을 간파하고 곧바로 나가타 약방을 열어 수백 개의 약을 제조하여 한국에 팔았다. 마치다, 시라타, 호시노 세 사람은 나가타의 권유를 받아 결국 한국에 영주하기로 하였다. 시라타 신스케는 1913년 고향인 후쿠시마 현으로 돌아갔다가 현재는 도쿄의 혼고에 살고 있다. 마치다는 대구에서 성공하고 호시노는 김천에서 성공하여 모두 그 지역의 중추적 인물이 되었다. 가미모리 겐자부로神守源三郎, 나카이데 세이타로, 스즈키 젠시치 3명은 그해 9월 북문 밖에

삼맹상회三盟商會라는 합자조직의 약방을 열었으나 오래 가지는 못했다. 가미모리, 스즈키 두 사람의 소식은 곧 끊어지고 나카이데는 1911년 진해로 가서 크게 성공하였다.

▧ 동포회 설립 경위

아리타 오토마쓰가 대구에 있을 당시 일본인 단체는 내구일본동포회라고 하였다. 다음은 1904년 6월 일본동포회 설립 취지서이다. 기술이 조금 늦었으나 참고가 될 듯하여 게재하고자 한다.

> 뭇사람이 힘을 합치고 서로를 돕는 것은 인류 생활의 과정이다. 서로 힘을 합쳐 생존에 필요한 만반의 설비를 갖추고, 서로 도와 안녕과 행복을 지키는 것이니 이 두 가지 방식으로 상부상조하여 인류 집단은 질서를 유지할 수 있는 것이다. 지자체도 역시 여기에서 배태되는 것이다. 이 두 가지 삶의 방식을 발달시키는 것은 인간이 모이는 곳이라면 반드시 동반되어야 한다는 것을 우리 동포들은 일찍부터 알고 있었다. 그런데 이곳 대구부에 우리 동포들이 이주하여 이제 천 명에 달하였는데도 불구하고 이 두 가지 방식의 발달을 도모할 기관이 마련되어 있지 않아 우리 동지들이 각자 유감으로 여기었다. 허나 아직 때가 무르익지 않아 잠시 숨을 죽이고 묵묵히 따르던 중 마침 이곳에 출장 온 우리 영사관 서기 마쓰무라松村가 재류동포를 위해 우리로 하여금 입을 열어 발표하도록 종용하였다. 우

리는 마쓰무라의 절실한 권유에 얼마나 감격하였던가. 이에 대구일본동포회를 조직하여 이곳의 재류동포가 장래 하나의 자치단체로서 활동할 소지를 만들고자 하니 동포여러분, 이에 호응하여 찬성해주시기를 바란다.

1904년 6월

발기인

이노 히데스케井野英助, 이노우에 쓰네나오井上常直, 쓰지 소노지로辻園次郎, 니시모토 온키치西本音吉, 도쿠히사 요네조德久米藏, 오쿠보 하지메大久保肇, 오다 리사쿠小田利作, 야마와키 쇼사쿠山脇正作, 마유미 다다시眞弓忠, 아오시마 구메조青島久米造, 아키야마 시카렌秋山鹿連, 미와 조테쓰三輪如鐵, 시모다 고키치霜田語吉, 히자쓰키마스키치膝付益吉, 히라사와 이와타로平澤岩太郎, 센가 다마키千賀環, 스다 산페이須田三平

이렇게 동포회가 조직되었으나 두 달 뒤인 8월에 일본거류민회로 바뀌었고 이러한 당시 사정을 나는 전혀 알지 못한다. 위 발기인 가운데 지금도 대구에 거주하고 있는 사람은 마유미 다다시 한 사람이다.

44. 이토 공의 에피소드

통감부 개청식

1906년 2월, 한국통감으로 이토 히로부미 후작이 부임했다. 통감부 총무장관으로 쓰루하라 사다키치鶴原定吉, 농상공부총장으로 기우치 주시로木內重四郞, 경무총장으로 오카 기시치로岡喜七郞, 외무총장으로 나베시마 게이지로鍋島桂次郞가 취임했다. 한국정부의 고문으로는 재정에 메가타 다네타로目賀田種太郞, 군부에 노즈野津, 궁중에 가토加藤, 경무에 마루야마丸山, 학부에 시데하라幣原가 부임했고 그 외 곳곳에 직원들이 임명되었다. 일본공사관은 이미 1월 31일부로 폐쇄되었다. 이토 통감은 2월 20일 조정과 민간의 열띤 송별을 받으며 신바시를 출발해 한국 부임의 길에 올랐다. 도중에 이세신궁에 참배하고 28일에 시모노세키에서 군함 이즈미에 올라 3월 2일 위풍당당하게 경성에 도착했다. 9일에는 한국 황제를 알현하여 착임 인사를 올렸고 28일에는 호도원好道園에서 한국의 황족과 대신을 비롯한 한국과 일본의 문무관, 외국 영사 및 신사숙녀 천여 명을 초대하여 성대한 개청식을 열었다. 당시 공의 인사말은 다음과 같다.

> 통감의 임무라는 것이 결코 쉬운 일이 아니고, 또한 나는 아직 이러한 일을 맡았던 경험이 없으나 일단 대명을 받들어 소임을 맡은 이상 한일 양국인 및 외국인 여러분의 원조와 동정으로 그 임무를 완수할 것을 기

약한다. 특히 한국의 시정개선에 대해서는 만강滿腔[53]의 열성을 피력하며 이에 진력하고자 한다. 바라건대 여러분들도 나를 원조하는 데 인색하지 않기를 바란다

내빈 총 대표인 한국 참정대신 박제순은 "통감 지도하에 시정개선의 길을 강구하여 국가부강의 결실을 거두기를 희망한다."고 답사하고 이후 한일 두 황제의 만세를 삼창한 뒤 반나절의 연회는 끝났다. 전년 11월에 이토 공은 일본전권대사로 경성에 들어가 한국외교권 양여, 통감부 설치, 한일 친목 및 한국 황실의 안녕과 존엄 유지 등을 의논하여 결정한 뒤 한동안 한성의 분위기를 살폈다. 안양 부근으로 사냥에 나섰던 일은 앞에서 서술하였는데, 그때 이토 공과 한 늙은 농부 간에 허심탄회하게 주고받은 이야기가 전해지고 있다. 이날 이토 공 일행이 많은 포획물에 기뻐하며 오후 4시 넘어 논둑에 앉아 쉬고 있는데 추레한 백발의 한국인 농부가 "불 주쇼." 하며 불을 빌려달라고 이토 공 쪽으로 성큼성큼 다가와서는 예의 긴 담뱃대를 불쑥 들이밀었다. 공은 빙긋 웃더니 불을 붙여주며 "자네는 몇 살인가?"라고 묻자 늙은 농부는 대수롭지 않게 "예순 다섯." 이라고 대답하였다. 그러자 공이 "그거 재미있군, 나도 동갑이오. 집에 손주는 있는가?" 라고 또

▶ 한국 통감 시절의 이토 히로부미

53 마음속에 가득 참

묻자 "둘 있소."라고 대답했다. 그리고 공에게 7명의 손자가 있다는 말을 듣고는 행복한 가정이라며 농부가 축복해 주었다. 프록코트를 입은 대 신사와 남루한 늙은 농부가 잠시 계급을 초월해 매우 천진난만하게 대화를 나눈 이러한 일은 좀처럼 볼 수 없는 모습이었다. 공이 헤어질 때 주머니에서 5원 지폐 1장을 꺼내어 늙은 농부에게 건네주자 머리를 조아리며 감사를 표하고 갔다는 이 이야기는 지금도 전해지는 미담이다.

경성의 첫인상

1906년 3월 하순에 있었던 이토 통감 취임 축하연 직후에 나는 경성으로 가서 판자 건물로 지어진 경성역에 내렸다. 뱀장어 둥지 같은 플랫폼, 거기에서 남대문을 지나 진고개泥峴로 갔다. 진고개는 지금의 본정本町 길을 말한다. 사흘을 머무르니 경성의 윤곽과 분위기가 느껴졌다. 당시에는 이미 철수하였으나 중국과 러시아 공사관은 좋은 위치에 자리잡은 반면 일본인 마을만은 남산 산기슭에 처박혀 있었다. 이전 일본공사관 소재지도 장기로 치자면 외통수에 몰린 궁과 같은 곳에 위치해 있었다. 피아의 지세地勢를 대조해 볼 필요도 없이 두 차례의 큰 전쟁 전에 한국에서 일본의 지위가 어떠했는지 엿보게 되는 것은 나 혼자만의 감상이 아닐 것이다.

45. 문관의 무장적 제복시대

▒ 일대 전기를 맞이한 경성

동양에서 화근의 원천이었던 한국은 일본의 통치권 확립에 의해 동양평화의 기초를 쌓고 500년이라는 오랜 기간 이어진 암운도 역시 영원히 사라지려 하고 있었다. 그러나 완미頑迷[54]한 무리는 이것을 반기지 않기에 한성의 천지는 더없이 음울하기만 하였다. 통감부가 설치되면서부터 소속 관리는 검을 차고 제복을 입어 삼엄하게 무장하였다. 처음 보는 사람의 눈에는 위압감이 느껴졌을 것이다. 제복에 새겨진 줄은 한 줄 두 줄 세 줄이 각각 판임, 주임, 칙임관을 나타내는 표식이었다. 일본이 한국에서 종주권을 잡고있는 것은 러일전쟁에서 이겼기 때문이다. 만약 승패가 바뀌었다면 러시아가 종주국이 되어있을 것이다. 나는 동양의 화근이 제거된 것도 러일전쟁에서 위력을 발휘한 군주와 국가의 덕택이라고 생각하며 남산 중턱에서 저 멀리 떨어진 왕궁을 내려다 봤던 일을 잊을 수 없다. 그 당시 경성에는 일본인들이 쇄도하여 여러 방면에서 문화적으로 이미 현저히 발달하고 있었다. 일본어 신문으로는 『한성신보』, 『대동신보』, 한국어 신문으로는 『황성신문』, 『대한매일신보』, 『제국신문』, 『대한일보』 등이

▶ 대구 궐련 제조의 원조 마쓰모토 세이치

54 융통성이 없이 올곧고 고집이 세어 사리에 어둡다.

있다. 『한성신보』에는 나카이 긴조中井金城, 『대동신보』에는 사장으로 기쿠치 나가후菊池長風[55]가 있었다. 키쿠치는 후에 대구 거류민단장이 되기도 하였다.

봉화군의 폭도

대구로 돌아와 보니 경성의 활기와 비교도 되지 않았다. 한국정치의 여명기라고 할 만한 반짝임은 보이지 않고 여전히 희뿌연 가운데 극히 평화로운 모습이었다. 그러나 조금만 오지로 들어가 보면 폭도와 화적이 출몰해 막대한 피해를 입히고 있었다. 안동군에는 오육십 명의 폭도가 봉기해서 일대를 휩쓸었고, 봉화군 법전사금채취소法田砂金採取所를 습격해 우시오카 라히사潮嘉良久라는 사람을 살해하고 사무소에 불을 지르는 등의 살풍경한 사건도 발생했다. 전라, 충청, 강원, 황해도에는 의병이라 칭하는 폭도가 창궐했다. 최익현은 전라, 유인석은 강릉, 민종식은 전주 부근에서 일을 벌였다. 경북 진보眞寶에는 전우田愚라고 하는 의병 대장이 민심을 맹렬히 선동한 탓에 일반의 인심은 결코 좋지 못했다. 그러한 소문이 계속 들리고 있었으나 대구의 천지는 평정을 유지하고 있었다. 한국인들은 특히 담배를 좋아하여 예의 긴 담뱃대를 입에서 떼지 않을 정도로 흡연을 좋아했다. 그래서 한국인의 기호에 맞을 것 같은 값싼 궐련이 1901, 2년 쯤부터 부산에서 제조되기 시작됐다. 궐련 50개비가

---

55 기쿠치 겐조(菊池謙譲)의 호가 장풍산인(長風山人)이어서 기쿠치 나가후(菊池長風)라는 필명을 사용하기도 하였다.

한국 돈으로 10문 또는 15문 정도이다. 일본 돈으로 환산하면 2, 3전 정도이다.

연초업계의 변천

나는 여러 잡화를 판매하면서 궐련을 만드는 도구와 라이스 페이퍼[56], 담배 포장지를 팔고 있었다. 일본에서는 1896년에 담배전매법이 시행되어 담배 공장을 정부가 매수했으므로 라이스페이퍼나 담배 포장지 같은 폐품은 다른 일반 폐지보다 싸게 매매되고 있었다. 나는 그해 가을 쯤에 일본으로 가서 라이스 페이퍼와 포장지 폐품을 사들였다. 포장지에 찍혀 있는 '21세기', '무사시노武蔵野', '충용忠勇', '금텐구金天狗', '은텐구銀天狗', '백모란白牡丹' 등 무라이村井형제상회, 이와야 마쓰헤이岩谷松平, 지바千葉상회 등이 판매했던 유명한 담배의 이름은 덧없이 포장지로만 잔해를 남기고 있었다. 포장지는 3천관 이상 샀는데 1관의 원가가 30전이었다. 대구에서 판매가는 100장에 도매 15전, 소매 25전 이었으니 상당한 돈벌이가 되었다. 한동안 잘 팔렸지만 판매가 둔해지면서 같은 해 연말부터 직접 담배를 제조하기 시작해 남은 포장지 재고를 수월하게 처분했다. 대구에서 일본인 가운데 담배를 처음 제조한 사람은 마쓰모토 세이치松本誠一이다. 전매국의 '아사히'가 잘 팔렸기 때문에 부산에 있던 마키 노우지牧農治라는 사람이 '아사히朝日' 상표를 모방해서 '아사즈키朝月'라는 궐련을 팔기 시작했다. 한국에

56 담배를 마는데 쓰이는 궐련 용지

는 물론 그것을 단속할 법령이 없었지만 '공안公安을 해치는 일'로 간주되어 3년간 한국 재류가 금지된, 이른바 퇴한退韓 처분을 받은 진기한 일도 있었다. 경성의 히로에 사와지로廣江澤次郎의 선대가 궐련 제조를 시작한 것도 이 무렵의 일이다. 히로에의 제품도 처음에는 '아사히'를 모방하였으나 마키 노우지의 제품처럼 노골적이지는 않았기 때문에 처벌받지 않았다. 히로에는 낭시 60세 전후였는데 경성을 중심으로 대구와 부산까지 상당히 적극적으로 판로를 개척했고 결국 담배로 성공했다.

46. 초창기 대구의 금융기관

대구농공은행

1906년 3월에 한국은행조례가 발포되어 경성에 한일은행이 설립되었다. 동시에 농공은행조례도 나와서 전도全道의 중심지 11곳에 농공은행을 설립하게 되었다. 자본금 30만원의 대구농공은행이 설립된 것은 그해 6월이었다. 농공은행 주식을 일본인은 소유할 수 없어서 만약 일본인이 주식을 소유하려면 가명을 써서 한국인으로 위장해야 했다. 이와세 시즈카岩瀬静가 서정돈徐正敦이라는 이름으로 상당히 많은 주식을 가지고 있었던 것은 일반적으로 알려져 있는 사실이었다. 그 외 일본인 다수가 주식을 가지고 있었는데 모두 마찬가지였다. 예를들어 '가와이 아사오 댁 최영옥河井朝雄方 崔栄玉'이라는 식으로 나도 10주를 가지고 있었다. 이석진이 은행장으로 추대되고 지배인에는 법학사 쓰치야 히코타로土屋彦太郎가 취임했다. 설립 당시 한국정부가 그 주식을 인수하고 따로 무이자 대출을 해주어 편의를 봐주는 등 크게 보호하였다. 쓰치야 히코타로는 다음 해인 1907년에 한국을 떠나고, 다음 지배인은 현 일본권업은행 부총재인 이시이 미쓰오石井光雄였다. 이시이가 대구에 근무한 기간은 1년 정도였다. 1908년 8월에 경남 진주의 농공은행을 합병하여 경상농공은행이 설립되면서 조선식산은행의 기초가 되었다. 대구농공은

▶ 대구농공은행 지배인 이시이 미쓰오

행 시절부터 영업소는 현재의 위치에 있었는데 처음에는 한국식 기와지붕을 올린 낮은 건물에 어울리지 않는 대형 금고가 놓여 있었으나 곧 현재와 같은 양식으로 건물을 개축한 것이니 식산은행 지점은 대구에서 가장 오래된 건물의 하나이다. 1931년 경에 다시 개축할 계획이라고 한다.

대구수형手形[57] 조합

이와 거의 같은 시기에 대구수형조합이라 하는 것이 생겼다. 말할 것도 없이 한국 정부에서 제정한 약속수형조례, 수형조합조례에 의거하여 마련된 것이다. 앞서 서술한 '음표音票', '수표手票'라 하는 관례적으로 통용되던 융통어음을 정리하여 통제 하에 자금이 융통되도록 하고 신 화폐의 유통을 촉진하고자 하는 의미도 들어 있었다. 농공은행장인 이석진은 풍채 당당하고 위용을 갖춘, 온후하고 독실한 군자상이었다. 3기 연속해서 재임한 것으로 기억한다. 이석진의 아들은 현재 대구의 유력자인 이종면, 이영면 두 사람이다. 이석진의 뒤를 이은 사람이 이병학이다. 이병학은 농공은행이 조선식산은행으로 바뀔 때까지 근무했다. 제일은행 출장소 주임은 당시 이즈미 스에지泉末治였다. 이즈미는 현재 부산상업은행의 전무이사이다. 이즈미의 밑에는 고야마 시치로小山七郎라는 서기가 있었다. 아직 재류자들이 제대로 자리잡지 않은 시기라 은행거래가 쉽지 않았으나 한국 내는 물

57 어음을 뜻하는 옛 용어

론 일본 각지로 환전할 수 있는 길이 열려 상거래가 원활해졌다. 대구 상공업의 발달에는 제일은행, 농공은행의 조력에 힘입은 바가 크다.

시변市邊[58]의 계산법

이른바 고리대금이라는 것의 이자는 최저가 월 4푼100원에 하루 13전이 조금 넘는 금액, 최고는 월 1할 2푼이라고 하였다. '시변市邊'이라는 것은 장날마다 이자를 지불하고 원금을 줄여가는 방식을 말하는데 대개 10관문을 한도로 그 범위에서 시장 상인들이 융통하였다. 만약 1관문을 빌려주고 장날마다 20문씩 이자를 뗀다고 하면 월 6회 장날에 120문의 이자가 발생하는 것이다. 즉 이율은 1할 2푼에 상당하는 금액이다. 일본에는 예전에 까마귀돈烏金[59]이라는 것이 있어서 까마귀가 까악 까악 울 때마다 이자가 가산되었다고 한다. 까마귀돈은 불확실한 이야기이나 한국의 시변은 각지 도처에서 횡행했다. 10원의 원금이 1년이 지나면 복리로 계산하여 25, 6원이 된다. 교활한 대금업자가 재산을 불리는 것도 당연했다. 당시 어느 장날에 한국돈 환전업을 하던 우에다 기사부로上田儀三郎라는 사람이 "안주인, 안주인 계십니까?" 하고 새된 소리를 지르며 황급하게 내 가게로 뛰어들어 왔다. 무슨

58 한국에서 장날을 기준으로 이자율을 정하여 적은 돈을 빌리는 것을 말하는데 원문에는 이를 일본어로 번역한 '시금(市金)'으로 표기되어 있다.

59 에도시대부터 존재했던 고리대금의 일종으로 하루 단위 대부금이므로 다음 날 아침 까마귀가 울 때까지 갚아야 한다는 의미에서 '까마귀돈(烏金)'이라 하였다.

일로 아내를 찾는가 싶어 물어보니

"오늘 장날에 쌀값이 엄청 올랐습니다."

"얼마나 되는데요?"

"1되에 6전 3리가 됐어요, 쌀장수들이 마구 사들이고 있습니다."

쌀값이 1되에 6전 3리가 되는 것이 천하의 일대 사건이라도 터진 듯 들썩였던 시대였다. 이런 상황이니 이보다 더 살기 좋았던 시절은 없었다.

47. 대관병식大觀兵式, 러일전쟁 결산

대구의 개선 축하

1906년 4월에 도쿄에서는 대대적으로 개선식을 거행했다. 실로 일국의 운명을 건 대전大戰에서 백 퍼센트의 승리를 거두었으니 국민들이 그토록 기뻐하는 것도 당연했다. 사흘 밤낮을 떠들썩하게 보냈다. 대구에서도 5월 어느 날 개선 축하회를 거행했다. 거리 곳곳에 장식을 하고 온갖 행사에 모인 무리와 악기를 연주하는 수레가 시내를 활보하며 사흘간 야단법석이었다. 이렇게 흥청거릴 때 부산에서는 '핫초하마 에라이얏자'[60]라고 외치며 남자고 여자고 장단에 맞추어 정신없이 춤추며 누비고 다녔다. 한국인들은 이것을 어떻게 보았을까. 많게는 4, 50명, 적게는 5, 6명이 제각각 무리를 이루어 '핫초하마 에라이얏자'... 무슨 의미인지 몰라도 같이 소리지르고 뛰어다니며 사람들의 마음이 더없이 고조되었다. 결국 이러한 분위기가 대구에도

▶ 개선관병식 기념도장

60 매년 5월 3일 개최되는 '시모노세키 해협 축제'의 중심 행사로 '핫초 항구 춤(八丁浜踊り)'이 있다. 항구의 발전을 위해 제물로 바쳐진 거북이를 기리며 시내 각 마을에서 악기의 장단에 맞추어 '핫초하마 에라이얏차(핫초 항구 좋지 아니한가-八丁浜えらいやっちゃ)'라고 외치며 해협을 따라 많게는 천여명이 떠들썩하게 행진한다. 개선축하회가 열린 시기와 이 축제 시기가 일치하여 부산과 가까운 이 지역 출신자들을 중심으로 개선축하회의 흥에 축제의 흥이 덧붙은 것으로 추정된다. (祭の日 홈페이지 참조 https://matsuri-no-hi.com/)

전염되어 부산과 마찬가지로 역시 '핫초하마 에라이야 자'…병사들도 춤추고 순사들도 춤추고 남녀노소 모두 춤추었다.

사절使節 파견

1906년 4월 30일, 도쿄 아오야마 연병장에서 대원수 폐하께서 친히 관병식觀兵式을 거행하시어 무훈 혁혁한 개선군의 군용을 열병하셨다. 식에 참가한 부대는 전 제1, 제2, 제3, 제4 군 및 압록강군 각 사령부, 대만총독부, 한국주차군, 관동총독부, 근위사단 이하 신설 4개 사단을 합쳐 17개 사단, 철도대대, 전신교도대대, 도야마戸山학교 군악생도대, 사할린수비대의 각 대표부대 장교 2,124명, 준사관 이하 25,079명으로 일본 개벽 이래의 성대한 행사였다. 이 미증유의 성대한 의식을 축복하기 위해 한국에서 특파대사로 의친왕 전하가 파견되었다. 부사副使는 이근호 육군부장副將일본의 중장으로, 경상북도 관찰사를 역임하기도 하였다. 수행원 중에 한국 군부의 기사技師 자격으로 박중양이 같이 참석했다. 대사 일행이 도쿄에 체류할 때 매일같이 공직, 사적으로 화려한 연회가 이어졌다. 어느 날 이토 공이 이근호 부사를 주빈으로 오이소大磯에 위치한 소로카쿠滄浪閣[61]에 일행을 초대하였다. 야마가타山縣 원수, 가쓰라桂 대장도 배빈陪賓 격으로 잠석했다. 그때 이미 이토 공은 한국 통감에 임명되었기 때문에 국책상 오해가 없도록 정중하게 인사했다.

61 이토 히로부미가 별장으로 지었다가 이후 본가로 사용.

이근호 부사는 한국어로 감사 인사를 하였고 박중양이 이를 통역했다. 박중양은 당시 33세로 청운의 뜻에 한창 불타오를 시기였다. 이 자리 뿐만이 아니라 이근호 부사의 인사말은 박중양이 통역을 맡아서 했는데 특히 소로카쿠에서 통역할 때는 혼신의 힘을 다하였다. "저 자는 뭐하는 사람인가, 제법 견실해보이는군." 하고 이토 공이 좌우에 귓속말을 할 정도로 박 씨는 당시 이토 공의 마음에 들었던 것이다.

박중양의 출세

대사 일행은 도쿄에 한 달 정도 머물렀다. 그 사이 박중양은 수차례 이토 공과 대면할 기회를 얻었고, 귀국 직후 한국 경무관이 되었다. 그리고 공의 추천으로 대구군수로 등용되었다. 당시 박중양은 다른 자리를 권유받았으나 처음부터 행정관에 뜻을 두고 대구에서 근무하기를 원했다. 마침 관찰사 자리에 결원이 생기자 다년간 쌓인 정폐情弊[62]를 청산할 때까지 전임專任 관찰사를 임명하지 않는다는 양해를 얻어 대구군수 겸 관찰사 서리로 임명받았다. 박중양의 출세는 이렇게 시작되었다. 박중양은 경기도 양주군 출신으로 1895년 21살에 일본으로 유학하여 여러 어려움을 겪으면서도 미래의 대신, 재상을 기약했을 것이다. 1904년 표연히 대구에 와서 천천히 시운時運을 기다리다 관찰사 이근호의 눈에 띄었고, 그 후 이토 공에게 인정받아 기용되었으니 박중양은 이

62 사사로운 정이나 관계에 이끌려 일어나는 폐단.

토 공을 신과 같이 공경했다. 그는 행정관으로서 훌륭하게 쾌도난마의 수완을 발휘했다. 대구군과 경상북도 관찰사 사무의 적폐를 일소하고 신명身命을 걸고 성벽을 파괴한 것이 그해 11월 하순이었다. 박중양은 실로 대구 개발의 은인이라 할 수 있다. 그의 정치적, 그리고 공사公私의 업적은 연월 순으로 차차 기록하고자 한다.

48. 체신사업 경과와 전화개통

▧ 집배하지 않는 우편

1906년 6월 28일 대구우편국이 역 앞의 현 경북물산진열장 앞쪽으로 신축 이전했다. 간단히 그 연혁을 기술하자면, 1903년 11월 1일 부산우편국 대구우편소가 서상면西上面에 설치되었다. 서상면은 달성공원 아래 정토종 광명사光明寺 부근이다. 오쿠보 하지메大久保肇가 우편소장으로 임명받아 사무를 개시했다. 이때 대구의 일본인은 겨우 30명 정도였다. 우편소의 사무개시는 머지않아 대구의 발전을 촉진했지만 초기에는 배달을 하지 않았다. 따라서 6일마다 우편물이 우편소에 도착하므로 도착 여부 문의를 겸하여 수신자가 직접 우편물을 받으러 갔다. 한국의 우체사郵遞司가 있었으나 걸핏하면 분실하기 때문에 안심하고 우편물을 맡기지 못하였다. 집배하지 않는 우편소이지만 당시 사람들은 이것만으로도 현저하게 편리함을 느꼈다. 1904년 4월부터는 3일마다 우편물이 도착하였고 8월부터는 매일 도착하게 되면서 집배를 개시했다.

▧ 통신사무 통일

1904년 12월 15일 우편사무의 발전을 위해 부산우편국 대구출장소로 개칭하고 법학사 야기 다쓰마八木辰馬가 소장이 되었다. 1905년 4월 한국 통신기관의 위임계약이 성립되어 한국의 통신사업은 완전히 일본정부의 통신기관에 합병되었다. 따라서 사무의 진전과 더불어 5

월 23일 구 한국우체사 및 전신사를 통일하여 그 청사 자리로 이전하였다. 같은 해 10월 21일 출장소를 폐지하고 대구우편국으로 승격시켜 1906년 6월 역 앞에 청사를 신축했다. 지금의 대구우편국 건물은 1916년에 신축한 것으로 그 후 수차례 증축공사를 하였다.

시내전화 개통

1906년 7월 1일에 대구 시내전화가 개통되었다. 당시 신청 건수는 관공서를 합해서 백 건이 채 안되었다. 나의 첫 전화번호는 '115번'이었다. 이것은 후에 사토 료헤이佐藤良平에게 양도했다. 당시의 일본인 인구는 1500명 내외였기 때문에 호수로는 400호 정도 되었을 것이다. 일본에서는 당시 400호 정도의 마을에서 시내전화 같은 것은 어림도 없었다. 1907년 봄 시가 주코志賀重昂가 대구 시찰을 와서 버섯모양의 온돌집에 전화가 가설되어 있는 것을 보고 놀랐다고 하였다. 전화가 가설되고 한동안은 아이가 장난감을 받은 것처럼 기뻐서 어쩔 줄 몰랐다. 무엇보다 태어나서 처음으로 내 집에 전화라는 것을 놓았기 때문이다. 고향인 오이타에는 당시 아직 전화가 없었다.

치링 치링

"여보세요 117번 와타나베渡邊 씨입니까, 저는 가와이河井 입니다. 간장 1통 보내주세요."

"장난하지 마시게. 자네 집에서는 간장을 마시나, 어제도 1통 가져다 주었잖아."

"아니 잠깐 전화 상태가 어떤가 시험해 본걸세, 미안

하네…”

이런 식으로 용건이 없는데도 전화를 사용하곤 하였다. ‘타인에게 전화 대여 금지’라고 주의를 받아서, 그때는 어느 집이나 ‘전화사용 사절’이라고 칠기에 금색으로 글자를 새긴 간판이 하나의 장식처럼 점포 앞에 걸려 있었다. 한번 그 당시 전화번호를 지금까지 유지하고 있는 사람을 조사해보니 다음과 같았다.

22번 와카바야시 세이스케若林誠助, 54번 다나카田中 여관, 47번 다다야唯家 여관, 32번 우치다 로쿠로內田六郎, 30번 후지나와 분준藤縄文順, 36번 구로카와 엔지黒川圓治, 121번 마치다町田 약방, 123번 이토 기치사부로伊藤吉三郎, 133번 마쓰마에松前 상점

전신電信을 이용한 전화 탁송도 그때부터 개시되었다. 처음에는 전화 매매가 전혀 이루어지지 않았다. 가설 신청료가 50원 정도였는데 가설료를 포기해도 인수자가 없었다. 1909년 무렵부터 부쩍 전화 수요가 늘어나자 70원 내외로 매매되기 시작했다. 호황기에는 최고가가 대구에서 천 칠팔백 원이 드물지 않았으니 이것도 꿈같은 시절의 옛 이야기로 남아 있을 뿐이다.

49. 한국시대의 지방청 조직

용빙傭聘 관리의 위풍

박중양은 1906년 7월에 대구군수로 임관했다. 박 씨 임관 전에 관찰사는 15년 동안 14명이나 바뀌었다. 병마권을 쥐고 사법과 행정 모두를 관찰사가 자유롭게 제멋대로 행사하니 그 권력은 왕후를 능가하는 모양새였다. 1905년 보호조약이 체결되면서 관찰사의 권력이 꺾였다. 먼저 각 도에 경무, 재무고문이 배치되었다. 고문 이하 한국정부에 용빙傭聘된 지방관의 거만한 행태는 어지간히 심했다. 관찰사의 위엄은 전통적으로 관존민비官尊民卑의 상징이자 한국식 사대주의에서 나온 것이고 여기에 얕보이지 않겠다는 허영심도 보태진 것이겠으나 용빙 관리는 공연히 허세를 부리며 그것을 위풍威風이라 하였다. 경북 재무고문인 이토 쓰네조伊藤恒藏 등의 지방순시는 대단했다. 이토 고문은 취임 초기에 당시 대구에서 제일가는 부호인 서병오의 저택에서 잠시 머무르다 모리야守谷 여관으로 옮겼다. 모리야 여관 건물은 지금도 동성정東城町 1정목의 대구염매소 안에 남아있다. 이토 고문은 등나무 안락의자에 적당한 통나무 두 자루를 꿰어 만든 가마를 네 명의 인부에게 짊어지게 하고 순사 여러 명의 호위를 받으며 유유히 대구 부근의 군부郡部를 누비고 다녔다. 게다가 순시에 앞서 미리 예고장을 돌린 탓에 마을에서 마을로 그 고을 관리들의 송영 또한 대단했다. 아직 예정지에 도착하지 못하였는데 날이 저물면 고을 관리가 횃불을 들고 고문의 발밑을 비추며 경호하였다. 그 호사스러운 위세의 맛은 결코 잊지 못할 것이다. 이토가 지금도 생존해 있다면 분명 당시의 일이 꿈만 같을 것이다. 이토 고문은 당시 고등관 5등이었다.

거만한 관찰사

관찰사의 행렬은 그렇게 간단하지 않았다. 경상북도의 인장이 든 상자를 든 사람이 두세 명, 긴 담뱃대를 든 사람이 네다섯 명, 하관下官과 하인 여러 명, 의장병까지 거느리고 엄격하게 통행을 막은 채 호통을 치며 누비고 다녔다. 마치 일본의 다이묘[63] 행렬처럼 행렬 앞을 가로지르는 자가 있으면 베어버릴 듯한 무서운 기세였다. 일상생활 또한 호사스러웠다. 군수회의가 열리면 대구 성내는 뇌물을 바치랴 술과 안주를 올리랴 우왕좌왕 북새통을 이루었다고 한다.

관찰부의 장대한 경관

경상북도 관찰부는 지금의 경북도청 일대인데, 도로가 생기고 근처의 교활한 토지 소유자들에게 잠식되어 부지는 예전보다 좁아졌다. 남쪽에 정문이 있고 동서에 통용문이 있으며 북으로는 두 개의 뒷문이 있었다. 정문은 관풍루觀風樓라고 하는데 달성공원으로 옮겨져 가까스로 보존되고 있다. 위치는 헌병대 본부 뒤쪽에 있었다. 우편국 부속건물과 헌병대로 인하여 옛 정문 통로는 막

---

63 10세기에서 19세기에 걸쳐 일본 각 지방의 영토를 다스리며 권력을 누렸던 영주를 말한다.

혀있다. 관풍루에서 남쪽으로 30보 떨어진 곳에 '절도사 이하 하마節度使以下下馬'라고 쓰인 석표가 세워져 있어 지금도 당시의 엄격한 경필警蹕[64]의 위엄을 충분히 짐작할 수 있다. 선화당宣化堂과 징청각澄淸閣은 정무를 보던 곳이다. 예전에는 관찰부 아래에 중영中營, 친군남영親軍南營, 도호부都護府, 전보사電報司가 있었다. 관찰부는 한 도의 사법권과 행정권을 갖고 있었으며, 중영은 경찰 사무를 맡았다. 지금의 경찰부장급을 영장營將이라고 했다. 친군남영에는 수비를 위한 3, 4백 명의 병력이 있고 이를 참령參領일본의 소좌에 해당이 통솔하였다. 한국의 육군계급에서 정장正將은 황제이고 그다음으로 부장副將, 참장參將, 정령正領, 부령副領, 참령參領, 정위正尉, 부위副尉, 참위參尉라고 하였다. 도호부는 군청을 말한다. 경무서警務署가 설치되어 중영은 폐지되고 친군남영도 폐지되어 진위대鎭衛隊가 되었다. 도호부는 대구군大邱郡으로 바뀌고 판관判官이라는 직명은 군수로 개칭되었다.

---

64 임금이나 높은 관리가 거둥할 때에 경호하기 위하여 통행을 금하던 일

50. 호사스러운 석빙고를 그리는 기념비

말기의 관찰사

1893년부터 병합까지 18년 동안 경상북도에서 재임했던 관찰사는 다음과 같다

이용직李容直, 조병호趙秉鎬, 이중하李重夏, 이직현李稷絃, 이헌영李憲永, 장승원張承遠, 이유인李裕寅, 이윤용李允用, 신태휴申泰休, 윤헌尹憲, 이용익李容翊, 이근호李根浩, 한진창韓鎭昌, 이충구李忠求, 박중양朴重陽

신태휴는 1904년에 초등학교를 도내 각지에 세웠지만 학교의 유지 방법을 강구하지 않아서 얼마 뒤 문을 닫았다. 이용익이 배일파의 두목이었다는 것은 앞에서 서술한 바 있다. 이용익의 배일사상은 그 자신만의 생각이 아니라 이태왕李太王의 생각을 그대로 받아들인 것이다. 이태왕의 어전에서 그는 충신이었다. 한진창 관찰사의 부임과 동시에 박중양은 관찰사 서리에서 면직되었다. 한진창 관찰사는 박중양의 흠을 들추기 위해 온 것 같았다. 착임과 동시에 객사에서 요배遙拜를 올렸는데 관찰사가 구 한국식 예복인데 반해 박중양은 실크해트와 프록코트의 양장 차림이었다. 한진창은 이러한 복장을 꾸짖었고 박중양은 이에 불복하면서 충돌하였다. 이때 이미 성벽은 대부분 파괴되어 한국 조정에서는 박중양을 어지간히 좋지 않게 보았으나 이토 공의 지원을 받아 곧 관찰사에 임명되었다.

석빙고 파괴

동산 아래 덕산정德山町에 석빙고가 있었다. 그곳에 저장한 얼음은 관찰사가 더위를 넘기기 위해 호사스럽게 사용했다고 전해진다. 빙고는 높이 3칸, 가로 4칸, 세로 10칸에 모두 돌로 지어졌다. 1907년에 성벽을 파괴하면서 같이 허물었다. 당시 후쿠나가 도쿠지로福永徳治郎라는 사람이 석빙고가 파괴되는 것이 아쉬워 보존 방법을 궁리하여 건의했으나 받아들여지지 않았다. 적어도 기념비라도 보존하고자 인천 관측소장 와다 유지和田雄次 박사가 대구에 왔을 때 이에 대해 상의하였다. 학자 기질인 와다 박사에게는 골동품 보존 취미가 있어서 이야기가 그 자리에서 무르익었는데 이 대화를 통해 기념비를 대구 측후소로 옮기기로 하였다. 당시 측후소는 본정本町 1정목에 있었다. 현재의 측후소는 1916년에 지금의 위치로 신축 이전한 것인데 그 기념비도 같이 옮겨서 지금도 측후소에 존치되어 있다. 아래에 게재한 것은 그 비문을 번역한 것이다.

석빙고의 비명碑銘

빙실은 백성을 괴롭히는 고질적인 문제였다. 3년에 한 번씩 백성의 재력으로 고쳐야 했는데, 생각 끝에 진흙과 이엉 대신 돌을 이용하고자 하였다. 허나 그러자면 또 자금을 거두어야 했기에 원하는 대로 할 수 없었다. 다행히 우리 판관 유 공, 이름은 명악이 부임하여 아직 1년이 채 되지 않았는데 은혜를 베풀어 널리 교화하고 예의 폐단을 개혁하였으며 자금을 모아 공사를 시작하였다.

돌을 쌓아 바닥을 만들고 무지개 형태로 지붕을 얹었으며 대략 9개의 시렁을 놓았다. 그리하여 공사를 마쳤으니 1월 중순에 시작한 일이 4월 말에 완공된 것이다. 이른바 서민의 자식처럼 와서 오래지 않아 이를 이룬 것이다. 그동안 기획하는 데 있어서는 한결같이 염려하고, 행동하는 데 있어서는 먹줄과 자처럼 흐트러짐이 없었으니 생각건데 예전과 비교하여 아직 유례가 없는 일이라 하겠다. 이를 후손에게 전하여 영원히 기억되도록 해야할 것이다. 아아 이제 끝나고 백성도 소생하였다. 처음에는 800곡斛의 영미營米[65]를 팔아 경비로 충당하고 끝난 후에는 관의 비축분으로 상환하여 백성들에게 거두지 않았으니 그 은덕에 보답하자면 끝이 없을 것이다. 이를 드러내어 새기지 않는다면 어찌 그 위덕을 말할 수 있겠는가. 그리하여 이렇게 비석을 만들어 비명碑銘으로 남겨두고자 하니

斲彼雲根 剗我巨瘼 澤侔天弘 名齊地久 虹作室 民永逸 書未悉 銘以刻 崇禎後 甲午 至月日

착피운근 잔아거막 택모천홍 명제지구 홍작실 민영일 서미실 명이각 숭정후 갑오 지월일

그 돌을 깎아 우리의 폐단도 깎아버렸네. 은덕은 하늘에 널리 퍼지고 이름은 이 땅에 길이 남으리. 무지개로 빙실을 만들고 백성은 평안을 노래하니 글로 다

65 감영에 비축해둔 쌀

하지 못하여 여기 새겨 기리노라. 1654년 동짓날

원문은 좀처럼 읽기 힘들어 달성군수 신현구에게 읽어 달라고 했는데 대단한 명문이라고 하였다. 비문 중 '무지개를 놓아 빙실을 만들고 대략 9개의 시렁을 놓아 공사를 마쳤다'는 말은 석빙고를 무지개처럼 반원 형태로 9개의 층을 두어 만들었다는 의미인 것 같다. 생각해 보면 석빙고 이전의 빙실은 흙으로 만들어 3년에 한 번씩 수리를 해야 했기 때문에 민중이 힘들 수밖에 없었다. 그런데 유 공이 착임하여 석빙고를 만들었으니 민중이 그 은혜를 입었다 하여 영세불망비永世不忘碑[66]를 세운 것이다. 숭정갑오崇禎甲午년은 지금으로부터 230년 전이다. 이것이 아직도 남아있었다면 분명 대구 명소 중 하나가 되었을 터인데 아깝게도 허물고 말았다.

66 옛날에 지방 수령이 좋은 정치를 베풀면 선정비(善政碑)를 세워서 기렸다. 공덕을 칭송한다는 의미로 송덕비(頌德碑)라 하기도 하고, 수령의 공적을 영원히 잊지 않겠다는 뜻으로 영세불망비라고도 했다.

51. 이사청 설치와 민단법 실시

성대한 개청식

1906년 8월 통감부령으로 대구이사청 설치가 공포되었다. 동시에 오카모토 리헤이岡本利平가 부이사관에 임명되었고, 다카시마 고하치高島五八, 진해면장面長이었던 오다 센織田選, 대구복심법원 서기로 전임한 다키하라 기타로瀧原儀太郎 등이 이사청 속관屬官[67]으로 임명되었다. 이사청은 사법과 경찰사무도 취급하기에 사무가 매우 광범위하다. 경찰서장은 오하타 조大畠丞, 차석이 후루야 사다조古屋貞藏였다. 오카모토 부이사관은 대여섯 명의 직원과 통역을 거느리고 곧바로 착임하여 개청 준비에 착수하였다. 그리고 그해 9월 15일에 이사청을 관찰부의 정청正聽인 선화당宣化堂에 설치하고 성대한 개청식을 거행했다. 내빈은 한국인과 일본인, 중국인, 구미인 등 300여 명에 대구 공립소학교 학생도 참가하여 일본인 대부분이 참석하다시피 하였다. 이토 통감을 비롯하여 한일 귀족과 신사의 축사와 축전祝電이 이어지고 대구 군수 박중양의 축사 연설, 전 대의사代議士[68] 가게야마 히데키影山秀樹의 축사, 거류민을 대표

▶ 오카모토 리헤이

---

67 2차 대전 전에 각 관청에 소속된 판임관(判任官)인 문관(文官)을 일컫는다. 사무관에 해당한다.

68 중의원 국회의원

한 다도코로 유키에田所幸衛의 축사가 진행되었다. 이에 대하여 오카모토 부이사관이 다음과 같은 요지의 내용으로 답사를 하였다.

오카모토 부이사관의 답사

본관은 재주가 얕고 박식하여 이 직에 있는 것을 남몰래 두려워 하였으나 총명한 거류민 여러분들이 있어 매우 믿음직하다. 함께 일치 협력하여 부지런히 힘쓰고 권태를 멀리한다면 시종 일관되게 끝을 맺을 수 있으니 용두사미의 결과는 면할 수 있을 것이다. 바야흐로 민단법은 한국과 일본이 폭넓게 친교하여 나아갈 방향을 가리켜줄 것이며 장래 대구를 밝게 비추어 줄 것이다. 이러한 때에 목민牧民의 직에 있는 자가 신중에 신중을 기해 열심히 일하지 않으면 친교가 오히려 원수와 같이 되고 무기가 도리어 자신을 해치는 도구가 될 것이다. 실로 순치脣齒 관계에 있는 한국과 일본 양국을 위해서라도 어찌 깊이 반성하지 않을 수 있겠는가. 거류민 여러분 또한 이를 감안하여 복지를 증진하고 자치의 기초를 공고히 하여 한일 양국의 교의交誼를 더욱 두텁게 다져 두 나라의 성지聖旨에 어긋남이 없어야 할 것이다.

회장에는 백 지나 되는 높은 장대 끝에 십수 개의 줄을 달아 거기에 일장기와 일장기를 그려 넣은 제등을 넓은 하늘이 좁아보일 정도로 매달아 놓았는데 이는 국위선양을 상징했다. 정문은 아치 모양으로 장식하였다. 각 요리점들은 총출동하여 식탁을 설치해 축제의 간이음식점 같은 분위기를 자아냈다. 그리고 예기藝妓와 미인작부酌婦들이 모두 나와 여흥의 춤을 추는 등 시종일관 큰 성황을 이루었다. 연회가 아직 한창일 무렵 통감부에서 오카모토 부이사관 앞으로 전보가 도착했다.

1906년 11월 1일 대구에 거류민단법을 실시한다

오카모토 부이사관은 의기양양한 얼굴로 참을 수 없는 만족감을 드러낸 채 소리 높여 이것을 내빈들에게 알렸다. 오랫동안 현안이었던 문제가 이제 해결된 것이다. 자치의 양광이 대구를 비춘 것은 이때부터이다. 오카모토 리헤이岡本利平는 에히메 현 출신으로, 동경제국대학을 나와 고등문관 시험에 합격해 통감부에 근무하였다. 이후 얼마 지나지 않아 부이사관이 되어 대구로 부임했는데 이 무렵 나이가 33, 34세였다. 초창기 대구부 건설에 큰 공로를 세웠다. 성벽 파괴의 쾌거를 박중양이 감행할 때 오카모토가 많은 힘을 보태주었다. 다음 해인 1907년 5월 함흥으로 전근되었으나 머지않아 관계를 떠나 실업에 뛰어들어 현재 도쿄에 거주하고 있다. 대구에도 오카모토 농장이 하는 사업이 있다.

재류민 또 소동을 피우다

오카모토 부이사관의 부임 전부터 이미 소학교 건설 문제로 대구의 거류민들 사이에서는 갑론을박 논쟁이 일었다. 과장해서 말하자면 벌집을 쑤신 듯한 소동이 벌어져 거류민회장 다도코로 유키에田所幸衛를 비롯한 평의원들이 부산 영사 앞으로 사표를 내어 민회 사무가 일시적으로 중단되었다. 그러나 단체가 있으니 기능을 중단할 수는 없다며 다도코로 유키에에게 민회장으로서 사무를 처리하도록 했다. 그 무렵 『대구실업신보大邱實業新報』는 제호를 바꾸어 『대구일일신문大邱日々新聞』이라는 이름으로 1906년 9월 15일에 제209호를 발행하였고, 바키노 슈牧野周는 이미 사카모토 준坂本淳에게 경영을 일임한 후 물러났다. 사카모토 준阪本淳은 가고시마 현 출신으로 매우 이지理智적인 사람이었다. 다도코로 유키에田所幸衛, 이와세 시즈카岩瀨靜 일파와는 아무튼 비타협적이었는데 결국 소학교 신축문제를 두고 신문에서 다도코로 및 의원들을 공격하기 시작하여 한동안 소학교 건축을 지연시켰다. 9월 21일 부이사관은 제국신민으로서 대구이사청 관내에 거류 또는 전거轉居하는 자의 신고 방법을 공포하였다. 거류민은 그때까지는 거류하더라도 신고 의무를 지지 않았다. 당시 대구이사청의 관할은 경남 울산, 강원도 울진, 충북 영동까지 이르렀다.

52. 제반 행정개혁, 백화百花 일시에 피다

소송대리업자

이사청이 설치된 후 일본인과 관계된 재판은 이사청이 관장함으로써 밝은 일본의 법률이 대구 거류민의 머리 위를 비추게 되었다. 동시에 민간에서도 법률사무를 다루는 대변자가 필연적으로 요구되었다. 가토 이치로加藤一郎, 요시다 다카모토吉田孝基, 사사키 마사佐々木昌 등이 잇따라 대구로 와서 법률사무소를 열었다. 가토 이치로는 도쿄 출생으로 사립대학을 졸업한 후 하나이 다쿠조花井卓蔵 박사의 사무소에서 일을 배웠고 박사의 추천으로 대구이사청 관할의 소송 사무에 종사하게 되었다. 가토는 그 당시 25살의 청년이었다. 조금 뒤늦게 부산에 사사키 기요쓰나佐々木清綱가 법률사무소를 열었다. 오카우메 사부로岡楳三郎, 구보타 고로窪田梧樓는 사사키보다 조선에는 먼저 왔다. 경성의 오가와 가쓰히라小川勝平도 1909년에 잠깐 대구에 출장 사무소를 두었던 적이 있다. 마산의 변호사 이노우에 요시리井上義理가 법률 생활을 처음 시작한 곳도 대구였다. 이들 중에 요시다 다카모토, 사사키 마사는 소식을 모르고, 부산의 오카우메 사부로는 10년쯤 전에 병사했다. 사사키, 구보타 두 사람은 여전히 부산 변호사계에서 이름을 떨치고 있다. 마산의 이노우에 요시리도 성공을 거두었다. 한국의 신법전 편찬과 법령 개정에는 우메

▶ 가토 이치로

겐지로梅謙二郎 박사가 용빙되어 맡았다. 박사는 수차례 한국과 일본을 왕복하며 열심히 조사한 끝에 법전을 편찬하여 현행 법령의 기초를 만들었다. 그러나 안타깝게도 중도에 병사했다.

한국기업공채

이보다 앞서 한국정부는 이토 통감의 종용으로 제반 행정개혁을 엄격하게 시행하고자 했으나 낭비와 무질서로 재정이 극도로 악화되어 출자出資할 방도가 없었으므로 일본에서 그 자금을 차입하게 되었다. 1906년 3월 일본흥업은행日本興業銀行이 이 일을 맡아 한국기업공채 500만 원을 발행하여 그 자금으로 우선 경찰, 위생, 교통, 교육 네 가지 사업을 개선하기로 하였다. 경찰제도의 확장은 위의 자금으로 겨우 시작할 수 있었다. 인천과 평양의 수도공사도 차관으로 지변支辨한 것이며 부산수도 역시 한국 국고보조를 받아 착수하였다. 대구, 경주, 영일 간 35리 도로 공사는 한국 치도治道[69]의 모범으로 다른 몇 곳과 함께 제1기에 기획된 것이다. 대구에 치도국 출장소가 1906년 말에 개설되고 기사技師로 나카기리 하루타로中桐春太郎, 기수技手로 하세가와 야소키치長谷川八十吉가 착임했다. 양지과量地課를 탁지부 내에 설치하여 토지 측량을 개시했다. 대구출장소에는 기사로 나카타 사부로中田三郎, 기수로 오노 쇼자부로大野庄三郎가 있었다. 오노는 현재 대구부협의회원이자 대구학교조합의

69 길을 고쳐 닦는 일

원이다.

교육기관 개선

교육기관의 확장도 치관 지변으로 시작했다. 구제도 하에서 한국의 교육은 경성에 성균관최고학부 및 동서남중의 사부학당, 각 도와 군에 향교, 각 마을에 서당이나 책방을 두고 이루어졌다. 모두 유학을 주로 가르쳤고 성균관 외에 일반 교육에는 무관심했다. 이때에 초등교육 방침이 정해져 모범적으로 경성 9곳, 지방 41곳에 보통학교를 신축 개교했다. 이와 동시에 대구보통학교를 개교하여 교장으로 엄성구, 학감 교사로 니시야마 유스케西山熊助가 착임했다. 니시야마 교사는 현재 대구 경정京町에 살고 있는 니시야마 주스케西山重助의 형이다.

재판소 제도

1906년 9월 지방 행정개혁을 단행하여 지방관제, 지방관 전형규칙, 행정구획 변경 등이 발포되었다. 이어서 재판소 제도개정을 위해 각 재판소에 일본인 법부사무관 및 법무보좌관을 용빙하면서 제반 행정과 제도가 일시에 개선되기 시작하였다. 마치 황량하던 고려의 들판에 춘풍이 불고 백화百花가 앞다투어 일시에 피는 듯 하였다.

53. 민단법 실시와 소학교 건축

민단 설립 위원

대구에서 거류민단법을 실시하기로 한 것은 이미 9월 15일 대구이사청 개청일에 공포되었다. 이후 20일에 오카모토 부이사관은 대구거류민단 설립위원장에 가게야마 히데키影山秀樹, 회계위원에 도쿠라 소로쿠戸倉十六를 임명했다. 동시에 설립위원 12명을 임명했으나 기록이 없어서 이름은 알 수 없다. 민단설립위원장 가게야마 히데키는 시즈오카 농공은행장, 시즈오카 현 선출 중의원 전력이 있고 인품이 훌륭한 신사였다. 그가 위원장이 되는 것에 대구 거류민 대부분이 찬성을 했고, 도쿠라 소로쿠가 회계위원이 된 것 또한 적재적소였다. 정체되어 있던 대구소학교 건설과 관련하여 오카모토 부이사관의 열띤 원조를 받아 약 8,000원의 기부금이 금세 모였다. 이와세 시즈카岩瀬静는 솔선하여 850원을 기부했을 뿐만 아니라 몸소 기부금 모집을 맡아 동분서주하였다.

▶ 초대 민회장 가게야마 히데키

이와세의 분주

자신이 먼저 850원을 내고 게다가 몸소 기부금을 모집해주니 사람들은 매우 감격하여 이와세를 예찬하였다. 그리고 "이와세에게는 당해내질 못하겠어. 저 사람 앞에서 얼마 안 되는 돈을 꺼낼 수는 없지."라며 다른 유력자들도 적극적으로 힘을 보태어 곧 1만 원 정도의 기부금을 모았다. 하지만 이렇게 모금하는 과정이 결코 순탄하지만은 않았다. 원래 가게야마 위원장은 취임하자마자 소학교 건축계획을 세웠다. 기부금 이외에는 민단에 재원이 없었으므로 건축비 예산을 2천여 원으로 한 것에 대해 이와세는 "대구의 장래를 생각한다면 이 건축계획을 다시 세웁시다. 돈은 내가 만들어 오겠소."라며 기부금 모집에 분주했던 것이다. 민단설립위원들은 위에 서술한 기부금 모집 결과를 보고 소학교 교사신축에 대한 건을 직접 총독부에 신청했다. 그러자 이와세의 기부금액 850원은 85원을 잘못 쓴 것 아니냐며 부전附箋[70]을 붙여 서류를 한 번 반송했을 정도로 당시 이와세의 850원은 모래알 속 다이아몬드처럼 광채를 발하였던 것이다. 이것은 당시 실무를 맡았던 모리나가 소이치守永宗一가 해준 이야기이다. 널찍한 동문 밖 평야에 소학교 부지를 선정했다. 그곳은 현재 대구여자보통학교가 되었다. 지가는 한평에 20전 정도였다. 공사는 전속력으로 진행되어 1907년 3월에 완공되었다. 당시 취학 학생수는 150명 내외로, 교장은 마에다 아쓰시前田篤志였다.

대구농회 설립

소학교가 신축되고 나서 동문 밖에는 학교를 중심으로 사방에 도로가 개설되었다. 지금의 동문정東門町, 욱정旭町, 용강정龍岡町 부근이다. 그 당시 이미 대부분의 땅은

70 어떤 서류에 간단한 의견을 적어서 덧붙이는 쪽지

일본인이 매수하여 소유하고 있었다. 가미야 도요나리神谷豊功, 오구라 다케노스케小倉武之助, 후지나와 분준藤縄文順, 시부사와 슈조澁澤周藏, 가게마야 히데키影山秀樹, 나카하라 후사이치中原房一 등이 대지주였는데 토지경영이나 농사경영을 계획하거나 혹은 농사기업, 과수재배 등에 다들 열을 올렸다. 그리고 얼마 되지 않아 대구농회를 조직했다. 임원은 다음과 같다.

회장 나카하라 후사이치中原房一

평의원 스다 산페이須田三平, 야마다 시게루山田茂, 요시다 주이치로吉田壽一郎, 나가에 후쿠조長永福藏, 야기 마쓰다로八木松太郎

당시의 도로는 토지를 매수하지 않고 모두 지주의 기부로 만들어졌다. 요시다 주이치로吉田壽一郎는 철도 기술자였는데 자신이 직접 토지를 실측하여 두세 개의 도로를 개설하였다. 때로는 관련된 지주들이 합의하여 이곳저곳에 도로를 만들었는데 도로 폭이 좁았다. 역 앞에는 동에서 서로 직선 4칸 폭 도로가 개설되었다. 이후 일번정一番町, 이번정, 삼번정, 사번정이라고 이름 붙인 작은 도로가 역 앞에서 성벽 쪽으로 개설되었으나, 민회가 지시한 것이 아니라 도로 개설로 이익을 보는 지주가 제멋내로 개설한 것이라 질서가 없었다. 다다야唯家 여관 쪽에서 어채시장 앞을 지나 원정元町으로 빠지는 길, 기무라 다케타로木村竹太郎의 집과 다나카田中 여관의 앞을 지나는 길 등이 당시 만들어진 것이다. 대구거류민단법은 예정대로 1906년 11월 1일에 실시되었다. 동시에 이사관은 당일 직권으로 대리민장에 가게야마 히데키, 대리조역 겸 회계에 도쿠라 소로쿠戸倉十六를 임명했다.

요배전遥拜殿 낙성

이와세 시즈카의 기세는 날아가는 새도 떨어뜨릴 정도였다. 호언장담을 하기도 하지만 대구를 위해서라면 돈을 아끼지 않는 사람이니 여간해서는 당해낼 수 없는 사람이다. 미와 조테쓰三輪如鉄가 앞장서서 황조요배전皇祖遥拜殿 건축을 주선하였는데 요배전에 쓰일 재목인 노송나무는 일본 기소木曾에 있는 황실소유림에서 불하받아 공사에 착수했다. 1906년 11월 3일 엄숙히 봉헌식을 거행했다. 초대 신관은 쓰시마의 이와사키 다미야岩崎民哉라는 노인이었다.

54. 영남제일관과 바한센八幡船 이야기

대구성의 유래

대구의 성벽은 과거 한국에서 일대 장관이었을 것으로 짐작된다. 수도 경성은 남산과 북한산이 험준하고, 서쪽으로 흐르는 한강이 있어 자연히 방비가 되므로 남대문과 동대문을 따라 일부에만 성벽이 축조되어 있었을 뿐이다. 산의 험준함과 물의 이점을 가지고 있다는 점에서는 평양도 어느 정도 경성과 비슷하다. 오직 대구만은 요해처要害處[71]로서 산수의 이점을 얻지 못하여 그 결함을 보완하기 위해 만든 것이 대구성이다. 평지에 완전한 성이 축조되어 있는 곳은 전도全道에서 대구뿐이었다. '성벽'이라는 말은 후에 일본인이 붙인 명사로, 한국인들은 대구를 '성내'라고 하였다. 지금도 한 발짝만 교외로 나가면 촌 사람들이 '성내'라고 하는데 이것은 성의 안쪽이라는 뜻의 한국어이다. 대구성이 왜구 침입 방비를 위해 축조되었는지의 여부는 알 수 없지만, 기록에는 옛날 남방의 왜구들이 자주 침입하여 방어용으로 쓰였다고 한다. 토석을 다져 만든 거친 구조이긴 했으나 일본 성의 외벽과 형태는 동일했다.

▶ 사이토 요시조

71 전쟁에서 자기편에는 꼭 필요하면서도 적에게는 해로운 지점

겁 없는 해적선

왜구라는 말은 조선에서 부르는 이름이고 일본에서는 바한센八幡船이라고 전해지고 있다. 바한八幡이라는 두 글자가 쓰여진 깃발을 앞세워 큰 칼을 차고 일부러 한국인들이 싫어하는 맨살을 드러낸 채 겁 없이 한국의 동해안을 습격했던 이들을 말한다. 나는 어떤 계기로 바한센 그림을 본 적이 있는데 전통적으로 그들은 날렵하고 사나웠던 것 같다. 그들은 막부의 눈을 피해 해적질을 하는 무리였는데 한국에서는 국난國難으로 보고 해안의 경비를 엄중히 하였다. 분에이文永와 고안弘安 시대의 원구元寇[72]도 원인은 왜구에서 비롯되었다고 보는 역사가도 있다. 고안 시대의 원구는 고려가 길 안내를 했다. 원나라가 패하자 왜구의 세력은 더욱 창궐했으나 결연히 나타나 왜구를 토벌한 사람이 이성계이다. 이성계는 일본 남북조강화南北朝講和 다음 해에 왕위에 올랐다. 그가 이조의 태조이며 국호를 조선으로 하였다. 왜구가 성행하던 때에도 두 나라는 역시나 예의를 갖춘 수교를 게을리 하지 않았다. 아시카가 요시미쓰足利義満는 조선에 대장경을 요구했던 적이 있다. 대장경의 판목은 경남 가야산 해인사에 보관되어 있으며 지금은 국보로 지정되어 있다. 요시미쓰 이후로는 조선과 교통, 무역이 이루어졌으나 왜구는 없어지지 않았다. 그래서 조선은 몽고蒙古, 남

---

72 1274년, 1281년에 일본을 정벌하기 위하여 동원된 고려와 원나라의 연합군을 가리키는 일본측 용어 (한국민족문화대백과사전 http://encykorea.aks.ac.kr/Contents/Item/E0066625)

만南蠻과 함께 쓰시마 정벌에 나섰으나 쓰시마의 소宗 씨가 강력하여 오히려 내쫓겼다.

삼포의 개항장

조선의 왕이 세종이었던 때의 일이다. 세종강화世宗講和[73] 이후 통상조약이 체결되어 경상도의 삼포三浦를 개항하였는데 웅천의 제포, 동래의 부산포, 울산의 염포이다. 이후 양국의 무역은 한동안 번성하여 언문諺文을 제작할 때 일본에서도 도우러 왔을 정도로 양국에 친교가 있었다. 그러나 머지않아 삼포의 난이 일어났다. 삼포의 난은 다른 말로 경오庚午의 변變이라고도 한다. 조선이 일본의 사신을 받지 않자 쓰시마의 태수 소 씨가 분노하여 삼포를 휘저었다고 한다.

▶ 이토 모토타로

그것이 오히려 비 온 뒤에 땅이 굳는 계기가 될 것 같았으나 아시카가足利가 쇠퇴하여 일본 국내가 혼란스러워지자 한동안 조선을 상대하지 않았다. 임진왜란 출정은 도요토미에게도 나름의 이유가 있었다. "예전에 조선은 우리의 신하였으나 중세 이후 등을 돌리고 조공도 바치지 않는다. 오히려 원을 이끌고 우리를 침략하였으니 직접 응징하는 것이 마땅하다."라고 하였으나, 실은 조선이 멍나라에 아부하고 일본은 상대하지 않으니 도요토미가 몹시 화가 치밀었던 것이다. 출사의 이유로는 조금

73 계해약조(癸亥約條)를 말한다

부족한 감이 없지 않다.

사이고 다카모리의 분노

1871년 폐번치현廃藩置県 이후 일본 관리가 부산 초량에 머무르게 되자 조선은 초량의 일본관을 습격하려는 책모를 꾸몄다. 그것이 누설되어 사이고 다카모리西郷隆盛가 격노하였다. 1882년 대원군의 난은 뜻하지 않게 청일 충돌의 씨를 뿌렸고, 박영효, 김옥균 등의 갑신정변은 더욱더 이를 부추겼다. 1889년 방곡령, 1894년의 자객사건은 모두 조선이 일본을 경모軽侮[74]했기 때문에 일어났다. 그로 인해 청일, 러일 전쟁이 벌어졌으니 역사적으로 간단히 살펴보아도 왜구라는 것의 성질을 알 수 있을 것이다. 대구성과 왜구가 얼마나 관계가 있든 시대는 변천하여 이미 무용지물이 되어있었다. 박중양은 임관하기 전부터 성벽 파괴를 기도企圖하고 있었기에, 관찰사라는 직권을 부여받자 전광석화처럼 이를 감행하기로 결심했다. 비밀스럽게 그 계획에 참여한 사람이 이와세 시즈카岩瀬静, 나카에 고로헤이中江五郎平, 이토 모토타로伊藤元太郎, 사이토 요시조斎藤芳造 등이었다.

---

74 남을 하찮게 보아 업신여기거나 모욕함.

55. 대구 분란의 근원, 도로위원회

▧ 극비리에 파괴

박 관찰사 서리의 뜻을 받들어 이와세, 나카에, 사이토, 이토 네 사람은 극비리에 한국인과 일본인 인부 60여명 정도를 부산에서 고용해 와서 하룻밤 사이에 성 여기저기를 파괴했다. 다음 날 아침이 되자 '치키양, 치키양, 치키양'하며 '목도'라고 하는 인부들이 큰 돌과 작은 돌들을 운반했다. 한국인들은 원래 어깨로 짐을 지지 않고 등으로 지고 날랐다. 한국 여자들은 머리 위에 무거운 것을 이고 다닌다. 일본인은 어깨에 지고 나르는데 '목도'라는 인부는 어깨로 무거운 것을 운반하는 특수 노역자이다. 박 관찰사 서리는 이때 '목도'라는 말을 처음 들어보았고 그 운반하는 모습도 처음 보았다고 하였다. 무거운 짐을 두 사람 이상이 옮길 때 일본인은 '양치키, 양치키'라고 소리 내어 박자를 맞춘다. 이것이 한국인들에게는 '치키양'이라고 들렸는지 지금도 조선인들은 시작부터 '치키양, 치키양'이라고 소리를 내니 재미있다. 틀렸으나 나름대로 재미있는 소리이다. 박 관찰사 서리는 설사 몇 군데만이라도 부수어 놓으면 다시 수리할 일은 없을 것이고 시대에 눈을 떠 정부가 직접 성벽 파괴작업을 계속할 것이라고 생각했던 것이다. 이 성벽 파괴작업은 그야말로 완전히 박중양이 독단으로 결행한 일이며 목이 날아가는 것 정도는 처음부터 각오하고 덤빈 것이다.

정부의 불인가

신조약 실시 이후 이미 통감정치가 널리 시행되고 있던 때에 한국 조정의 태도가 돌변하였다. 겉으로는 친일을 가장하고 있으나 안으로는 신조약을 파기하자는 배일론이 맹렬하게 일고 있었다. 한국 조정은 그들과 몰래 한패가 되어, 박제순 내각을 멀리하고 통감부를 꺼려했으며 군소 잡배들의 헐뜯고 모함하는 소리를 즐겨 들었다. 그리고 국내의 폭동을 원조하거나 해외에 있는 한국인들에게 밀지를 전해 열강의 간섭을 불러들이려 기도하는 등 물정이 어수선한 때였던 만큼 박 씨의 철거 감행은 그 자신에게도 대단히 위험한 일이었음은 말할 것도 없다. 새로운 정치를 위해 충실하고 용감했으나 일개 목민관이 정부의 지휘를 따르지 않고 독단으로 예전의 국방계획을 파괴하는 것이었으니, 관리로서는 무모한 행동이었고 처벌을 받아도 어쩔 수 없었다. 이미 박 씨는 처벌을 받게 될 경우 가족을 어떻게 할지 방도를 강구해 두었다. 문웅, 무웅 두 아들을 일본으로 망명시킬 준비도 해 두었다. 성벽파괴 작업은 이미 개시되었는데 역시 정부에서 파괴 불인가 명령이 내려졌다.

도로위원회

11월 15일 무렵 가게야마 히데키影山秀樹 대리민장이 대구도로위원회 규정을 만들고 12명의 위원을 지명하여 위촉했다.

동문 - 오구라 다케노스케小倉武之助, 요시다 주이치

로吉田壽一郎, 오쿠보 다사부로大久保太三郎

북문 - 마치다 규고町田久吾, 요시다 사시치吉田佐七, 가미모리 겐자부로神守源三郎

서문 – 이와세 시즈카岩瀨靜, 도쿠라 소로쿠戶倉十六, 나카에 고로헤이中江語郎平

남문 - 마스다 도라타增田虎太, 가와이 아사오河井朝雄, 세노 히사타로妹尾久太郎

11월 18일 제1회 위원회를 열었다.

1. 북문 밖, 동문 밖 도로 개통에 관한 건
2. 역 앞 도로 폭 결정의 건
3. 성벽 파괴작업 청부의 건

제1안은 원안을 승인하였고 제2안은 역 앞 도로 폭을 8칸으로 할 것인지 6칸으로 할 것인지가 문제였다. 우리는 6칸을 주장했다. 도로 폭이 넓으면 아깝게 도로 양쪽에 풀이 자라 무익하고 발전에 방해만 되기 때문이었다. 결국 6칸 주장이 통과되어 역 앞 도로 폭은 현재도 6칸이다. 이와세 등은 8칸을 주장했다. 받아들여지지는 않았으나 그의 주장이 옳았다. 당시에 6칸으로 하든 8칸으로 하든 토지 보상을 해주는 것도 아닌데 왜 그때 8칸으로 하지 않았는지 나는 지금도 후회할 때가 많다. 제3안에는 내가 앞장서서 반대했다. 한국 정부가 허가하지도 않은 작업을 민단의 조성기관이 손을 대서는 안 되기 때문이다. 또한 성벽 파괴작업의 명의인인 이토 모토타로가 과연 이 사업을 포기할 것인지도 의문이었다. 이토가 포기할 의사를 이 회의장에서 밝힌다면 그 말을 들은 후에 심의하고 그렇지 않으면 심의할 가치가 없다는 이유를 내세워 나를 포함해 남문위원인 세노, 마스다 두 사람도 강력하게 반대했다. 성벽 파괴작업은 관찰사 쪽에서 이와세, 나카에, 사이토, 이토 네 사람에게 비공식적으로 명을 내린 것이라 하더라도 표면적으로는 작업자가 이토 모토타로로 되어 있었다. 우리 3명의 주장에 찬성하는 사람은 없었다. 대세는 원안 승인이라고 보고 안건으로 채택한 것인데 남문위원은 결의에 참가하지 않겠다는 의사를 표시하자 가게야마 대리민장이 우리 세 위원에게 퇴장을 명령한 후 이 문제를 결의했다. 후에 대구를 시끄럽게 하는 문제가 여기에서 시작된 것이다. 그리고 그것은 머지않아 전개된다.

56. 도로위원회의 결의 불실행

이와세파의 실책

1906년 말 대구의 인구는 일본인이 1,646명이었다. 이천명이 안 되는 당시의 대구에 유곽 설치를 서두를 필요가 없었는데도 이미 일찍부터 유곽의 필요성이 제기되었다. 여기에는 무언가 다른 사정이 있다고 생각하여 은밀히 조사해 보니 이와세 시즈카岩瀨靜 일파가 그 뒤에서 움직이고 있었다. 장소는 현재도 유곽지로 쓰이는 곳인데 전매지국의 큰 공장이 동쪽에 덮개를 씌운 것처럼 들어서면서 근래 들어 특히 더 음산해지고 번창하기 힘들게 되었다. 그 장소가 1906년 말에 유곽지로 지정되어 1909년 11월 3일에 개업했는데 이후 22년이 지났으나 당시 기대했던 만큼 발전하지 못했을 뿐만 아니라 오히려 점점 쇠퇴해 가는 경향이 있다. 원래 현 유곽지역은 습지로, 동성정東城町 일본기독교회 부근과 비교하여 7자 정도 지대가 낮아서 시가지의 오수가 고여 스며드는 곳이다. 당초에 성벽을 파괴하며 버려야할 흙으로 그 습지를 매립할 계획이었으나 애초에 잘못된 계획이었다. 성벽 파괴와 유곽지 설정은 박중양과 아무 관계도 없으나 따로 관계가 있는 사람들이 있을 것이라고 우리는 생각했다. 그런데 우연인지 아닌지 도로위원회에 제안하고 결의하여 성벽 파괴작업을 맡겠다고 하니 앞날이 걱정되지 않을 수 없어 단호히 반

▶ 가야모리 세이타로

대하였던 것이다.

완강한 이토

이 민단의 발의를 나쁘게 해석하면 민단이 민간의 일을 빼앗는 것이라고도 할 수 있다. 이토 모토타로는 이러한 분위기를 알았는지 아닌지 모르겠으나 결의하던 날 부산으로 갔다. 결의 후 전보와 전화로 계속 돌아오라고 재촉했으나 심사가 뒤틀렸는지 돌아오지 않았다. 3일째 되는 날 특사를 보내 설득하여 겨우 돌아왔으나 파괴작업을 도로위원회에 넘기는 것에는 완강하게 반대하며 결국 응하지 않았다. 가게야마 대리민장 입장에서 보자면 이토 모토타로를 뒤에서 조종하는 이와세, 나카에 두 사람이 도로위원이고 결의에도 참석했으니 이토가 사업을 넘기지 않으리라고는 꿈에도 생각하지 못했던 것이다. 그러니 지금 이 사태를 보고 당혹스러울 것이 틀림없었다. 도로위원회의 결의는 결국 유린당하고 말았다. 이 소식을 듣고 우리 남문위원 3명은 가게야마 대리민장의 집으로 찾아갔다. 가게야마는 당시 가야모리 세이타로栢森精太郎 소유의 빈 온돌집을 개조하여 살고 있었다. 장소는 동본정東本町이었다. 나는 다소 비꼬듯이 결의의 실행 경과를 물었는데 마스다 도라타는 단도직입적으로 이토가 승낙하지 않는다고 들었는데 사실이냐고 물었다.

당혹스러운 가게야마

가게야마는 성가시다는 듯한 얼굴로 왼손의 엄지와 검

지를 둥글게 말아 코 밑을 누르면서 콧수염을 감추는 듯한 모양새를 하고서는 "사실 이래저래 손을 써 보았으나 이토가 응하지 않는다. 결의한 내 입장에서 자네들에게는 정말 면목이 없다. 새삼스럽게 들리겠지만 자네들의 선경지명에 감탄했다." 라면서 저자세로 나왔다. 그 태도는 과연 훌륭했다. 그러한 연유로 성벽 파괴는 이토 모토타로가 작업을 계속 진행했으나 좀처럼 순조롭게 진척되지 않았다. 오카모토 부이사관도 힘을 보태어 부역을 징발해 작업을 서둘렀으나 이듬해인 1907년에도 도로는 완전히 개통되지 못했다. 1907년 민단은 채권을 발행하여 마련한 5천원으로 도로공사에 착수했다. 스기하라杉原상점 앞의 망경루와 남문 등은 한동안 그대로 남아 있었다. 흙이 너무나 많이 나와 버릴 곳이 없었고 돌을 처분하는 데도 어려움이 있었다. 돌이 몇천, 몇만 개가 나왔는지 셀 수 없을 정도였다. 흙은 입평立坪[75]으로 수백 평이 나왔다. 결국 유곽예정지 부근을 그 흙으로 매립했다. 동문 밖 저지대는 덕분에 매립되었으나 아직 개발이 이루어지지 않았던 시기라 건물은 세워지지 않았다. 돌은 수요도 없고 질도 나빴다. 내무부장과 재무부장 관사의 외벽에 쓰인 돌과 작년 가을 제1소학교 동쪽 미야이 마사카즈宮井正一의 택지에 쌓아놓은 석재는 모두 성벽에서 나온 돌이다. 성벽 파괴와 더불어 동, 서, 북에 있던 3개의 문과 동장대, 남장대, 북장대, 망경루도

---

75 부피의 단위. 흙, 모래 따위의 부피를 잴 때 쓴다. 1입평은 가로, 세로, 높이를 각각 여섯 자로 쌓아 올린 더미의 부피이다

철거했다. 망경루는 멀리 왕궁을 바라보던 곳이라고 전해지는데 지금은 달성공원으로 옮겨져 남아있다. 망경루가 있던 자리는 스기하라합명회사杉原合名會社의 맞은편이다. 남문에는 '영남제일관嶺南第一關'이라는 판액이 걸려있었다. 건축물로서는 예술적 가치가 부족했으나 마치 경성의 남대문을 축소한 듯한 우아한 멋이 있었다. 숭정기원崇禎紀元 50년경에 세워진 것이니 대략 350년 전에 세워진 건물이었다.

57. 시가지 간선도로 첫 개통

십자도로 개통

성벽 철거는 박중양의 영단英斷이며 대구발전을 위한 수훈殊勳을 세운 것이다. 관찰사 서리는 파괴공사에 착수하고 나서 내부대신에게 신청서를 우송하였다. 이는 예정된 계획이었다. 8일이 지나 불인가 명령이 내려졌다.

▶ 기도 다다지로

뿐만 아니라 한국 정부는 박중양의 비위를 조사하겠다는 한국 황제의 칙서를 받아 이것을 함께 보냈다. 박씨의 신변이 점차 위태로워졌으나 다행히 이토 공이 나서서 아무 일 없이 무마되었다. 1909년 박중양이 경상북도관찰사로 재임하던 시기에 소위 십자로라고 하는 도로가 개통되었다. 십자로는 부청 앞에서 상정上町, 본정本町에 이르는 동서로와 경정京町에서 대화정大和町에 이르는 남북로이다. 경비는 한국 정부의 국고 지원으로 충당되었다. 이 도로가 개통될 무렵 한일병합의 대 사업이 성취되었다. 박중양은 충청남북도 도장관으로 영전하였는데 대구부민은 사은의 뜻으로 기념 금시계와 금시계줄을 증정했다. 시계의 뒷면 뚜껑에 원과 이중의 십자가 모양을 각인했다. 이것은 성벽 파괴의 공적과 십자로 개착開鑿[76]의 배려를 상징하는 것이다. 그만큼 박중양은 대구의 은인이라 할 수 있다. 성

76 산을 뚫거나 땅을 파서 길이나 터널, 운하 따위를 냄.

벽이 철거될 것이라는 사실을 일찍 알아챈 사람들은 주변 요지를 사들여 일시에 자산을 불렸다. 성벽이 있었을 때 원정元町 일대는 성벽 안과 밖의 땅값에 큰 차이가 있었다. 성 밖은 1평에 6원에서 10원 정도, 성 안쪽은 1평에 2, 3원 정도였는데 도로가 개통된 후 단번에 10배 이상 올랐다. 성벽 파괴로 헐리거나 이전된 것 중에 지금도 매우 아까운 것들이 있다. 그것은 앞에서 언급한 석빙고와 영남문 등이다. 석빙고 부근에 있던 측우대 등도 당시 모두 어디론가 옮겨졌는데 지금은 소재를 알 수 없다. 석조 측우대에 우량을 측정하는 통이 들어있었다. 1909년 와다和田 관측소장이 사진은 찍어 두었으나 현재 소재는 모른다.

맹렬한 선거전

거류민단법 시행규칙 제19조에 민단성립 후의 선거 법칙이 규정되어 있다.

> 민장은 선거 기일 50일 전을 현재로 하여 선거인 명부를 작성한다.

즉, 1906년 1월 1일에 성립된 민단은 그해 12월 21일에 민회의원 12명의 선거를 시행하는 것이다.

> 거류민회 의원의 정수는 8인 이상 24인 이하로 이사관이 이를 정한다.
>
> 인구 2만 이상 24인, 1만 이상 20인, 5천 이상 16인,

1천5백 이상 12인, 1천5백 미만 8인

위의 준칙에 따르면, 당시 대구의 인구가 1,600명이므로 의원 정수는 12명이 되며 반수연기명투표제[77]이다. 성벽 파괴와 유곽 문제가 얽혀 의원 선거는 불꽃이 튀는 듯했다. 현재 유곽지로 되어있는 당시 유곽 예정지는 다른 비교지나 경쟁지가 나타나지 않았다. 이와세, 나카에, 나카자와 등을 중심으로 한 당시의 유산계급에 대항하여 무산자들이 무언가 책략을 꾸미고 있었다. 11월 하순에 이와세 등이 자기 일파의 공인후보자[78] 12명을 발표하였다. 명단은 다음과 같다.

이와세 시즈카岩瀨靜, 후지이 만지로藤井萬次郎, 스다 산페이須田三平, 나카에 고로헤이中江五郎平, 시모다 고키치霜田語吉, 기도 다다지로城戶唯次郎, 마스다 도라타增田虎太, 이노우에 다쓰지로井上達次郎, 니시모토 민조西本民城, 나카자와 덴노스케中澤傳之助, 스기하라 신키치杉原新吉, 미카지리 다케사부로三ヶ尻武三郎

이들 모두 당시로서는 엄선한 인사들이라 할 수 있다.

---

77 완전연기명투표제는 당선 정원수 만큼의 후보자 모두에게 투표하는 것을 말하고 반수연기명투표제는 정원의 절반에 해당하는 후보자에게 투표하는 것을 말한다. 본문의 경우 유권자 1명이 6명이 후보자에게 투표할 수 있다.

78 선거에 입후보할 때 정당에서 공식적으로 그 정당의 후보로 인정받은 사람을 일본에서는 '공인후보자'라고 한다. 본문에서는 공식적인 정당은 아니나 이와세 일파 쪽의 사람으로 이와세에 의해 추천받은 후보를 공인후보자라 하였다.

하지만 마스다, 니시모토는 공인후보라고 하지만 내부적으로 아무런 교섭이나 연락도 없었다. 한동안은 이와세 일파 공인후보자의 독무대로 대세가 이미 결정되었다고 여겨지고 있었는데, 12월 15일경에 갑자기 반대 후보 6명이 나타났다. 와타나베 히스루渡邊比, 아오키 시게노부靑木重信 외 4명이다. 나도 반대쪽 후보자의 한 명으로 추천받았다.

회의소 개설

이 싸움이 아직 뜨겁게 전개되지 않았던 12월 7일에 대구일본인상업회의소가 설립 인가를 받았다. 동시에 오카모토 부이사관은 다음의 13명을 창립위원으로 임명했다.

이와세 시즈카岩瀨靜, 나카자와 덴노스케中澤傳之助, 이노 히데스케井野英助, 나카에 고로헤이中江五郎平. 이즈미 스에지泉末治, 쓰치야 히코타로土屋彦太郎, 와타나베 히스루渡邊比, 가미모리 겐자부로神守源三郎, 마스다 도라타增田虎太, 가미야 도요나리神谷豊功, 야스마쓰 구미키치安松熊吉, 오키타 스테지로沖田棄次郎, 스기하라 신키치杉原新吉

위원들끼리 투표하여 쓰치야 히코타로를 창립위원장으로 추대하고 오키타 스테지로를 임시 사무주임으로 촉탁했으며 고미야 히코지小宮彦次를 임시 사무원으로 하였다.

58. 엄선한 12명의 공인후보자

후보자들의 거주지

이와세파의 공인후보자들을 지역별로 보면 다소 치우쳐 있기는 했으나 인물은 대체로 납득할 만했다. 이들을 거주지별로 나누어 간단히 살펴보고자 한다.

동문 니시모토 민조西本民城

서문 이와세 시즈카岩瀨靜, 스다 산페이須田三平, 후지이 만지로藤井萬治郞, 나카에 고로헤이中江五郞平, 나카자와 덴노스케中澤傳之助

남문 마스다 도라타增田虎太

북문 이노우에 다쓰지로井上達次郞, 스기하라 신키치杉原新吉, 미카지리 다케사부로三ヶ尻武三郞, 시모다 고키치霜田語吉, 기도 다다지로城戶唯次郞

· 니시모토 민조西本民城

간토 지역 사람으로 대장성大藏省 관리였다. 1904년 봄에 대구에 와서 사진업에 종사했다. 글을 잘 쓰고 달변가였으며 투사 기질과 지략에 능한 장군 기질을 겸한 인물이다. 1909년 봄에 '마쓰나미松なみ' 라는 요릿집을 개업했고 1913년경 대구를 떠난 이래 소식을 듣지 못했다.

· 스다 산페이須田三平

미야기 현 사람으로 1903년 말 대구에 거주하기 시작했다. 구 서문시장, 지금의 시장정市場町 우편소 위치에 미야기야宮城屋라는 여관을 개업하였다. 초창기에 대구를 개척한 사람 중 한명이다.

· 나카자와 덴노스케中澤傳之助

부산 다카세高瀨상점의 대구지점장이다. 당시 54, 5세 정도로 나이가 많았고 고슈江州 상인[79]답게 빈틈없는 사람이다. 일파를 조화롭게 중재하는 역할을 하고 있다.

· 후지이 만지로藤井萬次郎

후지이가 당한 일에 대해서는 앞에서 소개한 바 있다. 여간해서는 살아남기 힘든 큰 부상을 입고도 목숨을 건진 호기로운 사람이다.

· 나카에 고로헤이中江五郎平

지금도 여전히 공인으로 활동하고 있는 일인자이다. 당시 40세 전후로 의원 중에 신지식인이었다.

· 이와세 시즈카岩瀨靜

앞에서 여러 차례 등장했던 인물이다. 대구 개발의 공로자로 당시 재력과 명성에서 이와세를 능가할 사람은 없었다.

· 마스다 도라타增田虎太

본업에 연연하지 않고 공사公事에 진력하여 대구 개발을 촉진하였다.

· 이노우에 다쓰지로井上達次郎

대금업에 종사했다. 공직 경력은 없으나 북문 안에서 사람을 구한다면 가미모리 겐자부로神守源三郎, 요시미 젠이치好見善市, 마쓰모토 세이치松本誠一 그리고 이노우

---

79 오미(近江) 상인이라고도 한다. 교토 인근 5개 지역 출신의 상인들로, 오사카 상인, 이세 상인과 더불어 일본의 3대 상인으로 꼽힌다.

에 다쓰지로라고 할 정도였으므로 의원에 추천된 것이다. 북문 안을 후에 '대화정大和町'이라고 이름 붙인 사람이 바로 이노우에인데, 가미모리 겐자부로, 요시미 젠이치 세 사람이 협의해서 결정한 것이다. 요시미 젠이치는 이후 우쓰노미야宇都宮 가문을 잇게 되어 우쓰노미야 젠이치宇都宮善市로 개명하고 현재는 충청북도 영동에 살고 있는데 더욱 번창하여 충청북도 평의회원이 되었다.

· 스기하라 신키치杉原新吉

스기하라합명회사杉原合名會社의 전 대표자이며 스기하라 조타로杉原長太郎의 부친이다. 1902, 3년 경부철도공사를 청부받고 북문 밖에 목재상을 열어 성공한 사람이다. 금년 봄에 일본 벳부에서 병사했다.

· 미카지리 다케사부로三ヶ尻武三郎

미카지리 주고三ヶ尻忠吾의 양자로 당시 대금업과 석유판매업을 하였다. 숙련된 검도 솜씨를 갖고 있었으나 그 외 내세울 만한 재간은 보이지 않았다.

· 시모다 고키치霜田語吉

요정 '야마토'의 주인이다. 대구 유곽을 현재의 위치로 하는 것이 결국 북문의 빈영에 유리할 것이라 생각했던 것 같다. 시모다가 유곽 반대론자들에게 부주의하게 흘린 '정견의 차이'라는 말 한마디는 요릿집이라는 본업에 오랫동안 나쁜 영향을 주었다.

· 기도 디다지로城戸唯次郎

다다야唯家 여관의 주인이다. 그의 견해도 시모다와 거의 같았다.

격렬한 경쟁

선거 경쟁에는 불꽃이 튀었다. 이와세 일파에 대한 반대자는 와타나베 히스루渡邊比, 아오키 시게노부青木重信, 그리고 나였다. 나는 당시 이미 '상대편 강자'로 인식되고 있었다. 당당히 논진을 펴고 한발도 물러설 줄 몰랐다. 당시 나는 28세로, 남문 내로 점포를 옮겨 한국과 일본인을 상대로 잡화 판매와 담배 제조를 하고 있었다. 설탕, 밀가루, 석유 등 무거운 제품을 주문하면 내가 직접 수레를 끌고 배달해주었다. 주인 겸 점원이었다. 그때는 선거에 대해 일반 사람들은 잘 알지 못했다. 나는 원래 정치에 관심이 있어서 20세 전후부터 선거운동을 하여 부현제府縣制나 시정촌제市町村制 등에 거의 통달했다. 참모장 격으로 후쿠나가 도쿠지로福永徳次郎, 참모로 미쓰하시 에이타로三橋栄太郎, 모리사키 시카마쓰森崎鹿松 등이 있었다. 이 참모들과 함께 필승을 기하며 이 선거운동을 개시했다. 반수연기명투표제이므로 후보자 6명에게 투표하는 것이라 지금처럼 구차스럽지 않았고 유권자들의 의지를 받아들이는 데도 고심하지 않았다. 이 선거법은 1914년 거류민단법이 폐지될 때까지 적용되었다.

59. 유곽지 설정 문제를 중심으로 논쟁

▧ 민회의원 당선

일본인이 대구에 들어온 후 처음으로 의미있는 선거에 임하여, 게다가 최초의 큰 경쟁이었으므로 12월 18, 19, 20일 사흘을 밤낮없이 계속 집집마다 방문하였다. 12월 21일 선거가 끝나고 이와세파 12명의 입후보자 중 이노우에 다쓰지로井上達次郎가 낙선하고 반대파에서는 나 혼자 당선되었을 뿐 다른 5명은 모조리 낙선하였다. 당선자는 다음과 같다.

이와세 시즈카岩瀨靜, 후지이 만지로藤井萬次郎, 스다 산페이須田三平, 나카에 고로헤이中江五郎平, 시모다 고키치霜田語吉, 기도 다다지로城戸唯次郎, 마스다 도라타增田虎田, 나카자와 덴노스케中澤傳之助, 니시모토 민조西本民城, 미카지리 다케사부로三ヶ尻武三郎, 스기하라 신키치杉原新吉, 가와이 아사오河井朝雄

가게야마 대리민장은 이러한 결과가 나오자 즉시 당선 통지서를 보냈다. 니시모토 민조西本民城는 우리 동지 5명이 낙선한 것을 동정하여 당선을 수락하지 않았으나 나는 당선을 수락하여 동지들로부터 거세게 비난받았다. 낭선 수락과 동시에 회의소집 통지서가 왔다.

▧ 제1회 회의

1906년 12월 24일 대구 거류민단민회 제1회 회의가 열렸다. 의안은 다음과 같다.

1. 의석번호 결정의 건
2. 의장 선거의 건
3. 민장 선거의 건
4. 조역助役 및 회계역 선거의 건
5. 유곽지 설정의 건

서로 밀고 당기는 격렬한 선거전에서 이겨 처음으로 화려한 무대에 오르는 것이라 한 명도 빠짐없이 11명의 의원들이 전통 예복 차림으로 엄숙하게 착석했다. 방청자 수는 20명이 넘었다. 의석번호를 결정한 뒤 의장 선거에 들어갔다. 9표라는 절대다수의 지지로 나카에 고로헤이가 당선되었다. 침착한 태도, 단정한 풍격으로 조용히 일어나 그 자리에서 인사를 하고 의장석에 앉았다. 당시 그를 제외하고 달리 의장이 될 만한 사람은 없었다. 민단장에는 예상대로 가게야마 히데키影山秀樹가 당선되었고 조역 겸 회계역에는 도쿠라 소로쿠戸倉十六가 당선되었다. 가게야마, 도쿠라 두 사람이 차례로 인사하고 드디어 본회의로 들어갔다. 유곽지 설정에 관한 경위는 앞장에서 이미 기술한 바 있다. 마스다 의원과 나를 제외한 9명의 의원들이 결속하여 현 유곽지가 있는 지역으로 즉결하려는 분위기라 나나 마스다 의원의 반대만으로는 도저히 대세를 움직이

▶ 초대 거류민단 민회의장 나카에 고로헤이

기에는 역부족이었다. 적은 수로 다수를 상대하는 것은 애초에 적수가 되지 않는데도 반대파는 나 한사람에게 기대를 걸고 있었다. 방청자가 많은 것도 그 때문이었다. 방청석 일부에서는 치열한 반대의 목소리가 터져나왔다.

유곽설치 반대

이사자理事者[80]가 제안 이유를 설명하였다. 논지는 주로 풍기 유지에 있었다. 맹모삼천지교 등을 인용하며 즉결을 희망하였다. 의회의 대세는 이미 결정되어 있었다. 나는 정당하다고 믿는 반대 이유를 설명했다.

> 민회가 성립되고 아직 한 시간도 지나지 않았는데 무엇이 급하다고 유곽지를 즉결하려는 것인가. 나는 그 이유를 이해할 수 없다. 유곽지 설정은 결코 시급을 요하는 문제가 아니다. 다른 두세 군데 후보지를 골라 현재와 장래를 고려해서 설정하는 것이 온당하다. 여러분 중 의원 자격을 갖추고 공식적으로 유곽 예정지를 답사한 사람은 한 사람도 없을 것이다. 단지 이사자의 제안을 그대로 받아들이기만 하는 것은 부정府政에 충실한 일이라 할 수 없다. 유곽지는 필요하지 않으나 만약 필요하다면 다른 비교지를 선정해 살

---

80 일본에서 의회에 설명자로서 출석하는, 행정을 집행하는 사람을 가리키는 말. 의회의 본회의, 위원회 등에 출석하여 의안을 설명하고 질문에 답변한다. (오사카 가타노시 시의회 용어 해설집 참조 http://www.gijiroku.jp/katano/yougo_katano/09_r.html)

펴보아야 할 것이다.

나는 위와 같은 취지로 극력 반대했다. 하지만 아군은 나 한사람 뿐이었다. 마스다 도라타는 나와 같은 의견이었으나 선거에서 이와세파의 공인후보로 추천받아 당선된 관계로 나만큼 강력하게 정면에서 반대하지 못했다. 그래도 당당하게 내 주장을 지지해 주었다. 기도 의원과 시모다 의원 등은 고양이 이마처럼 좁은 대구에서 새삼스레 실지를 답사하지 않아도 장소만 알려주면 적당한지 부적당한지 바로 결정할 수 있으니 다른 적당한 장소가 있으면 이 자리에서 제시하면 되지 않느냐고 역습을 해왔다. 그렇게 논의에 불이 붙었다. 설사 탁상에서 명백해 보인다 하더라도 의원 자격으로 실지를 살펴보는 것이 공인으로서의 필요조건이다. 그런 일을 하지 않고 무턱대고 그 자리에서 즉결하자고 주장하는 것은 공인으로서의 의의를 저버리고 사인으로서의 이해관계에 연연하는 것이다. 즉결을 강행한다면 유곽지와 의원들 간의 인과관계를 일반에 알려 여론에 호소하겠다고 응전했다. 그래서 결국 사흘간 회의를 연기하고 따로 두세 곳의 후보지를 선정해 실지 답사를 하기로 하였다. 그리고 의원 전원을 선정 위원으로 하였는데 나와 마스다는 위원직을 거절했다.

60. 3인의 동시 의원직 사퇴

나의 고군분투

유곽지 문제를 심의하는 민회는 결국 사흘간 연기되었는데, 우리는 유곽지에 대해 특별한 야망은 없었다. 만약 유곽지를 설정해야 한다면 철도 주변은 안되고 시가지 구석이 좋겠다 정도의 생각뿐이었다. 다도코로 유키에田所幸衛 전 민장이 당시 아직 대구에 거주하고 있었는데 첫 회의에서 내가 고군분투한 것을 매우 격찬하였다. 그런 말을 들으니 조금 부추기려는 것 같아서 당사자인 나는 그다지 기분이 좋지만은 않았다. 더욱이 다도코로는 "의안에 제시된 예정지는 현재도 장래에도 부적당한 곳이니 다른 적당한 장소를 선정하는 것이 대구에 이익이 되리라는 것은 말할 것도 없다, 자네가 마음에 둔 토지가 있으면 매수할 수 있도록 힘을 써주겠다, 내 집에 토지에 투자하고 싶다는 사람이 와있으니 한번 만나보라."는 말까지 하였다.

사키사카向坂와 만나다

▶ 사키사카 쇼키치

그날12월 25일 마스다와 함께 나는 다도코로의 저택을 방문했다. 소개받은 사람은 지금은 고인이 된 사키사카 쇼키치向坂庄吉였다. 사키사카는 당시 30세로 오른손에 장갑을 낀 채 나왔다. 러일전쟁에서 부상을 입어 오른손이 불편하고 추위에 고통을 느낀다는 그는 실례인 줄 알면서도 장갑을 끼고 있는 것을 양해해 달라며 인사했다. 특별히 토지 투자를 화제에 올리지 않고 한 시간 정도 이야기한 뒤 나왔다. 사키사카는 이듬해인 1907년 대구에 영주하기 위한 기초를 닦고 분투 노력하여 성공하였으나 안타깝게도 1926년 12월 24일에 49세의 나이로 사망하였다. 현재의 당주는 그의 이름을 이어받은 2세이다. 선대 사키사카는 대단히 의지가 굳은 사람이었는데 그를 생각하면 정을 이성으로 억누르려 부단히 수양하면서 견실하게 사업을 진척시켰던 모습이 생생하게 떠오른다. 수차례 공직에도 있었으나 명예에는 비교적 집착하지 않았다. 1926년 6월에 위암으로 진단받고 30일 정도 도쿄로 가서 명의의 진찰을 받기도 하면서 이래저래 알아보았으나 불치병이라는 것을 깨닫고 대구의 자택으로 돌아와 차분하게 죽음을 기다렸다. 그해 8월에 3천 원을 경상북도에 기부하고 대구측후소에 지진계를 설치한 독지가이다.

3인 동시 사직

1906년 12월 27일에 회의를 재개했다. 누군가 위원장 격으로 남문 밖 한 구석동산 아래과 대구천 부근야마주山十 공장 동쪽, 의안에 제시된 예정지 세 곳을 답사하여 비교해 보았으나 제1후보지가 적당할 것으로 판단되니 즉결을 희망한다고 보고했다. 나는 이때 죽을 때 죽더라도 명예롭게 죽자는 각오로 사표를 품고 출석하였다. 제1후보지가 불가한 이유를 논하고 결의를 극력 저지하였다. 혼자 몸으로 다수에 맞서는 것이었으나 혼신을 다해 반대하니 의외로 무시하기 어려운 듯했다. 나카자와 덴노스케中澤傳之助가 나를 별실로 데려가더니 열심히 달래면서 무언가 완화책을 강구하려 하였다. 그래서 나는 제1후보지에 이해관계가 있는 의원들은 모두 퇴장하고 관계없는 의원들만으로 심의하자고 주장하였다. 결국 이와세, 나카자와 두 사람과 나, 이렇게 세 사람이 같이 협의한 끝에 결의 전에 세 명이 사표를 낸 후 예정대로 제1후보지로 결정하였다. 민단은 약 7천 평을 유곽지로 매수하여 재원에 충당하기로 하였다. 그러한 연유로 나는 의원에 당선되고 7일 만에 사임하고 나카자와, 이와세 두 사람은 내 길동무가 된 것이다.

실패한 유곽지

이 유곽지를 민단의 재원으로 하겠다고 설정한 것은 너무나 이상만 좇은 것으로, 현실적으로는 실현되지 않았다. 다음해인 1907년 2월, 대지貸地 조례를 제정하여 고시하였으나 빌리려는 사람이 없었다. 시중의 요릿집은 여전히 번창하였으나 유곽 경영을 희망하는 사람은 나타나지 않았다. 1909년 봄이 되어도 수입은 한푼도 없었으므로 그해 4월에 조건부로 민간에 토지를 불하했다. 그것을 매수하여 유곽을 경영한 사람이 다무라 곤조田村權藏이다. 유곽지 부근의 토지는 몇 년이 지나도 개발이 이루어지지 않아 유곽지를 중심으로 몇만 평의 토지를 매수한 이와세 등의 예측은 실패로 끝나고 1915년경 손해를 보고 처분하였다. 이 유곽지 문제는 두고두고 부정府政의 골칫거리가 되고 있다. 1907년 12월에 의원들이 가게야마 민장 불신임을 결의하여 그가 떠나게 된 것도, 이후에 이와세 회장이 강제 사직당한 것도 모두 유곽지 문제가 발단이 된 것이다. 도시와 유곽지, 거기에는 암검살暗劍殺[81]이라도 숨어있는 듯 최근에는 와카야마和歌山 유곽 문제 등 혼탁한 문제들이 아직 가시지 않고 있다. 오카모토 부이사관에 대해서는 인가를 저지하고 견제 운동을 시도하였으나 아무런 영향도 주지 못하고 그해 종무식 날에 인가 지령이 내려왔다. 그렇게 오카모토 부이사관, 가게야마 민장, 이와세, 나카에 등과 나는 이래저래 관계가 좋지 못했다.

81 구성학(九星學)에서 말하는 방위 중 가장 나쁜 방위로, 이를 범하게 되면 주인은 사용인에게, 부모는 자식에게 살해당한다고 한다.

61. 1906년부터 1907년까지

불온한 밀칙密勅

1906년은 초기 통감정치 시대로 개국 이래 처음으로 한국이 정치적으로 문화의 혜택을 입어 제반 시설에 일대 진기를 이룬 해였다. 하지만 신보호조약 파기를 외치는 가짜 우국지사들이 군사를 일으키거나 화적이 봉기하여 극심한 혼란을 야기하는 일이 각지에서 벌어졌다. 한국 조정에서도 배일 주장이 맹렬히 일어났는데, 협잡배가 빈번히 궁중을 출입하여 거짓 망언을 유포하더니 결국 한국 황제의 마음을 움직여 이제 일본의 요구는 일절 듣지 않겠다는 의지를 담아 비서감승秘書監丞 김승문에게 '적신 이토, 하세가와를 베어야 한다'는 의미의 불온한 밀칙을 내렸다는 것이 밝혀졌다. 양국의 평화를 위해 확실히 궁중을 숙청하기로 하고 일본 경관이 궁문의 호위를 맡게 되었다. 여기에 크게 불복하며 궁중은 대혼란에 빠졌으나 군소 잡배들은 그 계기로 숨을 죽이고 곧 폐단의 근원을 일소하는 성과를 올렸다. 뒤이어 한국기업공채 500만원을 발행하여 경찰제도 확장, 수도공사, 치도공사, 교육기관 확장, 지방행정 개혁, 사법제도 개혁, 산업행정 시설, 철도 및 통신 사업 등을 순조롭게 진행했다. 재정정리 개혁은 메가타目賀田 고문이 1904년 10월 취임한 이래 처음 착수하여 순차적으로 필요한 개혁을 취해 왔으나 통감정치 초

▶ 1907년 1월의 필자

기에 들어와서는 제반 행정개혁의 토대를 다지는 재정정리 방침을 취하고 있다. 그 주요 사항으로는 재정기관의 개혁, 세계歲計의 확립, 총세무사總稅務司의 인계, 금융기관의 창설, 폐정의 정리 등이 있다. 이러한 순서로 한국은 일시에 전망이 밝아졌으나 상하의 맹동은 결코 멈추지 않았다.

1907년의 대구

1906년의 한국은 이렇게 저물었다. 대구에서는 이사청 설치, 성벽 파괴, 거류민단 성립, 유곽지 문제를 둘러싼 논쟁 등으로 현저한 진보가 이루어지며 1906년이 지나갔다. 평범한 영농가들은 시끄러운 부정府政에 괘념치 않고 견실하게 사업을 이끌어 갔다. 1907년 5월에 박제순 내각이 무너지고 이완용 내각이 성립되면서 제반 정치가 원활하게 진행되는가 싶더니 네덜란드의 헤이그 만국평화회의에 나타난 한국 황제의 밀사가 조용한 한국에 커다란 파문을 일으켰다. 한국 황제는 책임을 지고 황위를 황태자에게 물려주었다. 그리고 얼마 지나지 않아 한국 군대가 해산되는 큰 사건이 그해에 벌어졌다. 1906년 말 대구에 거주하는 일본인 인구는 1,646명이었으나 1907년 말에는 2,675명으로 증가할 정도로 급속한 발전을 이루었다. 1907년 1월부터 3월까지 신설된 것과 발전의 원동력이 된 것으로 첫째 재무감찰관 신설, 둘째 나카오지中大路 이사관 착임, 셋째 마쓰시타松下 법무보좌관 착임, 넷째 일본인 상업회의소 설립, 다섯째 소학교 신축 낙성, 여섯째 대구유치원 설치, 일곱째 대구동인의

원 개설, 여덟째 보병 제12여단 주차駐箚[82] 등이 있다. 8월에는 한국 군대가 해산됨과 동시에 대구진위대 제3대대가 해산되면서 불온한 공기가 감돌자 대구거류민 보호를 위해 피난 열차를 준비하기도 했다.

우조烏城에 대한 기억

1월 5일 북문 밖 요정 '야마토'에서 5, 60명이 잠석한 신년 연회가 열렸다. 개회 전 대기 시간에 별실에서 서예가의 휘호가 시작되었다. 중국 옷을 입고 비단 목도리에 목을 파묻은 듯한 모습의 일본인 서예가가 비단과 종이에 열심히 붓을 휘두르고 있었다. 와타나베 우조渡邊烏城라는 서예가로 이와세가 소개하여 이 자리에 오게된 것이다. 우조가 쓰는 것을 전후 좌우로 십수 명이 둘러서서 흥미있게 지켜보았다. "이야 이번에는 잘 썼는데, 흠 이건 좀 별로이군." 하고 샤쿠오釋尾가 비평하고 있으니 우조가 묵묵히 쓰다가 크흠 크흠 기침을 하면서 잠시 슬쩍 쳐다보고는 "재미있는 이야기를 해 드리지요." 하면서 붓을 쥔 채 조용히 입을 열었다. "청일전쟁 때 히로시마의 대본영에서 구보타 베이센久保田米僊 화백이 휘호를 하고 있을 때 야마구치山口 장군이 곁에서 이야 잘 썼는데, 이야 별로이군 하면서 평을 하고 있었지요. 구보타 화백이 각하 서예를 하십니까 하니 장군이 아니 나는 글은 못쓰네 하자 화백이 바둑은 두시는지요 하고 물었습니다. 장군이 음 바둑은 서툴긴 해도 조금 두지 하고 대

---

82 외교 사절로서 외국에 머물러 있음

답했습니다. 화백은 그러십니까 하수가 상수의 수를 이해할 수 있는지요 라고 묻자 제아무리 장군이라도 이 말에는 응수를 할 수 없었지요." 라면서 해학을 섞어 멋지게 주위를 나무랐다. 비평은 뚝 그쳤다. 우조는 상당히 빈정대기를 잘하는 사람이라고 생각했다.

62. 정면충돌한 견원지간

폭력이 난무한 2차 술자리

신년 연회는 무사히 열리고 2차 술자리로 몰려갔다. 참가자는 이와세岩瀨, 나카에中江, 도쿠라戸倉, 사이토斎藤, 나카자와中澤 등이었는데 나도 그 자리에 함께 하게 되었다. 물과 기름이 섞인 듯하였으나 이는 나카자와가 깊이 배려하여 이와세 등과 나를 융화시키려는 호의로 그러한 것 같았다. 나카자와는 정토종 포교소의 사무장으로 그 밑에 사카모토 도시스케坂本俊資가 있고 나도 사무를 도와주었던 관계로 신앙 측면에서 나카자와와 나는 각별히 친밀한 사이였다. 신축 중인 다나카田中 여관현재 건물은 없다은 아직 내부까지 완공되지 않았으나 2층 두 칸에 다다미를 깔고 1월 1일부터 특별한 손님만 받은 모양이었다. 계단 아래에는 목재가 널부러져 있고 대팻밥과 톱밥이 깔려있었다. 사다리를 타고 올라가니 첫 번째 방은 나무 바닥이고 다다미는 아직 깔려있지 않았다. 다들 게다와 구두를 신은 채 그 방을 지나 장지를 바르고 목향 가득한 두 번째 방으로 들어가 앉았다. 나는 예의도 없이 신발을 신은 채 방에 들어가 장식단 위에 신발을 벗어 놓았다. 미리 말해두자면, 나는 당시 굉장히 취해 있었다. 전기는 아직 들어오지 않아 희미한 램프 불빛 아래서 일동이 기염을 토하고 있는데 이와세가 휙 장식단 위를 보더니 "누구야! 저런 곳에 신발을 올려두다니 이런 무례가 어딨나."

태평양의 가교

이와세는 원래 오자키구미尾崎組라는 명의로 경부철도 속성공사를 청부받아 돈을 모은 사람으로 포용력이 커서 남들과 다투지 않고 빈틈이 없으며 원숙한 기량을 지닌 신사이다. 말하는 것만은 너무 큰소리를 잘해서 나쁘게 말하면 허풍쟁이에 다소 아니꼬운 부분도 있었다. 당시 대구농공은행 지배인인 쓰치야 히코타로土屋彦太郎 등과 이와세가 센류川柳[83] 모임을 했다고 하는데 센류의 첫 구로 '이건 어떠한가'라는 것이 있었다.

▶ 다나카 여관 주인 다나카 나라키치

"이건 어떠한가 수건에 끈이 달려 있네." 이것은 누가 지은 것인지 모른다.

"이건 어떠한가 다이아몬드 게다를 신는건."

"이건 어떠한가 태평양에 다리를 놓는건."

위의 두 구는 이와세가 즉석으로 지은 것이라 전해진다. 진위는 모르겠으나 이와세의 면목이 약동하는 시구이다. 이와세는 앞에서 서술한 것처럼 황조요배전 건축에 150원, 소학교 신축비로 850원을 기부하고 그 외 공공 기부에 돈을 아끼지 않는 사람이었다. 1909년경 일본철도협회 일행 300여명이 한국에 시찰을 왔을 때 빈약한 대구에서 일행을 환영할 수 있겠냐며 얕보고 그냥 통과할 계획이었다. 그것을 들은 이와세당시 대구상업회의소 회장이었다는 대구를 그냥 통과하면 이 이와세의 낯이 서지

83 에도 시대에 생겨 도쿄를 중심으로 유행한 정형시의 하나

않는다, 나 혼자 환영 비용을 부담하겠다, 소홀히 하지 않을테니 부디 대구에 들러주십사 하고 오카무라 하쓰노스케岡村初之助 기사와 교섭하여 오카무라를 놀라게 했다. 이렇게 일행의 계획에 대구 시찰이 편입되었다. 그 때 이와세는 일부러 시모노세키까지 일행을 마중나가 대구로 인내했다. 역 앞 칠성공원에는 홍백의 장막을 치고 입식 테이블을 설치했으며 대구 유지들의 접대도 훌륭하게 일행을 만족시켰다는 일화를 남긴 사람이다. 그렇게 이와세는 의기 양양하게 선심 쓰는 일이 종종 있었다. 다소 과장일지 모르나 누가 뭐라고 해도 이와세만큼 그 시대 대구 건설에 공로가 있는 자는 단연코 없다.

견원지간

하지만 나와는 석가와 제바提婆[84], 고래와 범고래 같은 사이였다. 하지만 개인적으로 어떤 은원이 있는 것은 아니어서 1912년에 들어와서는 석연하게 교의를 나누고 있다. 여담은 여기까지 하고... 내가 장식단 위에 신발을 올려둔 것을 보고 이와세가 화를 냈다. 형편없는 놈이라며 힐난하자 나도 내친김에 뒤로 물러설 수는 없었다. "이런 들판이나 마찬가지인 집에 어디다 신발을 벗어놓든 무슨 상관이냐 도둑맞지 않게 조심해야지." 하고 응수하자 일동의 얼굴색이 변하면서 모두 일어섰다. 두 대 세 대 나는 얼마나 맞았는지도 모르겠다. 난장판이 될 뻔 하였으나 나카자와의 중재로 무사히 수습되었다. 무

84 데바닷타를 말한다. 석가모니의 제자였으나 나중에 배반하였다.

슨 변명을 하든 이것은 내 잘못 이었다. 일이 이렇게까지 된 데는 작년 말부터 이어진 유곽지 문제의 앙금이 남이있어 이런 여흥이 벌어지게 된 것이다. 요즘 이 말을 이와세에게 하면 자네는 잘도 그런 이야기를 꺼내는데 나는 싸우거나 다툰 적이 결코 없다고 부정한다.

63. 민회의원 최초의 보궐선거

의원 보궐선거

1907년 1월 20일에 거류민단 민회의원 4명의 보궐선거가 진행되었다. 사퇴한 4명은 니시모토 민조西本民城, 가와이 아사오河井朝雄, 이와세 시즈카岩瀨靜, 나카자와 덴노스케中澤傳之助 등이었다. 앞에서 서술한 바와 같이 니시모토는 당선 직후 사퇴하였고 나는 유곽지 문제로 싸울 때 이와세, 나카자와와 동반 사퇴하여 그 국면은 수습되었다. 당장 앞에 놓인 문제도 없고 이후 시정을 원만히 진행해야 한다는 점에서 피차 같은 입장이라 보궐선거는 서로 협조하여 후보자를 선정하였다. 후보자로는 야스마쓰 구마키치安松熊吉, 사이토 요시조齋藤芳造, 와타나베 히스루渡邊比, 오구라 다케노스케小倉武之助 네 사람을 추천했다. 당시 나는 마스다 도라타增田虎太, 와타나베 히스루와 친분이 두터워 공적 입장에서 항상 같이 보조를 맞추었으므로 공수동맹攻守同盟같은 관계가 되었다. 세간에서는 삼각동맹이라고도 하고 삼총사라고도 부르면서 시끄러운 자들이라고 생각했음에 틀림없다. 선거는 예상했던 대로 동지인 마스다, 와타나베 두 사람이 의석에 앉게 되었다. 그리고 머지않아 야스마쓰 구마키치도 우리 동지가 되었다. 야스마쓰는 지쿠고筑後 출신으로 일찍부터 부산으로 건너와 1905년 대구에 미곡상을 열었다. 당시 부산의 거상 사카타阪田와 연결되어 미곡상으로서는 대구에서 중요한 한 축을 담당하게 되었다. 후에 상업회의소 부회장이 되기도 하였다. 말주변은 서투르나 모임에서는 반드시 한마디 했다. 별명으로 열성거사熱誠居士라고 불렸다.

오구라小倉의 첫 출진

오구라 다케노스케는 1905년 8월에 일본인회 평의원이 되었으나 재임한 기간은 불과 3, 4개월 뿐으로 사퇴한 후에는 공직에 얼굴을 내밀지 않았다. 1896년 제국대학 법과 출신이라 당시만 해도 오구라의 법학사 학위는 어디서든 빛났다. 오구라와 같은 시기의 제국대학 출신으로는 현재 대장성大蔵省 장관인 이노우에 준노스케井上準之助, 요코하마 시장인 아리요시 주이치有吉忠一, 요코하마 상업회의소 회장 이사카 다카시井坂孝 등 정계와 실업계의 거두가 20여명 있다. 라이언 재상이라 불리는 하마구치濱口 수상은 오구라의 제국대학 1년 선배이기도 하다. 1907년의 대구에 법학사가 몇 명이나 있었을까. 있다고 해도 요요한 새벽 하늘의 별만큼도 안되었을 것이다. 따라서 이러한 오구라의 간판은 어디서나 이채를 발하였음에 틀림없다. 그는 이와세파에서 이른바 두뇌 역할을 하는 것 같았다. 와타나베 히스루는 대구석유판매조합 설립의 사명을 띠고 1905년 말에 대구로 와서 역앞 행정幸町에서 술과 잡화를 팔았다. 그 당시 31세, 한국에는 1897년경에 건너왔다. 내가 와타나베에게 '만년력萬年曆'이라는 별명을 붙여줄 정도로 박람강기博覽強記[85] 한 사람이었다. 사이토 요시조는 본정本町에서 잡화상을 하

85 여러 가지의 책을 널리 많이 읽고 기억을 잘함.

던 공평한 사람이었다. 1904년 11월부터 대구에 살았으며 팔조회원八助會員의 한 사람이었다. 지금은 고향인 지바시 신마치 2491에서 여생을 보내고 있다. 이상의 보궐선거 결과 민단성립 후 처음으로 의원 12명 정원을 모두 채웠다. 민단은 재원으로 철도용지를 빌려 이를 전대轉貸[86]하자는 안을 내었다. 이것은 가게야마 민장의 공로로 특별히 기록할 만한 명안이었다. 다행히 철도국이 승인하여 여기에서 연간 2천 원 정도의 재원이 나왔다. 행정幸町을 따라 동쪽은 철도관사가 있는 곳부터 원래 우편국이 있던 곳까지, 서쪽은 역 앞 파출소가 있는 곳에 대구여관이라는 것이 있었는데 거기서부터 서쪽으로 세관이 있는 곳까지 상가가 즐비했다. 당시 원정元町 거리의 도로는 아직 땅고르기도 되어 있지 않았고 금정錦町 거리가 가장 번화한 일본인 상점가였다.

한국 법제개혁

1월 26일에는 법무보좌관 마쓰시타 나오미松下直美가 착임했다. 마쓰시타는 관직에서 사퇴하고 후쿠오카 시장에 당선되어 시 행정에 수완을 발휘하다가 한국 법제개혁을 맡아 기용되어 대구에서 근무하게 된 것이다. 현 대구지방법원 부장판사 마쓰시타 나오히데松下直英의 부친으로 단정하고 엄숙한 풍격, 당당한 태도로 당시 대구의 사교계에 크든 작든 얼굴을 내밀며 발전을 이끌었다. 대구지방재판소 초대 소장 도리야마 고야타鳥山虎彌太의

86 빌리거나 꾼 것을 다시 다른 사람에게 빌려주거나 꾸어 줌

뒤를 이어 2대 대구지방재판소 소장이 되었다. 마쓰시타 법무보좌간이 부임한 후부터 후쿠오카 현 사람들에게는 든든한 중심이 되었고 머지않아 현인회縣人會가 조직되었다. 당시 회원은 80명 정도로 마스다 도라타 등이 적극적으로 주선하여 2월에 마쓰시타의 환영회를 겸한 제1회 현인회를 열었다. 한국의 법제개정은 우메 겐지로梅謙二郎 박사가 맡았다. 당시 우메 박사는 대구도 시찰한 적이 있었다. 박사는 다음과 같은 이야기를 남기기도 했다.

> 근래의 연구 결과에 따르면 예전에 중국에서 온 것이라 생각했던 우리나라의 법률이 실은 한국에서 전래된 것이 상당히 많다고 한다. 천여 년 전 이 나라는 지금보다도 입법상 상당히 잘 정비되어 있었다. 하지만 오늘날에는 평리원과 한성재판소 두 곳만이 독립되어 있는 형편이다. 다른 일반행정관이 재판관을 겸무하며 지나치게 가혹한 짓을 하고 있는 것은 슬퍼할 만한 현상이다.

마쓰시타 법무보좌관이 착임한 이후 행정관의 사법권은 철폐되고 법무관의 지휘를 받아 한국의 재판소 판사가 재판하게 되었다. 당시 재판소는 관찰부 내 지금의 뇌경관賴慶舘 뒤쪽에 있었는데 사법권이 위임된 후 지방재판소, 공소원이 설치되어 선화당 서쪽으로 옮겨졌다.

64. 일본인 상업회의소 성립

▧상업회의소 의원선거 결과

1907년 1월 22일 대구 일본인 상업회의소 설립 후 제1회 의원 선거를 실시했다. 선거위원장은 쓰치야 히코타로土屋彦太郎, 위원으로 이와세 시즈카岩瀨靜, 나카자와 덴노스케中澤傳之助, 이즈미 스에지泉末治, 오구라 다케노스케小倉武之助 등이 임명되었다. 경쟁은 앞서 치러진 민회의원 선거 못지않게 격심했다. 당선자는 다음과 같다.

> 오노 미네지로大野峰次郎, 와카바야시 세이스케若林誠助, 이와세 시즈카岩瀨靜, 아오키 시게노부青木重信, 가와이 아사오河井朝雄, 와타나베 히스루渡邊比, 나카자와 덴노스케中澤傳之助, 나카에 고로헤이中江五郎平, 야스마쓰 구마키치安松熊吉, 다무라 도미조田村富藏, 기무라 다케타로木村竹太郎, 이노우에 다쓰지로井上達次郎

지금과 다르게 특별의원은 평의원들이 뽑도록 규정되어 있었다. 특별의원 선거 결과 쓰치야 히코타로, 이즈미 스에지가 당선되었다. 임원으로 선출된 인물은 다음과 같다.

> 회장 이와세 시즈카
> 부회장 아오키 시게노부
> 상치위원 나카자와 덴노스케, 오노 미네지로, 와카바야시 세이스케, 가와이 아사오

회의소 의원 선거에서도 역시 반대파에서 와타나베와 내가 당선되었다. 이와세파는 선거 당일 밤 '야마토'에서 당선축하회를 열었는데 그 자리에서 연설에 나선 어떤 인물특별히 이름은 밝히지 않는다이 "가와이가 당선된 것은 천추의 한이다."라는 노골적인 마디를 했다고 한다. 그 정도로 나를 싫어했다.

▧ 이와세파의 적국敵國

서기장 자리는 오키타 스테지로沖田棄次郎가 탐내어 은밀하고 재빠르게 움직였으나 끝내 이루지 못하였다. 이와세와 오키타가 후에 한漢나라와 초楚나라, 오吳나라와 월越나라 사이처럼 적국이 된 것도 이 서기장 문제가 원인이 되었다. 서기장으로는 부산 상업회의소 서기 이노우에 소노스케井上宗之介가 채용되었다. 당시 부산회의소 서기장은 구노 주키치久納忠吉였다. 구노는 1914년부터 내 부하가 되어 『조선민보』 편집국장으로 일하다 1928년 6월 30일 병사했다. 이노우에는 구노에게 경원시되어 대구로 좌천된 셈인데 이후에 결국 이와세에게 큰 피해를 입혔고 회의소에도 역시 큰 불이익을 남겼다. 전년도 말에 한차례 불인가가 내려진 대구성벽 파괴 사업은 대구 실상에 비추어 급하게 시행할 필요가 있는 문제라며 통감부가 한국 정부와 직접 교섭하였다. 정부도 결국 굴복하여 인가 지령을 내리게 되었는데 그와 동시에 박중양이 앞장서고 오카모

▶ 당시 재무감독국장 가와카미 쓰네오

토 부이사관도 협력하여 파괴공사가 착착 진행되었다. 대구거류민단은 1월 28일 민회를 열어 성벽 터 도로의 정리개수비지출에 관한 건을 부의하고 그 소요 경비 5천 원을 제일은행에서 차관하기로 하였다. 거류민단의 묘지규칙도 그날 민회에서 결정하여 화장장 및 묘지는 덕산정德山町 대휴사大休寺 아래에 있는 벽돌공장 부근에 설치하기로 하였다.

민단성립 축하

동산은 한국어로 '자래방우'라고 하며 일본어로 번역하자면 거북바위이다.[87] 거북이 모양을 한 '돌멩'이 그곳에 산재하여 그러한 이름이 붙은 것으로 여겨진다. 그곳에 일본인이 세운 묘비가 무수히 많았는데 1915년 병영兵營이 생기면서 화장장과 묘지도 현재의 곳으로 이전했다. 대휴사 아래는 예전에 수백 명의 죄인을 참수하여 묻었다는 전설이 있으며 1907년부터 약 10년간 일본인 망자의 화장장이 있던 곳이므로 예전부터 그다지 기분 좋은 곳은 아니었다. 추적추적 비라도 내리는 밤이면 푸르스름한 불이라도 나올 것 같은 귀기가 서린 곳이었다.

대구 니시키좌 건축

이 당시에 처음으로 극장이 생겼다. 경영자는 나카무라 기이치中村喜一이다. 금정錦町의 마쓰마에 석조창조松前石

87 '동산'의 일본어 원문표기는 「ドン山」, '자래방우'의 원문표기는 「チヤレーバンウ」, 거북바위의 원문표기는 「龜岩」이다.

造倉庫가 있던 위치에 니시키좌錦座라고 이름붙이고 4월부터 영업을 개시했다. 비록 함석 지붕을 얹은 판자 건물이지만 1919년까지 12년간 대구 유일의 민중 오락장이었다. 나카무라는 대구 하나야花屋 여관의 경영자이자 부산의 요정料亭 가게쓰花月의 주인이었다.

▨ 거류민단 데이

법무보좌관 마쓰시타 나오미松下直美, 경상북도와 충청북도 재무감찰 겸 통감부 서기관 가와카미 쓰네오川上常郎, 이사관 나카오지 마사오中大路正雄가 1월 말, 2월 상순에 잇따라 착임했다. 신설 관서의 책임자들이 모두 부임하였으므로 2월 10일 선전조칙宣戰詔勅 발포[88] 제3주년 당일에 대구거류민단 성립 축하회를 겸하여 위 세 사람의 환영회를 열었다. 다음 해인 1908년부터 민단 성립일인 11월 1일을 민단 데이로 정했다.

88 러시아에 대한 선전의 조칙(露国ニ対スル宣戦ノ詔勅)을 말한다.

65. 대구의 큰 불과 농업 선구자

북문 밖 대화재

1907년 음력 정월 2일2월 10일 전후 오전 10시경 북문 밖 다무라田村 오복점에서 불이 나 이웃인 다나카田中 여관을 삼키고 부근 여러 채를 태웠다. 그리고 역 앞 도로를 따라 불이 번져 다다야唯家 여관을 태우고 부근 판자 건물과 온돌집 다수어채시장 일대를 완전히 태우고 말았다. 다다야 여관은 높은 판자 건물이었다. 그날 서풍이 강하게 불어 수동 펌프와 용토수龍吐水[89] 등으로는 물이 지붕까지 닿지 않았다. 무엇보다 소방설비가 미비하여 이렇게 큰 불에는 대처할 능력이 없었다. 함석 지붕이 바람에 날려 공중에 난무했다. 지붕 밑 나무판자, 기둥, 서까래, 들보 등은 쉽게 불이 붙을 정도로 건조한 상태였으므로 금새 불이 번져 눈 깜짝할 사이에 활활 타올랐다. 불붙은 목재가 바람을 타고 동남쪽 동본정東本町 달성관현재의 기요노야清の屋 부근까지 날아가 여기저기 후드득 후드득 떨어졌다.

대구농산시장

대구농산시장이 달성관 앞 현재의 사카마키 기쿠노조酒巻菊之丞의 집 뒤편에 있었다. 초가지붕이라 불붙기 쉽고 불쏘시개로 안성맞춤인 건축 방식이어서 순식간에 불

89 에도 시대부터 메이지 시대까지 사용된 소화도구이다. 용이 물을 토하는 것처럼 보인다고 용토수라고 불렸다.

타고 부근 여러 채도 불탔다. 전소, 반소를 합해 60여 채를 태우고 오후 2시가 지나 겨우 진화되었다. 1904년 이래의 대화재였다. 원인은 다무라 오복점의 남자 하인이 아침밥을 짓기 위해 피운 불을 제대로 정리하지 않아서 발생한 것으로 밝혀졌다. 아웃인 다나카 여관은 내부가 마무리 되지는 않았지만 거의 완공된 새 건물이었는데 불타버렸으니 상당히 마음이 쓰렸을 것이다. 하지만 곧 다시 지어 지금은 불난 뒤에 더 번창한다는 말을 현실로 보여주고 있다.

대구농회 연혁

대구농회는 영농자의 공존공영을 목적으로 함은 물론, 한국 농사 연구자의 상담창구 역할을 하는 것도 주요 사업의 하나였다. 농회 간부의 주선으로 만들어진 것이 대구농산시장이었다. 농산시장은 70여 명의 농업자들이 자신들이 키워 수확한 잎담배, 과실, 과채류 등을 제각기 소매하지 않음으로써 경쟁적으로 싸게 파는 것을 방지하여 근로의 소산을 증식시키고자 하는 자구책이었다. 동시에 그 경매시장은 일반 수요자들에게도 편익을 제공했다. 판매 방식은 주로 경매 방식이었다. 대구해륙물산회사大邱海陸物産會社의 어류경매시장 개시 이후에 만들어졌다. 현재 대구어채시장은 위 두 시장을 합친 형태로 만들어진 것이다. 농산시장 조합장은 나카하라 후사이치中原房一, 서기는 야마

▶ 가미야 도요나리

자키 도모사부로山崎友三郎였다. 애써서 만든 지 얼마 안 되어 대화재로 잃었으니 상당히 안타까웠다.

영농의 선구자

대구의 일본인 중에 농사 경영자로는 가미야 도요나리神谷豊功가 선구자였다. 수목과 야채의 시험재배는 1904년 가을부터 착수했다. 당시 그의 포부는 한국의 민둥산을 이용하여 적합한 수종을 심거나 과수로 사업을 한번 해보는 것이었다. 그런데 점차 이주해 들어오는 일본인들이 증가하면서, 이들이 일상 생활에서 당장 곤란을 겪는 부분이 야채류의 부족이었다. 물론 한국 재래 야채는 얼마든지 있었으나 일본인의 기호에는 맞지 않았다. 그래서 무, 잎채소, 파, 미나리 등의 야채를 시험 재배하였다. 그해 파종 시기는 놓쳤으나 1904년에는 뒷밭에서 고구마를 5, 6관이나 수확했다. 사과는 가미야의 현 주택 남쪽에 있는 당시 공터였던 1,200여 평 땅에 시험 재배하여 상당히 좋은 결과를 얻었다. 그것을 보고 오바 지로키치大場治郎吉 오바 데쓰조大場鐵象의 부친가 현재의 전기회사 부근 경지에 과수재배를 시작했다. 뒤이어 나카하라 후사이치, 야마다 야헤이지山田彌平治, 시부사와 슈조澁澤周藏 등이 시작했다.

스기타 데이치杉田定一의 대구 방문

면화재배는 1906년 봄에 목포면작협회에서 종자를 얻어 시험 재배하였다. 그해 늦여름에 스기타 데이치전 중의원 의상, 귀족원 의원가 대구를 시찰하러 와서 면화 재배를 장려하고 갔다. 당시 스기타가 가미야에게 보낸 감사 편지는 액자에 담겨 가미야의 집을 장식하고 있다. 그때를 전후하여 수원모범장장水原模範場長 혼다 고스케本田孝介 박사가 와서 실지 시찰한 결과 대구에 면화시작장棉花試作場을 설치하게 되었다. 위의 이야기는 가미야가 직접 들려준 이야기이다. 내가 앞서 야기 마쓰타로八木松太郎가 1905년 8월에 대규모 과수, 원예에 착수하여 대구에서 그 방면의 일인자라고 기술한 것에 대해 가미야는 다음과 같이 정정해 주었다.

> 전략, 근래 민보에 게재되고 있는 귀하를 중심으로 한 대구사를 매일 열심히 읽고 있습니다. 그러던 중 말씀드리고 싶은 것이 있어 이렇게 글을 올립니다. 다른 것은 그렇다 하더라도 16일7월 지상紙上의 과수재배에 관한 부분을 읽다 가만히 있을 수 없어서, 그리고 그렇게 진상이 잘못 알려져 후배들을 혼란스럽게 할 수도 있고 후일 기사에도 전후 지장을 가져올 우려도 있어 소생의 이름이 언급된 만큼 다음과 같이 참고로 한말씀 드리고자 합니다.이하 생략

그리고 위에 서술한 사실을 통지해 주었던 것이다. 나는 농사 방면에서 완전히 문외한이기는 하지만 1905년 8월에 사업적으로 농원 경영을 대규모로 개시한 사람은 부식원扶植園을 경영한 야기 마쓰타로라고 알고 있다. 내 기억이 틀리지 않을 것이다. 가미야가 1904년부터 시험재배를 한 것은 사실이나 사업화한 것은 1906년부터이

고 1907년에 가미야 상회에 농업부를 설치하여 식목, 묘목, 화훼, 조경 등의 과목을 두었다. 가미야가 1904년부터 일찍이 농사를 실행하고 후진을 이끌었으며 대구의 농업, 특히 사과에서 성과를 올리는 데 선두에 선 인물이라는 것은 잘 알려진 사실이다.

66. 전매국 공장이 설립되기까지

지가 1평에 5전

대구에서 농사 경영의 선각자였던 나카하라 후사이치中原房一의 말에 따르면, 1905년 10월 17일 처음 대구에 와서 현재의 대구여자보통학교가 있는 곳 300평에 사과를 시험 재배했다고 한다. 그곳의 당시 지가는 1평에 20

▶ 나카하라 후사이치

전이었는데 그것도 사뭇 비싸게 산 가격이었다. 당시 동척東拓 대구지점 부근은 1평에 5전이면 살 수 있었다. 그 후로 점차 매수한 토지가 많아져 1906년에는 1만 4, 5천 평이 되었다. 지가는 계속 올라 다음 해인 1907년 이사청 용지로 매수될 때는 1평에 50전이 되었다. 그때부터 가미야 도요나리神谷豐功, 야마다 야헤이지山田彌平治, 시부사와 슈조澁澤周藏, 오바 지로키치大場治郎吉 등이 기업적 농사경영을 실현하였다. 대구의 연초 경작은 1906년부터 시작되었다. 후쿠치 요시사쿠福地義作, 미와 야키치三輪彌吉 등도 이어서 시작했다. 대봉정大鳳町 방면에서는 세노 히로키치妹尾廣吉, 다케우치 가이치로竹内嘉一郎, 오가 기사부로大賀喜三郎, 무라오카 후데타로村岡筆太郎가 대규모로 재배를 하여 당시 대구를 중심으로 연초 경작지가 70여 정보에 달했다. 월배면月背面에서는 마쓰모토 세이치松本誠一가 경작했다. 1907년 12월이 되자 잎담배는 생산 과잉으로 좀처럼 팔리지 않았다. 그래서 연초경작조합을 결성하여 재무감독국장 가와카미 쓰네오川上常郎에게 중개를 부탁해 탁지부에서 자금 2만원을 빌려 연말결산 시기에 조합원을 구제한 적도 있다.

남한연초회사

연초 경작은 순조롭게 진행되었지만 여전히 판매는 잘 되지 않았다. 필요한 것은 스스로 만들어내자는 생각으로 1908년 6월에 자본금 3만 원으로 남한연초주식회사를 조직하여 궐련 제조를 개시했다. 이와세 시즈카岩瀬静를 사장으로, 지배인으로는 훗날 후지富士 상회를 개업한 모리모토 마사타로森本政太郎를 영입했다. 하지만 제조한 궐련 담배도 팔리지 않아 실패로 끝났다. 회사의 중역은 다음과 같다.

사장 이와세 시즈카岩瀬静
상무 후쿠치 요시사쿠福地義作
이사 나카하라 후사이치中原房一, 시부사와 슈조澁澤周藏, 미와 야키치三輪彌吉
감사 야마다 야헤이지山田彌平治, 스다 산페이須田 三平

제1회 손익 계산에서 1,372원 17전 6리의 손실이 발생했다. 다음 해인 1909년 마에노소노前ノ園 상회, 1910년에 오이시大石 상회가 생기면서 잎담배 수요가 증가하였는데 이 때문에 남한연초회사는 결손이 계속되다가 결국 해산했다. 마에노소노, 오이시 상회 모두 한때 상당히 번창하다가 마에노소노는 자금난으로 끝이 좋지

않았다. 오이시는 무라이村井 은행의 후원을 얻어 동아연초회사에 사업을 넘겼다. 동아연초회사의 사업을 전매국이 매수하면서 대구에 조선 최초의 전매국 공장이 생기게 된 것이다. 이처럼 과정을 자세히 살펴보면 남한연초회사 등이 먼저 지불한 희생이 마침내 대구의 이익으로 전환되어 전매국 공장으로 나타난 것이라고도 볼 수 있다.

고쿠료미야코穀良都 쌀의 원조

농업방면에서는 첫째가는 공로자로 나카하라 후사이치中原房一를 들 수 있다. 나카하라는 현재 하양에서 대농장을 경영하고 있다. 벼농사에서 경북의 고쿠료미야코穀良都 쌀은 일본 전국에서 유명하다. 그 종자를 야마구치현에서 가져와 당시 대구농회장이었던 나카하라가 시험재배한 것이다. 기록에 따르면 나카하라는 야마구치현 군농회郡農會의 순회기사였다고 한다. 1907년 2월 대구농회장으로서 나카하라는 다음과 같이 말한 바 있다.

> 당지대구의 농업자는 작년1906년까지는 일시적 영농 경향이 있었으나 올해부터 점차 착실하게 영농하는 사람들이 늘고 있다. 연초재배 지도를 위해 순회교사를 둘 계획도 있었으나 경비가 없어 즉시 실행하기는 어렵다. 대신에 부산 에구치江口 상회에서 기사를 초빙하여 때때로 출장 강연과 지도를 맡기기로 하였다. 원래 연초재배에는 제각각 요령이 있으나 당 업자들이 그것을 비밀로 하고 남에게 가르쳐주지 않는 편협

한 분위기가 있었다. 그것을 타파하기 위해 강사를 초빙하여 촉탁시험囑託試驗이라는 명목으로 실지의 성적을 발표하게 하는 것이 가장 좋다고 생각했다. 곧 소학교 건물도 완공되므로 교실을 빌려 동 업자들을 모아 강연회를 열 계획이다. 이를 통해 연초경작의 향상에 이바지하고자 한다. 면작재배는 당국이 적극 장려하는 반면 연초재배에는 조금도 힘을 기울이지 않고 있다. 어쩌면 관제 연초때문인지 모르겠으나 이해하기 어렵다. 하지만 당지의 연초재배는 영농자들의 독자적인 힘으로 비상한 추세를 보이며 발전하여 영농자들 중에 연초를 재배하지 않는 사람이 거의 없는 상황이다. 하지만 많이 수확하는 데만 힘을 기울이고 품질 향상은 생각하지 않는 경향이 있다. 지금 자각하지 않으면 대구 연초의 평판을 떨어뜨릴 우려가 있다.

위와 같은 말로 부단히 동업자들을 지도하였다. 그 정도로 나카하라는 이 길의 선구자였다.

67. 경북 의료위생 발달의 도정

국채보상회

1906년 말에 대구시의소大邱市議所라고 하는 것을 한국인 유지들이 조직하였다. 사설 단체로 아무 권위도 없으나 일본인에게 거류민단이 생겼으니 그에 맞서고자 이러한 것을 만들어 모방하는 것이 한국인의 습성이었다. 일본인 상업회의소가 설립되자 그 뒤에 또 대구상업회의소라고 하는 한국인 단체가 만들어졌다. 대구상업회의소는 서문 밖 달서교 부근에 있었다. 그리고는 하는 일도 없이 모여서 빼끔빼끔 담배만 피워댔다. 시의소는 교육의 보급, 걸인 구제, 황무지와 미간지 등의 개간에 진력한다는 강령이 있었다. 처음에는 관찰부 앞 관아 부속건물에 간판을 달고 그곳에 의자와 테이블 등을 늘어놓고 있었으나 언제부터인가 서문 안으로 사무실을 옮기고 '대구시청大邱市廳'이라는 대단해 보이는 간판으로 바꾸었다. 명망가 서상돈을 대구시장으로 추대하여 1907년 6월까지 존속했다. 이 시의소에서 날조하여 만들어낸 국채보상회라는 것이 있었다. 지난해 봄 일본에서 빌린 기업공채 500만 원을 갚아 일본의 종주권에서 벗어나자는 민족의식에 입각하여 탄생한 것이다. 당시 대구의 한국인들 중에는 정치에 대한 견해나 생각을 갖고 있는 사람이 거의 없었다. 따라서 일본에서 돈을 빌렸으니 저렇게 나약하게 보호조

▶ 장년 시절의 후지나와 분준

약을 체결한 것이다. 돈만 갚으면 은혜고 의리고 없다는 식의 매우 유치한 생각으로 그러한 단체를 만든 것이다. 그리고는 밥보다 좋아하는 담배를 끊기로 합의하고 1인당 한달에 20전을 갹출하여 국가에 헌금하기로 하였다. 취지는 실로 훌륭하다. 모은 돈이 7만 원 정도인데 양梁모 씨가 그 돈을 모두 써버렸다. 원래 그 단체의 뒤에는 배일 거두가 있었는데 그가 무언가 선동하여 이런 연극을 꾸며낸 것이다. 이 단체가 만들어질 당시의 기세는 대단하였는데 오가는 사람의 긴 담뱃대를 빼앗아 부러뜨려 버리는 진풍경이 벌어질 정도였다.

후지나와의 주선

1906년 가을 무렵부터 대구동인의원大邱同仁醫院의 건축에 착수했다. 대구동인의원은 오쿠마 시게노부大隈重信 백작이 총재로 있는 동아동인회東亞同仁會가 경영하였다. 1907년 건물이 완공되고 설비가 완성되었다. 동인의원은 후지나와 분준藤繩文順의 주선으로 대구에 설치될 수 있었다. 대구를 중심으로 한 경북의 의료위생 발달사를 쓴다면 먼저 후지나와의 공적을 대서특필해야 한다. 1906년 가을, 대구동인의원 개설이 결정되자마자 후지나와는 자신의 개업소에 대구동인의원이라는 문패를 걸고 사무를 개시했다. 그리고 새 병원이 완공되자 곧 이전하여 동인의원으로 개업하였다. 원장으로 의학사 이케가미 시로池上四郎가 3월 12

▶ 대구동인의원장 시절의 이게가미 시로

일 착임했다. 마침내 낙성식을 거행하였는데 동인회에서는 군의총감 사토 스스무佐藤進 박사를 파견하였다. 당시 직원은 다음과 같다.

원장 의학사 이케가미 시로池上四郞
부원장 후지나와 분준藤縄文順
의원 후쿠타케 쇼조福武庄藏
약제사 스즈키 하치로鈴木八郞
서무 모쿠자키 야소하치目崎八十八

대구자혜의원

동인의원은 의료 제반 설비를 갖추고 환자를 기사회생시키는 효험을 뚜렷이 보여주었다. 한방 만능이었던 한국에는 당시 일본에서는 볼 수 없는 이상한 환자들이 많았다. 맹인이 눈을 떴다거나 앉은뱅이가 설 수 있게 되었다는 등의 예는 수준 낮은 한국인들을 놀라게 하였다. 한일병합 후 각 도에 자혜의원을 설치하면서 동인의원은 총독부가 매수하여 대구자혜의원이 되었다. 동인의원 개업 후 의술의 효험이라는 제목으로 다음과 같은 기록이 남아있다.

> 한국에서는 부인이 남자에게 얼굴 보이기를 꺼려하여 외출할 때는 흰 옷으로 상반신을 덮어쓸 정도였으므로 병에 걸려도 외출을 삼가며 기도나 주술로 일시적인 위안을 얻으니 병이 완치될 리 없었다. 십중팔구는 사망했다. 그런데 동인의원이 실치되면서부터

신과 같은 효험을 믿게 되어 부인들까지 진료를 받게 되었다. 게다가 젊은 여성들이 간호부를 지망하는 경우가 많아지게 된 것도 의료발전에 상당히 바람직한 일이다.

대구자혜의원에는 일등 군의정軍醫正 마쓰모토 시게마사松本繁正가 원장이 되어 1910년 9월에 착임하였다. 마쓰모토는 보기드문 성실한 사람으로 약 10년간 원장으로서 정력을 기울였다. 후에 마쓰모토 병원을 개업하였고 올해 1월 은퇴하였다. 마쓰모토 원장의 후임으로 작년에 병사한 가미무라 나오치카上村直親 박사가 착임했다. 그리고 그 뒤를 현 원장 야마네 마사지山根政治 박사가 이어서 맡고 있다. 동인의원에서 출발하여 도립대구의원에 이르기까지 4대를 거치면서 대구의 의료위생은 오늘날과 같은 발전을 이루게 된 것이다. 초대 원장 이케가미 시로는 이후 대구에서 개업하여 병원을 운영하다 고베神戸로 이전했다. 후지나와는 철도촉탁의鐵道囑託醫로 현재까지 동인의원 간판으로 개업하고 있으나 원무는 다하타田畑 의학사가 보고 있다. 후쿠타케 쇼조와 스즈키 하치로는 작년에 병사하였다.

68. 달성공원 기성회 조직

▒ 위안 장소의 물색

상업회의소 설립 후 얼마 되지 않아1907년 3월 달성공원 기성회를 조직하였다. 기성회는 공원의 풍치를 살려 공원다운 공원을 완성하자는 취지였다. 당시의 오락장으로는 니시키좌錦座가 막 생겼을 뿐 시민의 위안 장소로는 봄 가을에 달성산, 남문 방면의 사람들은 자래방우현재의 동산에서 야유회를 하는 정도였다. 취미로 무언가를 배울만한 기관이 있는 것도 아니었다. 분토糞土[90]의 도시 대구에는 아무 오락장도 없고 어떤 특별할 것도 없는 곳이었으나 1905년 마치다 규고町田久吾, 쓰지 소노지로辻園次郎, 시모조 에이타로下條榮太郎 등이 앞장서 당구 구락부를 회원제로 조직하였다. 1907년 2월에는 가미야 도요나리神谷豊功가 일본식 2층 건물을 40, 50평 정도의 규모로 지어 가미야상회 구락부라고 이름 붙이고 당구, 악기, 바둑, 장기, 신문과 잡지 등을 구비하여 일반에 유료로 공개하였다. 1907년 말에 이 구락부를 제12여단 사령부에서 사용하게 되면서 구락부는 폐지되었다. 달성공원 기성회 사무소는 회의소 안에 병치하였다. 임원은 다음과 같다.

회장 이와세 시즈카岩瀨靜

부회장 서병오徐丙五

---

90 썩은 흙, 똥을 섞은 흙

> 간사 나카에 고로헤이中江五郎平, 오구라 다케노스케小倉武之助, 쓰치야 히코타로土屋彦太郎, 니시모토 민조西本民城, 이석진李錫珍

기성회의 취지

사무장은 이노우에 소노스케井上宗之介, 서기는 고미야 히코지小宮彦次였다. 설립 취지서의 한 대목을 소개하자면 다음과 같다.

> 이곳은 옛부터 전해지는 전설이 있어 아직까지 영산靈山이라 불리고 있다. 지난 1906년 중에 당지 재류 일본인들이 1,700여 원을 갹출하여 천조황대신궁 요배전天照皇大神宮遙拜殿을 이곳에 세우고 공원으로 하였다. 이후로 달성산에 다시 한줄기 광명이 비추어 이곳을 찾는 사람들이 고귀한 황궁을 우러를 때 스스로 옷깃을 여미는 고결한 느낌을 받게 되었다. 하지만 주위를 둘러보면 하등의 설비도 없고 어떤 화초나 수목도 없어 거의 황야나 마찬가지이다. 따라서 봄볕이 화창한 날에도 꽃 사이를 오가는 나비를 쫓는 기쁨도 없고 한여름 뜨거운 열기가 달아오를 때도 녹음 속에서 시원한 바람을 맞는 즐거움도 찾을 수 없는 살풍경은 이루 말할 수 없다 이하 생략

위의 취지서로 당시 달성산의 일반적인 광경을 짐작할 수 있을 것이다.

복권 발행

기성회는 회원조직이었다. 제1회 회원모습 요강은 다음과 같다.

> 一, 본회 제1회 회원을 모집한다
> 一, 회원은 한국인과 일본인 남녀노소를 불문하고 회원이 될 수 있다
> 一, 회비는 금 1원으로 하며 복권을 증정한다
> 一, 개회 당일의 여흥으로 복권 추첨, 격검, 경주를 한다

복권은 1등 200원, 2등 100원, 3등 50원, 4등 30원, 5등 20원, 6등 10원, 7등 5원, 8등 3원, 9등 1원, 이상 243장의 복권과 10등 10전짜리 복권 3,757장을 합쳐 4천장의 복권이 꽝 없이 모두 당첨되는 훌륭한 복권이었다. 회비로 1원만 내면 100원, 200원 복권에 당첨될 수도 있다는 사행심을 자극하여 1회 회비로 4,000원을 모금하였다. 정당하게 경품을 지급해도 1,800원 이상이 남았다. 이 자금으로 공원 설비를 갖추는 데 쓰고자 하였다. 제1회 추첨은 4월 12일 달성공원에서 하였다. 이날 모인 인원이 약 5,000명 정도였다. 당시 기록을 보면

> 모여든 한국인과 일본인 약 5,000여 명으로 온 산이 발 디딜 틈 없이 가득하고 양춘의 햇살이 따뜻하게 비추는 가운데 흑백의 옷을 입은 사람들이 오가는 모습은 글로 다 표현하기 어렵나. 실로 새롭게 태어나

는 영산靈山에 한층 광영을 더하고 있다. 이리하여 한국인과 일본인 소년들의 경주가 추첨장 뒷편 낮은 산 위에서 시작되고 소년들은 내가 질까보냐 선두를 다투며 자웅을 겨루기를 십수 회. 평지에서는 누구에게도 뒤지지 않는 용사들의 격검 시합이 시작되었다. 누군가는 승리하고 누군가는 패하는 단 한번의 시합에서 치고 받고 싸우기를 십수 합. 그런 용사들도 결국 지쳐 끝을 본 시각이 오후 4시였다. 이윽고 만산滿山의 관객들이 저마다 1등 행운을 얻고자 추첨장으로 빽빽하게 모여들었다. 추첨은 오후 5시경에 시작하여 다음과 같이 1, 2, 3등 당첨자가 정해졌다.

1등 서문 안 기생 오옥경吳玉景

2등 김백여金柏汝, 야마시타 사카에山下サカエ

3등 부산 다카마쓰 요시에高松芳江, 동문 안 손문옥孫文玉, 부산 스에자와 요이치末澤與市, 남산동 박성초朴成初, 동문 밖 우에다 리키마쓰上田力松

69. 공원 시설에 숨은 비극

이상적인 유원지

고베神戸에 어떤 농사회사가 있었다. 지금은 회사 이름이 잘 기억나지 않으나 그 회사에서 3년생 정도 되는 소나무와 벚나무, 단풍나무 묘목 6만 그루 정도를 대구로 보냈다. 수취인은 없었다. 묘목인데다가 오래 방치하면 말라서 쓸모없어지니 가마쿠라 미요키鎌倉三代記라는 회사의 대표자가 대구로 와서 이와세岩瀨와 교섭하여 300원 아니면 400원으로 기성회가 그 묘목을 매수하여 공원 주변 안팎과 산에 심기로 하였다. 현재 공원을 푸르게 만들고 있는 소나무는 수령이 30년 정도로 모두 그때 심은 것들이다. 때는 이른 봄, 식수에는 절호의 계절이라 미와 조테쓰三輪如鐵를 파견하여 차입금으로 노송나무, 벚나무, 단풍나무, 철쭉 등을 사도록 하였다. 당시 심은 나무들이 금액으로 2,000여 원 정도였다. 그 후에도 여러차례 나무를 심었다. 당시 공원 경영의 이상은 단풍나무 계곡을 만들고 싸리와 창포 꽃밭, 철쭉 화단, 벚꽃 터널, 벚나무 마장馬場을 만들어 남한 제일의 유원지로 조성하는 것이었다. 이듬해에는 요시노芳野, 야에八重, 우콘右近종의 벚나무가 꽃을 피워 대구 사람들의 눈을 즐겁게 하였다.

미와三輪의 품성

공원을 경영하고 인부를 부리는 일은 미와가 항상 앞장서서 했다. 처음부터 보수도 없이 희생적으로 일했다. 미와 조테쓰三輪如鐵는 크리스천으로 매우 정직한 사람

▶ 미와 조테쓰

이었다. 그렇게 정직한 반면 마음에 여유가 없었다. 감정을 건드리면 누구와도 싸우는 성질이어서 아무리 절친한 사이라도 항상 어느 정도 조심하였다. 그만큼 본인에게도 손해를 끼치는 천성이었다. 여기에다 주벽酒癖까지 있어 화를 불러오기도 하였다. 변호사이자 법학사인 하라타 다카히로原田隆弘라는 사람과 미와는 서로 두텁게 교제하며 항상 경의를 표하곤 하였는데, 술자리에서 미와가 하라타의 오른손 엄지손가락을 물어뜯는 뜻밖의 짓을 저지른 적이 있었다. 술이 깨자 울면서 하라타에게 사죄하고 오랫동안 하라타를 위해 간병했을 정도로 품성은 선하고 도리에 어긋나는 일은 하지 못하는 포근한 인정미가 있는 사람이었다. 초창기부터 제1기 대구의 발전을 이루기까지 자기 몸을 돌보지 않고 헌신한 사람이었다. 1912년에 『대구일반大邱一班』이라는 400쪽 정도의 단행본을 저술하였다.

내가 조사위원

공원 기성회를 조직한 초창기에 그 생각대로 행동하는 미와에게 한가지 난제가 불거졌다. 그것은 화훼를 구입할 때 미와가 부정 행위를 했다는 것이었다. 화훼를 구입한 곳은 시모노세키시의 와라쿠엔和樂園이라는 곳이었다. 그 문제로 시끄러워지자 기성회에서는 조사위원을 선출하여 진상을 규명하기로 하였는데 내가 그 조사위원으로 추전받았다. 미와는 이와세파의 투사이고 나는 반 이와세파의 총수격이었으니, 그런 나를 위원으로 추천한 것은 다소 얄궂기는 하였으나 선출되었으니 사퇴할 수도 없었다. 시시비비를 가리는 데 총력을 기울이겠다는 생각으로 나는 그 조사에 임했다. 사실 나를 선출하기 전에 먼저 이 사람 저 사람 인선해 보았으나 모두 거절하여 결국 내가 당첨된 것이었다. 조사 결과 부정 행위는 없었다. 다만 미와의 과실이라면 과실이라 할 수 있는 것이 기성회 화훼구입 외에 자택에서 사용할 용도로 따로 80여원 정도의 금액을 주고 묘목을 구입하여 자택으로 보낸 것이었다. 이따금 묘목들이 미와의 집으로 들어가는 것을 본 사람들이 미와가 공원 묘목을 멋대로 가로챘다고 말하고 다닌 것이었다. 그것도 조사해 보니 미와 자신이 계산한 것으로 기성회와는 아무 관계도 없었다. 그래서 그 사실을 있는 그대로 보고하였고 미와의 억울한 누명은 벗겨졌다. 미와는 내 손을 붙들고 울면서 기뻐할 정도였으나 그 다음 날부터는 다시 반목反目하였다. 봄이면 신록이 우거지고 여름이면 녹음 속 시원한 바람, 가을이면 달맞이를 즐기는 공원 조성에 이러한 비극도 벌어졌던 것이다. 당시 심은 벚나무는 성장하여 해마다 꽃을 피웠으나 토지가 건조한 탓에 점차 말라죽었다. 다행히 살아있는 벚나무는 크게 자라 수령이 벌써 대략 30년 정도에 달하였다. 수목 보호에는 야스마쓰 구마키치安松熊吉가 헌신적으로 노력했다. 복권은 그 시대가 아니었다면 할 수 없는 대담한 일로, 빈약하나마 달성공원이 오늘날과 같은 풍취를 지닐 수 있게 된 것은 당시 사람들이 그렇게 노력한 덕택이었다. 민단과 부府에서 조성한 공공 시설은 모두 최근의 일에 속한다.

70. 이와세 민장, 가게야마 조역 시대

기성회의 해산

달성공원 경영에 기성회가 큰 공헌을 했다는 것은 말할 필요도 없다. 또한 그 시대에 그러한 방법을 생각해내지 않았다면 그만한 자금을 어렵지 않게 만드는 것도 불가능했을 것이다. 하지만 한편으로는 이와세파와 반 이와세파로 나뉘어 극단적으로 알력이 심했다. 그래서 사무원이 무분별하게 부정 사실을 전해주기도 했다. 그리고 그해 6월에 대구농공은행 지배인인 쓰치야 히코타로土屋彦太郎가 경질되면서 또 한 가지 불미스러운 사건이 불거졌다. 그 사건이란 이노우에 소노스케井上宗之助 서기장이 대구농공은행이 처분하는 담보물 중에서 썩은 매약賣藥을 사서 기성회에 팔아 이익을 취한 일을 말한다. 그리고 이노우에 개인이 계산해야 하는 농공은행과의 대차貸借 관계에서 기성회 대표자가 차주借主로 되어 있었다. 물론 다른 간부들과는 아무 관계도 없었으나 그 외 계산상 다른 불미스러운 일도 드러났다. 이노우에가 변상하고 해결은 하였으나 세간의 풍문이 시끄럽자 우지노 도쿠타로氏野徳太郎 이사관이 1907년 7월 부임하고 얼마 되지 않아 기성회에 해산을 명령했다. 기성회의 복권은 5회로 끝났다. 농공은행의 쓰치야 지배인이 의주로 전임간 후 이시이 미쓰오石井光雄가 부임했다.

▶ 한복 입은 당시 대구일일신문사 사장 마키노 슈

대구일일신문

1906년 1월에 『대구실업신문』은 『대구신보大邱新報』로 제호를 바꾸고 오키타 스테지로沖田棄次郎가 편집을 맡았으나 2개월 만에 사퇴하고 한동안 후임자를 찾지 못해 1개월 정도 휴간하였다. 마키노牧野가 경영을 맡으면서 그해 11월 다시 제호를 바꾸어 『대구일일신문』이 되었다. 당시 경영자는 가고시마현 출신의 사카모토 준阪本淳이라는 사람이었다. 사카모토는 4개월 만에 앞서 서술한 북문 밖 대화재와 관련되어 퇴한처분을 받아 1907년 2월 대구를 떠났다. 그래서 『대구일일신문』은 다시 중단되었다. 사주인 마키노 슈牧野周는 신문 경영에는 어울리지 않는 사람이었으나 어쩔 수 없이 네 번째로 신문에 손을 대게 되었다. 역시나 경영은 순조롭지 않았다. 1907년 8월 21일부터 신문 사업 일체를 오키타 스테지로에게 맡겼다. 1907년 4, 5월 무렵 대구일일신문사는 갑자기 사옥을 이전하게 되었다. 그때까지 오구라 다케노스케小倉武之助의 저택 부지 안쪽에 있던 관유건물을 빌려 사옥으로 사용하였는데 오구라가 그 토지와 건물을 사들인 탓에 퇴거해야만 했던 것이다. 그로 인해 마키노는 심기가 불편해져 오구라는 물론 이와세와도 불화가 빚어졌으며 동시에 신문의 논조도 이와세 공격으로 일관했다.

맹렬한 공격

당시의 신문 기사는 지금 다시 살펴보면 어지간히 뻔뻔스럽게 썼구나 싶을 정도로 형편없었다. 지금 세간에서 지탄하는 악덕 신문도 쓰지 않는 것을 당시에는 기사라고 썼던 것이다. 단지 『대구일일신문』만이 아니라 대부분의 신문들이 이런 상황이었다. 신문의 논조가 물 만난 물고기 같았으니, 대구의 분란을 더욱 부채질했다는 느낌도 든다. 당시에는 무엇을 하든 이와세 중심이었고 민단의 정사政事 역시 가게야마 민장이 아닌 이와세 중심으로 움직이는 것처럼 보였으므로 오키타는 '이와세 민장, 가게야마 조역'이라는 제목으로 3회에 걸쳐 사설을 게재하며 맹렬하게 공격하였다. 당시 동쪽 방면은 빠르게 확장되며 눈부시게 발전했다. 동인의원이 설치되고 이사청 건축이 시작되었으며 탁지부의 묘포苗圃 2만여 평이 매수되었다. 그 매수에 나선 사람이 바로 이와세와 서상돈 등이었다. 그래서 '공익을 희생하여 사익을 꾀한다'는 식으로 오키타 등의 편견이 다분히 기사에 반영된 것도 사실이었다. 묘포는 경찰부장 관사, 지사 관사에서부터 운동장, 전 잠업강습소 부지 일대였다. 이와세의 말에 따르면 묘포 용지는 평균 1평에 50전으로 매수하여 38전에 팔았으니 크게 희생했으면 희생했지 이익을 본 것은 아니라고 하였다. 하지만 그 실상을 모르는 사람이 보기에는 이와세 혼자 이익을 얻은 것처럼 비쳤는지 어쨌든 당시 신문은 이와세를 공격하는 데 열심이었다. 누군가 이것을 거창하게 정쟁이라 이름붙였는데 이 정쟁의 중심은 회의소로 옮아갔다. 기성회의 부정으로 이노우에 서기장에게 책임을 묻고 결국 이와세로 하여금 회의소 회장직에서 물러나게 하였다. 그와 동시에 상업회의소 무용론이 물 끓듯 대두되었다. 이때부터 다음 해인 1908년 8, 9월까지가 분란의 대구라고 낙인찍힌 시기이다.

71. 관공서의 정비와 그 인물

관공서의 정비

1907년 3월 당시 대구의 관공서와 단체의 직원은 다음과 같다. 번잡하게도 경찰이 이사청 경찰서와 경무고문 지부, 경북경찰서로 세 곳이나 있었다.

▶ 오노 쇼자부로

대구이사청

이사관 나카오지 마사오中大路正雄, 부이사관 오카모토 리헤이岡本利平, 속屬 다카시마 고하치高島五八, 오다 센織田選, 다키하라 기타로瀧原儀太郎

이사청 경찰

경부 오하타 조大畠丞, 후루야 사다조古屋貞藏

대구수비대

대장 중위 아카쿠라 야타로赤倉彌太郎, 소위 에이 산타로江伊三太郎

경무고문 지부

경시 이다 아키라飯田章, 경부 우메자키 신타로梅崎辰太郎

재정고문 지부

재무감찰관 가와카미 쓰네오川上常郎, 재무보좌관 야마다 슈조山田周藏, 보자관보 사이토 헤이키치斎藤兵吉

대구우편국

오노 쇼자부로

국장 야기 다쓰마八木辰馬, 서기 다카누키 세이치高貫政一, 미하라 나오유키三原直之, 사사마 조笹間定, 쓰치야 시게사쿠土屋重作, 기수 구니노주 긴지로國の十金次郎

대구역

역장 오카무라 마사오岡村正雄, 조역 다카야마 히데오高山英男, 노다 히코지로野田彦次郎, 모로네 젠조諸根善藏, 요시노 긴사쿠吉野金作

대구민단

민단장 가게야마 히데키影山秀樹, 조역 겸 회계 도쿠라 소로쿠戸倉十六

거류민회 의원

스다 산페이須田三平, 나카에 고로헤이中江五郎平, 후지이 만지로藤井萬次郎, 마스다 도라타增田虎太, 스기하라 신키치杉原新吉, 시모다 고키치霜田語吉, 기도 다다지로城戸唯次郎, 야스마쓰 구마키치安松熊吉, 오구라 다케노스케小倉武之助, 사이토 요시조齊藤芳造, 와타나베 히스루渡邊比, 한 명 결원

도로위원회

오구라 다케노스케小倉武之助, 요시다 주이치로吉田壽一郎, 오쿠보 다사부로大久保太三郎, 마치다 규고町田久吾, 요시다 사시치吉田佐七, 가미모리 겐자부로神守源三郎, 이와세 시즈카岩瀬靜, 나카에 고로헤이中江五郎平, 도쿠라 소로쿠戸倉十六, 마스다 도라타增田虎太, 가와이 아사오河井朝雄, 세노 히사타로妹尾久太郎

대구농회

회장 나카하라 후사이치中原房一, 평의원 스다 산페

이須田三平, 야마다 시게루山田茂, 요시다 주이치로吉田壽一郎, 나가에 후쿠조長永福藏, 야기 마쓰타로八木松太郎

상업회의소

회장 이와세 시즈카岩瀨靜, 부회장 아오키 시게노부靑木重信, 상치위원 나카자와 덴노스케中澤傳之助, 오노 미네지로大野峯次郎, 와카바야시 세이스케若林誠助, 가와이 아사오河井朝雄

상업회의소 의원

오노 미네지로大野峯次郎, 와카바야시 세이스케若林誠助, 이와세 시즈카岩瀨靜, 아오키 시게노부靑木重信, 가와이 아사오河井朝雄, 쓰치야 히코타로土屋彦太郎, 와타나베 히스루渡邊比, 이노우에 다쓰지로井上達次郎, 나카에 고로헤이中江五郎平, 이즈미 스에지泉末治, 나카자와 덴노스케中澤傳之助, 야스마쓰 구마키치安松熊吉, 기무라 다케타로木村竹太郎, 다무라 도미조田村富藏

달성공원 기성회

회장 이와세 시즈카岩瀨靜, 부회장 서병오徐丙五, 간사 나카에 고로헤이中江五郎平, 오구라 다케노스케小倉武之助, 쓰치야 히코타로土屋彦太郎, 니시모토 민조西本民城, 이석진李錫珍

달성학교

교장 윤필오尹弼五, 교사 기쿠카와 게이운菊川溪雲

대구보통학교

교장 엄성구嚴星九, 교사 니시야마 유스케西山熊助

대구소학교

교장 마에다 아쓰시前田篤志, 교원 히와타시 세이에

이樋渡清榮

대구동인의원

원장 이케가미 시로池上四郎, 부원장 후지나와 분준藤縄文順, 의원 후쿠타케 쇼조福武庄藏, 약제사 스즈키 하치로鈴木八郎

경북관찰도

관찰사 이충구李忠求, 참서관 백남준白南俊, 세무관 민영직閔泳直

경북재판소

검사 육종만陸鍾晩

법무보좌관 마쓰시타 나오미松下直美

대구군수

박중양朴重陽

경북 경무서

경무관 박준효朴準孝

진위대 제3대대

대장 참령 양재훈梁在薰, 정위 나적羅鏑, 부관 원은상元殷常

양지과量地課 출장소

기사 나카타 사부로中田三郎, 기수 오노 쇼자부로大野庄三郎

치도국

촉탁기사 나카기리 하루타로中桐春太郎, 기수 하세가와 야소키치長谷川八十吉

대구농공은행

감독관 지배인 쓰치야 히코타로土屋彦太郎, 서기 고

야마 시치로小山七郎, 고즈마 도시히데高妻俊秀

제일은행 출장소

주임 이즈미 스에지泉末治 서기 오우라 다스케大浦佐

혼파 혼간지本派本願寺

후카와 고테쓰府川宏哲

정토종 포교소

사토 겐쇼佐藤玄性

서문 우편소

히로우치 시게키치廣内繁吉

성공한 경관

위의 직원록은 1907년 3월 당시의 것을 발췌한 것이다. 순사급, 경북 각지의 분견소分遣所, 우편국, 우편취급소장, 역장 등은 생략하였다. 당시 경무고문 지부의 순사부장이었던 우에마쓰 조마쓰上松長松는 작년까지 영덕군 강구에 거주하다 작년 가을 대구로 이주했다. 당시 경주 분견소장 경부 마쓰나가 후사시치松永房七는 현재 안동에 거주하고 있는데 두 사람 모두 성공한 인물이다. 이충구 관찰사가 3월에 부임하자 관찰사 서리를 겸직하던 박중양은 대구 군수를 전임專任하게 되었다. 대구 군아는 최근까지 본정本町에 남아있었다. 대구소방대 건물이 있던 부지는 현재 대구경찰서 구내로 들어가 있다. 이충구 관찰사는 관찰사 서리 박중양이 힘을 기울여 적폐를 제거하고 쓸데없는 인원을 정리한 뒤에 부임했으므로, 도정이 어느 정도 개선되어 있었다.

박중양의 평남 전출

박중양은 1907년 6월에 대구 군수에서 일약 평안남도 관찰사로 임명받았다가 다음해인 1908년 6월에 경상북도 관찰사로 전임하여 대구로 금의환향하였다.

72. 국기사건과 그 시대의 사건들

▧ 권상장勸商場 설치

대구역 앞에 우편국이 신축되면서 다소 체재가 정비되었다. 1907년 1월 말에는 그 우편국 옆에 순사 파출소가 생기면서 어느 정도 도시적인 분위기가 풍겼다. 대구 측후소도 이때 설치되었다. 1907년 2월 1일에 한국 정부는 칙령 제7호로 농상공부 측후소 관제官制를 발포하여 제일 먼저 인천에, 다음으로 경성, 평양, 대구 네 곳에 측후소를 설치하였다. 초대 소장으로 하치야 겐蜂屋謙이 1908년 4월까지 근무하였고 2대 소장이 현재의 부산 측후소장인 후쿠다 가쿠헤이福田覺平이다. 후쿠다는 1913년 6월까지 근무했다. 측후소의 최초 위치는 본정本町 소학교 앞이었다. 현 청사는 1916년에 완공된 것이다. 3월에 극장 니시키좌錦座가 생기고 얼마 뒤 대구 권상장勸商場이 설치되었다. 그 위치는 동성정東城町 대구 염매소廉賣所 북쪽으로 동양기업주식회사 맞은편이었다. 아래층은 권상장, 위층은 요세寄席[91]로 이용했다. 권상장의 사무원은 오카야마현 사람인 니시야마 쓰루키치西山鶴吉로 당시 중개업을 했는데 남을 잘 도와주던 뛰어난 사람으로 유명했다. 당시 일본에서는 각 도시마다 권상장이 유행하였다. 대구는 사람이 적었던 시절이어서 수급 관계상 당장 필요한 것은 아니었으나 부근의 사람들이 그 방면

---

91 사람을 모아 돈을 받고 만담·야담 등을 들려 주는 대중적 연예장.

의 발전을 위해 무진계無盡講[92]를 조직하여 실현시켰다고 한다. 무진계는 1907년 무렵부터 1912년 경까지 상당히 많이 이용되어 어떤 사람은 50구좌 정도 가입하여 매일 40, 50원을 납부하기도 했다고 한다. 무진계는 지극히 간편한 금융조직임에 틀림없으나 대개 서로 보증 관계를 맺고 있어 함께 망하는 등 결과가 좋지 못했다. 1912년 무렵에 무진단속규칙이 만들어질 때까지 번성했다.

야마지山道에 대한 기억

권상장 위층의 요세는 상당히 유용하게 이용되었다. 개업하고 얼마 지나지 않은 그해 말에 경성에서 국기모독사건이 벌어졌다. 당시 한성의 신문기자들은 분개하여 팔을 걷어붙이고 격렬한 논조로 한국 정부를 비난했다. 먼저 경성, 다음으로 평양과 대구 세 곳에서 연설회를 열어 비통한 심정을 부르짖었다. 당시의 변사辯士는 『대한일보』 주필 야마지 조이치山道襄一, 『조선신보』 사장 이마이 다다오今井忠雄 등이었다. 야마지는 현재 민정당民政黨 총무로 한창 활동하기 전에는 철도 차관이었고 도쿄에서 상당한 지위에 있었다. 다음으로 1909년 소네曾禰 통감 시대에 3세폐지三稅廢止문제가 일어났을 때도 이 요세가 이용되었다. 그 외에도 상당히 편리하게 이용되다가 1911년 무렵 결국 폐쇄되고 건물도 철거되었다. 1907년 3월 소학교가 완공되어 3월 2일에 새 교사校舍로 이전하였다. 교장 마에다 아쓰시前田篤志, 교원 히와타시 세이

92 민간 상호신용계를 말한다.

에이樋渡清榮, 니시야마 쓰네西山ツネ, 시타가와 하루下川ハル, 모리야 다쓰조守屋達城 5명에 교실은 5개였고 학생 수는 145명이었다. 이어서 대구유치원도 개원하였다.

일본적십자사

대구에서 일본적십자사, 애국부인회 지부 및 위원부는 1906년 12월에 창립하였다. 당시에는 '일본적십자사 한국특별위원부지부'라고 하였고 애국부인회도 비슷한 명칭이었다. 사무소를 이사청 내에 두었는데 회원은 30명에 불과했다. 1907년 1월에 위원장으로 나카오지 마사오中大路正雄, 부위원장에 오카모토 리헤이岡本利平, 가게야마 히데키影山秀樹가 위촉되었고 같은 해 2월에 다음과 같이 20명의 협찬위원이 구성되면서 회무의 진전에 기여했다.

> 스다 산페이須田三平, 도쿠라 소로쿠 戶倉十六, 이와세 시즈카岩瀨靜, 오구라 다케노스케小倉武之助, 마에카와 도모지前川知二, 와타나베 히스루渡邊比, 시모다 고키치霜田語吉, 이노우에 다쓰지로井上達次郎, 사카이 만지로堺萬次郎, 쓰치야 히코타로土屋彦太郎, 구로카와 엔지黒川圓治, 박중양朴重陽, 나카에 고로헤이中江五郎平, 마스다 도라타增田虎太, 이즈미 스에지泉末治, 마치다 규고町田久吾, 나카자와 덴노스케中澤傳之助, 가와이 아사오河井朝雄, 쓰지 소노지로辻園次郎, 후지나와 분준藤縄文順

73. 히메지姬路 51연대 수비 시대

▧ 이충구 관찰사

1907년 4월 12일 신임 경상북도관찰사 이충구의 취임 피로연이 '야마토'에서 열렸다. 초대받은 사람은 한국인과 일본인 관민 80명으로, 이 관찰사의 인사와 나카오지中大路 이사관의 감사인사 등으로 성회를 이루었다. 이 행사는 종래 한국 지방관의 취임 인사와는 다른 새로운 형식을 만들었다. 보호정치가 투철하게 진행되면서 한국 고관들도 이를 자각하게 되었다는 점과 쓸데없이 거만하게 굴던 관리의 모습에서 벗어나 점차 민중과 가까이할 기회를 추구하고 있다는 점을 여실히 보여주었다. 이 관찰사의 피로연은 우리 일본인들에게 상당히 호감을 준 행사였다.

▧ 대구묘포苗圃 개시

한국 농상공부 대구임업묘포는 앞서 서술한 바와 같이 용지 매수가 끝났으므로 사업에 착수하였는데 주임으로 모리타 로쿠오守田六男, 기수로 이토 구마사부로伊藤熊三郎 등이 취임했다. 대구역장으로 2년여 근무했던 오카무라 마사오岡村正雄는 초량 운수사무소로 발령받아 4월 13일에 부임했다.

▧ 역 앞 철도용지

대구거류민단은 역 앞 철도용지 6,800평을 차용하여 희망자에게 전대轉貸하기로 하였다. 대구세관을 기점으로 동쪽 일대는 며칠 안되어 땅을 빌리려는 신청이 들어오더니 20여 호의 일본식 기와집이 들어서면서 원정元町에서 역 앞 일대로 상가의 중심이 옮겨지는 것 아닌가 하는 생각이 들 정도였다. 민단은 이 전대 사업으로 2,000원 정도의 재원을 얻어 한동안 여유가 있었다.

전성기의 금정錦町

당시부터 지금까지 금정錦町의 철도용지 쪽에 살면서 번창한 사람들로 야마구치山口 상회의 구로카와 엔지黒川圓治, 사토佐藤 잡화점의 사토 료헤이佐藤良平, 이마카네야今金屋 간장양조점의 야마다 기쿠지로山田菊次郎 등이 있다. 1912년 무렵에는 마치다 사타오町田佐太夫라는 사람이 운영하는 자구리座繰[93] 제사공장도 있었다. 1913년 철도용지가 철도국으로 환수되면서 퇴거 명령이 내려져 역 앞 일대는 적막해졌다.

▶ 금정에 거주할 때의 사토 료헤이

매우 험악해진 민심

1907년 3, 4월 무렵부터 경성을 중심으로 전도全道의 민심이 매우 악화되었다. 군부郡部 각지에서 폭도가 봉기하여 경무고문부에서는 경관대를 조직했다. 이다飯田 경시는 직접 토벌에 나섰다가 대구로 돌아와서는 때때로 거류민들을 모아 그때의 이야기를 들려주곤 하였다. 한국의 정치 정세가 예사롭지 않다는 것을 우리도 느낄 수

---

93 누에고치에서 뽑아낸 명주실을 얼레에 감아주는 일, 또는 그 기구

있을 만큼 노골적인 민족운동이 자주 벌어졌다.

제51연대

이때 마침 남한 수비를 위해 히메지姬路 보병 제51연대가 대구에 주둔했다. 4월 15일은 51연대의 군기 배수拜受 3주년이 되는 날이므로 당일 성대한 기념일 축전을 겸하여 군기제軍旗祭를 거행하고 여흥으로 연극 공연도 벌어졌다. 보병 제51연대는 대구에 4개월 정도 주둔했다. 51연대 병력만으로는 폭도 소탕이 어려워 동년 8월에 고쿠라小倉 제12여단 사령부가 대구에 설치되어 요다 히로타로依田廣太郎 소장이 사령관으로 취임했다. 14연대장으로는 기쿠치 슈덴菊池主殿이라는 육군 대좌가 취임했다. 시끌시끌한 폭도 토벌은 이때부터 시작되었다.

대구 경주간 도로

대구 경주간 도로는 탁지부 치도국의 직영直營으로 한국 정부가 시공하였다. 거기에 경주에서 연일포항까지 연장하여 지금은 조선 전도에서도 평탄한 도로로 유명하다. 도로부지는 1907년 4, 5월 무렵부터 매수하여 공사에 착수하였는데 한국인 토지소유자에게는 매수 대금을 지불하고 일본인 소유자에게는 공공성을 강조하며 기부하기를 권유했다. 그러자 이번에는 반대로 일본인 측에서 물의를 일으켰다. 선두에 서서 반대한 사람은 니시모토 민조西本民城이다. 그의 토지는 약 7단보 정도 수용되었다. 경무고문 이다飯田 경시는 수원으로 전임되고 나가타니 다카시永谷隆志가 5월 중순에 부임했다.

74. 헤이그 밀사 사건과 정치 관계

소위 헤이그 밀사 사건은 한국의 국정에 커다란 영향을 끼친 사건으로, 그와 관련하여 한국 황제의 양위, 한국 군대의 해산, 의병과 폭도의 봉기, 대구 주둔 제12여단의 대활동 대소탕의 개시, 이어진 임시한국파견대가 제12여단을 대신하여 대구에 사령부를 설치하는 등, 이 헤이그 밀사 사건이 간접적으로 대구의 발전과 관련된 부분도 적지 않으므로 3회에 걸쳐 간단히 그 요지를 서술하고자 한다.

▶ 당시의 한국 황제, 후의 이태왕 전하

이완용내각 성립

박제순 내각은 유무상통有無相通[94]했던 친일당이었으나 내외의 기대를 실추시켜 일진회조차 이들에게 공격의 화살을 겨누었다. 박제순은 사면초가 속에서 물러날 결심을 하고 이토 통감에게 승인을 요청했다. 이미 정계의 사정상 이들을 유임시키는 것은 어렵다고 보고 통감은 결국 그 뜻을 수용하여 1907년 5월 20일에 고쿠부国分 비서관을 박제순에게 보내 사임 승인을 통지했다. 다음 날인 21일 박제순은 궐하闕下[95]에 사표를 받들어 올리며

94 있는 것과 없는 것을 서로 융통함
95 대궐 아래라는 뜻으로, 임금의 앞을 이르는 말

걸해乞骸[96]를 청하였고 이어서 다른 6명의 대신들도 같은 날 밤 사표를 제출하였다. 이들의 사표에는 곧장 칙허勅許가 내려졌고 박제순 내각이 와해됨과 동시에 후계 내각 문제가 떠올랐다. 이토 통감의 주선으로 이완용에게 어명이 내려지며 5월 22일 급전직하로 이완용내각이 성립되었다.

의정부 참정대신 이완용
내부대신 임선준
군부대신 이병무
학부대신 이재곤

법부, 탁지부 대신은 중임, 농상공부 대신은 임명하지 않은 채 이 참정대신이 겸직하기로 하였는데 25일에 다시 내각 일부를 경질하였다.

농상공부대신 송병준
법무대신 조중응
탁지부대신 고영희

송병준은 노다 헤이지로野田平次郎라는 이름으로도 불렸는데 일진회의 수령으로 한말이 낳은 일대 괴걸怪傑[97]

---

96 늙은 재상이 벼슬을 내놓고 은퇴하기를 임금에게 주청하다. 심신은 임금께 바친 것이지만 해골만은 돌려달라는 뜻으로, 『사기(史記)』의 「평진후전(平津侯傳)」에 나오는 말이다.

97 괴상할 정도로 재주나 힘이 뛰어남. 또는 그런 사람

이다. 이토 통감의 신임이 두터웠던 사람이다. 일진회는 이때부터 정부와 연계되었고 당시 이완용내각은 사실상 이-송 연립내각이었다.

밀사의 등장

1907년 6월 네덜란드의 헤이그에서 세계 평화와 인류의 복지를 표방하는 제2회 만국평화회의가 개최되었다. 세계 평화를 확립하고 문명의 광휘를 후세에 밝게 비추고자 열강 위원들이 모여들어 여러 제안을 심의하는 자리에 돌연 한국의 사절이라는 자들이 나타나 세상을 놀라게 하였다. 때는 1907년 6월 말, 말할 것도 없이 한국의 외교는 1905년의 협약에 따라 일본이 완전히 관장하고 있었으므로 이 회의에 한국 사절이 나올 입장도 아니었고 물론 회의에 나올 이유도 없었다. 나와서는 안되는 자들이 나타났으니 소동이 벌어졌다. 소위 밀사의 임무를 띠고 헤이그에 나타난 한국인들은 1905년 협약 당시 배일적 망동으로 면직된 전 의정부 참찬내각 서기관장에 해당 이상설, 1907년 황태자 경축 특사特赦의 불공평함을 법부 대신에게 주장하여 경골硬骨로 이름을 알린 전 평리원 검사 이준, 전 주러공사관 서기관 이위종, 이렇게 모두 3명이다. 이상설과 이준은 4월 20일 비밀리에 경성을 출발하여 함경도에서 블라디보스토크로 나와 시베리아 철도를 타고 러시아의 수도인 페테르부르크에 도착하여 그곳에서 이위종과 합류해 함께 헤이그에 도착하였다. 이상설은 경성을 출발하기 전에 친히 한국 황제를 알현하여 신임장과 함께 두터운 칙이를 받았다고 한다. 그들의 사명은 한국이 제2회 평화회의에 참석 통고를 받지 못한 데 항의하고 다시금 참석을 요구하는 데 있다고 주장하고 있으나 그 이면에는 다른 이유가 있었다. 1905년의 한일협약은 한국 황제가 승인한 것이 아니며 실제로 황제의 조인이 없으므로 합법적으로 성립한 것이 아니기 때문에 그 무효를 진정하여 열국의 보호를 얻어 일본의 종주권을 유린하고자 하는 야심이 숨겨져 있었던 것이다.

밀사 모두 실패

그래서 먼저 평화회의 의장인 러시아 위원을 방문했으나 그들의 운동이 무용無用하며 결코 이루어질 수 없다는 설득을 들어야 했다. 하지만 그들 3인은 더욱 열심히 영국, 미국, 프랑스 등 여러 나라의 위원들을 방문하여 애처롭게 호소하였다. 그러나 필사적으로 벌인 이 운동은 온갖 수단과 방법을 동원한 보람도 없이 일말의 수포로 돌아갔다. 이준은 병사하고 이상설과 이위종은 일이 뜻대로 되지 않자 맥없이 헤이그를 떠나 미국으로 도항하였다.

75. 송병준의 직간直諫에 두려워한 대신들

선수 친 통감

밀사들이 이래저래 평화회의를 휘저으며 망동을 하는 동안 그 행동이 한국 조정에 매일 잇따라 통신으로 전해졌다. 그리고 열국列國의 비웃음 속에 그 사명이 완전히 능욕당했다는 비보가 전해지면서 한국 조정의 상하는 아연실색하였다. 어떻게든 이 국면에서 미봉책이라도 마련해야 하는데도 표면적으로는 잠잠하게 아무 파란도 보이지 않고 수일이 지나갔다. 7월 3일, 이토 통감은 때마침 인천항에 입항한 연습함대의 사령관 도미오카富岡 중장 이하 해군장교 일행을 대동하고 입궐하였다. 그리고는 비로소 궁내부 예식과장 고의경을 불러 헤이그에서 온 상세한 전보의 사본을 주면서 을야지람乙夜之覽[98] 시간에 올리도록 하였다. 또한 폐하께서 이런 식으로 일본의 보호권을 유린하기보다는 차라리 확실하게 선전을 포고하는 편이 빠를 것이라는 한 마디를 남기고 퇴궐하였다. 궐내에 감돌던 어떤 두려움에 불을 붙인 듯, 일본이 결국 이 문제에 대해 강경한 태도로 나올 것이라 판단하고 갑자기 당황하기 시작했다.

내각의 대책

이완용 내각은 아직 밀사 사건을 언급하지 않은 채 초

98 임금이 밤에 독서하는 일. 임금이 낮에는 정사를 보고 자기 전인 을야(乙夜), 곧 밤 9시부터 11시까지 책을 읽는다고 하여 생겨난 말이다

▶ 송병준 사삭

연하게 궐내의 형세를 관망하고 있었다. 원래 이 문제는 내각이 관여한 것도 아니므로 정부가 나서서 그 문제에 휩쓸리게 되는 것을 원치 않았으나 사태가 너무 커지자 국가의 존망이 걸린 위급한 때라고 보고 무엇인가 대책을 강구해야만 했다. 7월 6일 각 대신들이 모두 입궐하여 어전에서 각의閣議를 열었다. 이날 입궐한 대신은 총리대신 이완용, 내부대신 임선준, 농상공부대신 송병준, 법부대신 조중응, 학부대신 이재곤, 탁지부대신 고영희, 군부대신 이병무 등 7명으로, 한국 황제의 어전에 나와 이제 간언을 드려야 함에도 서로 얼굴만 쳐다보고 입을 여는 자는 아무도 없었다고 한다. 결국 농상공부대신 송병준이 나서서 배복하며 말하기를

헤이그 밀사 사건은 이제 정치적으로 중대한 문제를 불러와 일본 정부가 특히 강경하게 항의하며 우리나라의 책임을 묻고자 하니 황실과 사직社稷이 급박한 위기에 처하게 되었습니다. 일이 여기에 이르렀으니 폐하께서 조종祖宗을 높이 받들고 사직을 애호愛護하신다면 참지 못할 일을 참으시고 단연히 결단하시기를 신 그저 교망翹望[99]할 따름이옵니다.

---

99 몹시 기다림

라고 말씀을 올리자 한국 황제는 고개를 끄덕이며

"참으로 경들의 말과 같다. 이제 경들이 생각하는 대책을 기탄없이 말해보라."

라고 하자 송병준이

"신에게 두 가지 대책이 있습니다. 하지만 폐하께서는 도저히 이를 받아들일 수 없으실 것입니다…"

무슨 말이든 상관 없으니 말해보라며 황제가 재촉하자 송병준은 그러하시다면 하면서 무릎을 꿇은 채 앞으로 나가

"이번 일은 완전히 폐하께서 만려일실萬慮一失[100]하신 일이 명백하므로 폐하 스스로 어가御駕를 도쿄로 향하시어 일본 천황폐하께 사죄의 예를 올리시든가, 그렇지 않으면 대한문 앞에서 하세가와長谷川 대장을 맞아 면박面縛[101] 하시어 항복하시는 길 뿐이옵니다."

라고 거침없이 말하였다. 폐하께 사죄를 청하든가 그렇지 않으면 전쟁을 벌여 패배의 오욕을 감내해야 한다고 직언한 것이다. 황제는 격노하여 안색마저 험악해지며

"아, 짐이 농상 송병준의 인물을 잘못 보았구나, 짐이 경을 몇 년만 빨리 중용하였더라면 황실과 사직을 오늘과 같은 절박한 위기에 처하도록 하는 일은 없었을 것을."

---

100 한나라 고조의 천려일실(千慮一失) 고사에서 가져온 말로 아무리 지혜로운 사람이라도 많은 생각을 하다 보면 한 가지 실수는 하기 마련이라는 뜻

101 두 손을 등 뒤로 돌려 묶고 얼굴을 사람들에게 보이도록 앞으로 쳐듦

두려워하는 대신들

위와 같이 침통하게 의미심장한 말 한마디를 남기고 돌연 자리에서 일어나 나가셨다. 그때 각 대신들은 송병준의 과격한 말에 너무 놀라 두려운 나머지 등에서 식은 땀을 흘리며 한 사람도 얼굴을 들지 못하는데 단지 이 총리대신만이 평정한 태도를 잃지 않고 있었다. 예로부터 황제의 어전에서 그러한 폭언을 올렸다면 분명히 당장 목이 달아났을 것이다. 송병준의 용기로 말하자면 아무것도 안중에 두지 않고 오직 사직과 국민을 위해서라면 윗분 한 사람을 희생하는 것도 어쩔 수 없다는 큰 결심에서 먼저 황제의 심중을 살핀 것이다. 애초에 일신의 생사 같은 것은 개의치 않은 것이리라. 제1회 어전회의에서 송병준이 올린 직간直諫[102]이 한국 황제의 일갈로 파기되자 대신들은 연일 회의를 열어 대책을 토의하였다. 이 총리대신과 송 농상 외에는 모두 소극적인 의견들로, 황제가 다행히 밀사 파견을 부인하니 일을 애매하게 부쳐 통감에게 관대한 처분을 청하는 것이 상책이라고 주장하는 자도 있었다. 궁중파는 이 총리와 송 농상을 지목하여 난신 역적으로 몰아세우니 내각의 입지가 매우 불안정했다.

---

102 임금이나 웃어른에게 잘못된 일에 대하여 직접 간함

76. 황제 양위로 신협약 체결

▨황제 대리 조칙

내각의 의견이 일치하지 않는 가운데 일본에서 하야시 다다스林董 외무대신이 정부의 특명을 받아 7월 15일 도쿄를 출발하여 18일 밤 경성에 도착한다는 보고가 들어왔다. 그래서 내각에서는 하야시 외상이 도착하기 전에 선수를 치지 않으면 더욱 궁지에 몰릴 것이라 보고 16일에 결국 마지막 내각회의를 소집하여 사직과 국민을 위해 눈물을 머금고 양위를 단행할 것을 각 대신에게 물었다. 탁지부대신 고영희가 반대하였으나 결국 양위를 수행하기로 하였다. 여러 우여곡절을 거쳐 7월 18일에 양위 문제는 일단락 되었다. 1907년 7월 18일 한국 황제는 밀사 사건의 책임을 지고 양위를 결심하였다. 원래 양위 의사가 없었던 황제는 황태자를 황제 대리로 하겠다고 말씀하시며 다음과 같은 조칙을 발포하였다.

> 오호라, 짐이 역대 성왕들의 크나큰 위업을 계승하고 지켜온 지 이제 44년이 되었다. 여러 차례 난리를 겪으면서 정사가 뜻대로 되지 않고 인재 등용에도 더러 적임자를 찾지 못하여 그릇된 소문으로 소란이 나날이 심해지고 그 조치 또한 시기를 놓쳐 근심으로 불안하기만 하다. 백성들의 곤궁과 나라의 위기가 이보다 심한 때가 없으니 두려움과 걱정으로 마치 살얼음 위를 걷는 듯하다. 다행히 황태자의 덕행과 기량을 하늘이 내려주어 훌륭한 명성이 일찍부터 드러났다. 짐

소에 문안을 하고 식사를 살펴보는 겨를에 많은 도움을 주었으니, 정사를 베풀고 개선할 방도를 부탁할 만한 인물이라. 짐이 가만히 생각하건대 일에 힘이 부쳐 황위를 물려주는 것은 역대로 시행했던 예가 있고, 또한 우리 선대 왕조의 훌륭한 예의를 옳게 계승해야 할 것이니 짐은 이제 군국軍國의 대사大事를 황태자로 하여금 대리하게 하고자 하며 의식 절차는 궁내부 장례원掌禮院에서 맡아 거행하도록 하라.

종로의 폭동

조칙이 발포되기에 앞서 양위 당일 밤 각 단체는 우민愚民을 선동하여 무리를 이루어 잇따라 종로에 결집했다. 2천여 명의 민중들이 대한문 앞에 모여 땅바닥에 무릎을 꿇고 앉았으며 이들 중에는 비장한 목소리와 격렬한 어조로 비분강개한 연설을 하는 자도 있었다. 마침내 한국 황제의 양위 사실이 공표되자마자 큰 소리로 우는자, 슬프고 분하여 격앙된 자들이 내뿜는 기세가 결국 폭동으로 이어졌다. 한국과 일본 경찰의 진압은 소용없었고 한국 병사들까지 폭민에 섞여 발포한 탓에 일본 경찰관 쪽에서 다수의 사상자가 나왔다. 형세가 점점 더 불온해지자 결국 한국 황제가 칙령으로 이토 통감에게 폭동 진압을 부탁하였다. 통감은 즉시 주차군駐箚軍 사령관 하세가와長谷川 대장에게 명하여 일본 군대가 경성의 경계를 맡도록 하였다.

신황제가 모든 정무를 맡다

20일 오전 10시, 양위 식전은 지체없이 거행되어 신황제가 모든 정무를 총괄하여 관할하게 되었다. 그런데도 박영효 후작 등은 전 황제가 아직 보위에 연연함을 알고 무슨 일을 꾸미려 하였으나 이루지 못하고 그저 전 황제를 태황제로 존봉尊奉하기로 하였다. 양위 당일 황성신문은 맹렬하게 배일론을 고조시키며 통감정치를 방해하려 하였다. 다음 날 동 신문의 사설로 '시일야방성대곡是日也放聲大哭'이라는 글이 게재되었다. 필자는 경북 인동의 장지연으로 호는 위암이라 하는데 글을 잘 쓰는 기자였다. 이 사설의 '시일야방성대곡'이라는 표제는 간결하면서도 요점을 잘 드러낸 명문구로 지금까지도 식자들 사이에서는 유명하다.

새로운 협약

7월 24일에 이토 통감과 이 총리대신 사이에 다음과 같은 조항이 약정되었다.

▶ 박영효 후작

제1조 한국 정부는 시정 개선에 관해 통감의 지도를 받을 것

제2조 한국 정부의 법령제정 및 중요한 행정상의 처분은 사전에 통감의 승인을 받을 것

제3조 한국의 사법사무는 보통행정사무와 구별할 것

제4조 한국 고등관리의 임면은 통

감의 동의를 얻어 이를 시행할 것

제5조 한국 정부는 통감이 추천하는 일본인을 한국 관리로 임명할 것

제6조 한국 정부는 통감의 동의 없이 외국인을 한국 관리로 고용하지 말 것

제7조 1905년 7월 22일 조인한 한일협약 제1항은 폐지할 것

이에 앞서 하야시林 외무대신이 여러 안건을 가지고 왔으나 이토 공과 이완용 총리가 의외로 원활하게 새로운 한일협약을 체결하여 일본의 보호권은 확충되고 진전되어 한국 정부를 지휘하는 지위를 거머쥐게 되었다. 하야시 외무대신이 직접 왔으나 한일 교섭의 국면에는 서지 못하였다. 그리고 이토 통감은 한국 정부에 먼저 한국 군대의 해산을 단행하도록 요구하였다. 7월 31일 군부대신 이병무는 군대해산 조칙을 받아 8월 1일 경성 훈련원에서 해산식을 올렸다.

77. 대구진위대 해산과 피난 준비

군대해산 조칙

황제가 양위한 후 신협약에 따라 한국 군대는 해산하게 되었으며 다음과 같은 조칙이 내려졌다.

> 짐이 생각하건대 국사가 다난한 때를 맞아 쓸데없는 비용을 절약하여 이용후생利用厚生의 일에 응용함이 오늘의 급선무이다. 가만히 생각해보면 현재 우리 군대는 용병傭兵으로 조직되어 상하가 일치하여 나라를 완전히 방위하기에는 부족하다. 짐은 이제부터 군사제도를 쇄신하기 위하여 장졸을 양성하는 데에 전력하고 후일에 징병법을 발포하여 공고한 병력을 구비하고자 한다. 짐은 이에 유사有司에게 명하여 황실을 호위하는 데에 필요한 사람들을 뽑아두고 그 외에는 모두 해산시킨다. 짐은 너희 장졸의 오랫동안 쌓인 노고를 생각하여 특히 계급에 따라 은금恩金을 나누어 주니 너희 장교, 하사, 군졸들은 짐의 뜻을 잘 본받아 각기 자기 업무로 나아가 허물이 없도록 기하라.

은사금은 하사 80원, 1년 이상의 병졸 50원, 1년 미만의 병졸 25원씩 지급하였다. 경성에서는 앞서 서술한 바와 같이 8월 1일 훈련원에서 군대 해산식을 올렸으나 해산에 불만을 품은 한 부대가 병영을 점거하여 소요를 벌이고 남대문 안에서는 우리 수비대와 충돌하였다. 군대 해산 소식이 전해지자 각지 진위대에서는 국가를 위해 분개하거나 혹은 자기 생활에 위협을 느낀 자들이 시끄럽에 불만의 목소리를 내어 언제 폭동으로 번질지 모르는 상황이 되었다. 대구진위대 제3대대는 남문 안 경정京町에 있었는데 그곳에 있던 병사들은 약 500명에 달했다. 일본인들은 병사들이 각지의 폭동에 호응하여 일대 소동을 벌일 것이라 예상하고 자경단을 조직해 각자 경계를 게을리하지 않았다.

갑자기 함성이 일다

8월 4일, 대구진위대의 해산식이 황혼 무렵에 끝나고 동시에 은사금을 교부하자 장졸들이 멋대로 행동하며 갑자기 크게 소리를 질렀다. 폭동이 일어났다고 생각한 민가에서는 일시에 문을 굳게 닫고 있는데 그저 문짝을 부수거나 기둥을 칼로 내려치며 비통하고 분한 마음을 소리 높이 외치는 정도여서 수비대와 경찰헌병대가 진압해 별다른 일 없이 끝났다. 하지만 유언비어가 난무한 탓에 유혈 참사를 예상한 일본인 측에서는 피난을 준비하기도 했다. 대구역에 10량 정도의 객차를 배치하고 기적이 한 번 울리면 거류민들은 모두 대구역으로 모이라고 미리 민단에서 고시를 하니 거류민들의 신경은 한층 날카로워졌다. 부산에 있는 친족으로부터 빨리 부산으로 피난오라는 등의 통지를 받은 사람도 있을 정도로 군대해산은 우리 일본인들에게 강 건너 불구경이 아닌 중대한 문제였다.

오구라의 불상

군대해산과 관련하여 한 가지 일화가 있다. 앞서 서술한 바 있는 후쿠나가 도쿠지로福永德治郞는 당시 남문 내에 살고 있었으므로 폭동이 일어나면 자신에게 가장 먼저 불똥이 튈 것이라 생각하여 7월 하순부터 가재家財를 정리하기 시작했다. 한밤중에 남몰래 뒤뜰을 파서 소장하고 있던 신라자기, 고려자기 그 외 다른 것들까지 땅속에 묻어두었다. 소장품 중에는 높이가 약 2자나 되는 금동고려불좌상이 1체 있었는데 땅속에 묻더라도 불에 타거나 도둑맞을 우려가 있어서 그 불상만은 팔고 싶다며 내게 상의하러 왔다. 하지만 대구에는 살 사람이 없어 부산으로 가지고 갔다. 무게가 7, 8관으로 상당히 무거웠다. 큰 보자기에 싸서 부산으로 가져가 어떤 사람의 소개로 알게 된 부산의 호상이자 호사가인 야하시 간이치로矢橋寬一郎에게 보여주었다. 야하시는 이런 종류의 불상은 소장하고 있어 탐나지는 않으나 150원이면 사겠다고 하였으나 후쿠나가는 팔지 않았다. 7, 8년 전에 후쿠나가에게 그 불상을 산 사람은 오구라 다케노스케小倉武之助인데 지금 오구라의 저택 현관 앞에 안치되어 있는 것이 그 불상이다. 야하시 간이치로는 현재 『조선민보』 편집국장인 야하시 요시타네矢橋良胤의 부친이다.

▶ 후쿠나가 도쿠지로가 부산에 가져간 금동불, 현재 오구라 소유

78. 폭도가 횡행하여 괴로운 양민

극에 달한 약탈과 참극

대구진위대의 해산은 무사히 끝났으나 일단 해산한 병사들이 은사금을 다 쓰자 폭도가 되어 각지에서 봉기하였다. 강화도, 충주, 제천, 여주 등지에서 진위대의 무기를 훔쳐 도주한 불온한 무리도 적지 않았다. 이들이 해산병의 중견이 되고 여기에 각지의 불평 분자, 배일 패거리, 혹은 부랑자와 다년간 한국의 부락을 휘젓고 다닌 화적 잔당 등이 부화뇌동하여 한 무리에 백이나 이백 명, 혹은 삼백 오십, 때로는 천여 명에 이르는 집단을 이루었다. 이들은 철로에서 멀리 떨어진 부락을 습격하고 한국인 부호나 친일 유력인사를 습격하였다. 또한 일본인 여행자와 소규모 거주지역의 일본인에게 위협을 가하여 약탈과 참극을 일삼아 지방에 거주하는 일본인들은 대구와 부산으로 대피하기도 했다. 이 때문에 한국 내륙으로 여행하는 사람들의 발길이 한때 끊어질 정도였다. 대구 부근에서는 하양, 경산, 자인, 군위, 의성 등이 위험 지대였다. 포항에서 2리 떨어진 흥해에서는 폭도들이 우편소를 습격하고 소장 부부와 아이를 참살한, 지금도 소위 흥해의 참극이라 부르는 사건이 벌어졌다. 그러한 상황이 산업의 발달을 저해한 면도 결코 적지 않았다.

직지사의 도적떼

화적은 1904, 1905년 무렵부터 빈번히 출몰하여 김천군의 고찰인 직지사 등은 한때 화적의 근거지로 점령당하기도 하였다. 따라서 1907년 군대해산 후의 폭도들도 직지사 부근에 많았다. 그 도적떼는 심지어 대담하게도 정차장을 습격하려 한 적도 있었으므로 대구 주차駐箚 제12여단에서는 헌병경찰관이 주재하지 않는 대구와 대전 사이의 작은 역에 보병총 5정과 탄약을 비치해 두고 역원에게 총기 사용법을 지도하여 임시로 군인 역할을 하도록 허락할 정도였다. 1907년 8월에 폭도들이 대거 대구를 습격하러 올 것이라는 풍설이 한창 떠돌았던 적이 있었다. 물론 황당무계한 낭설이었으나 때가 때이니만큼, 그리고 그 소문이 상당히 사실적이라 거류민들은 협의를 거쳐 이때에도 피난 열차를 준비하였다. 하지만 섬뜩할 때 유령처럼 보이던 것도 확인해 보면 억새꽃에 지나지 않는 것과 마찬가지로 소문은 그냥 사그라졌다. 1907년 겨울 장성 부근의 도적 두목 이진사, 갑산 부근의 수괴 차도선 등이 귀순하고 이어서 전북의 도적 기삼연 등이 총살되고 유력한 수괴 허위와 이강두 이하 30여 명이 체포되어 도적들의 세력이 크게 꺾이었으나 아직 움츠러들 정도에는 이르지 못하여 정세는 여전히 험악했다. 대구 부근에서도 수차례 통신선이 절단되어 통신이 두절되는 등의 피해가 있었다. 1907년 중에 전국의 폭도 피해는 폭도수 약 5만, 토벌대와의 충돌 320여 회를 기록했다. 당시의 기록에 따르면 10월 말, 경주와 영천 사이에서도 폭도가 출몰하고 있었다.

10월 30일 오후 1시 무렵 영천과 경주 사이마을이름 미상 영천에서 약 2리 반 떨어진 곳의 산 위에서 4명의 도적이 나타나경주에서 영천으로 향하던 탁지부 기수 김영필 및 동행한 한국인 2명을 결박했다. 신분과 성명을 묻고 일본인 밑에서 일하는지 아닌지를 힐문하기에 품속에서 명함을 꺼내어 탁지부 기수임을 진술하였다. 그제야 비로소 묶은 줄을 풀어주더니 가지고 있던 양말 2켤레와 한국 돈 400문을 강탈하고 이들을 놓아주고는 산 위로 도수하였나. 도직 4명은 조선 칼 1자루를 휴대하고 빨래방망이도 가지고 있던 것으로 보아 다분히 이 부근의 인민임에 틀림없다며 위 피해자가 영천 분파소分派所에 신고하였다.

흥해의 참사

앞에서 서술한 흥해의 참극은 우리에게 큰 충격을 주었다. 갑자기 나타난 폭도 한 무리가 먼저 흥해우편소에 불을 지르고 소장 부부를 묶은 뒤 우편물을 빼앗고 소장 부부와 어린애를 참살하여 도주했다는 보고가 들어오자 포항수비대가 즉시 행동을 개시하였다. 이보다 먼저 흥해를 수비하던 헌병보조원의 난전亂戰 및 그 후의 토벌상황 기록에 따르면 다음과 같다. 1907년 10월

곤지權次, 시바타柴田 두 보조원은 폭도에 대항하여 약 1시간 교전하였으나 중과부적으로 결국 포항으로 퇴각하여 곤지 보조원은 오전 7시, 시바타 보조원은 동 12시에 도착하였다. 재류민 2명도 또한 무사히 대피하였다. 마침 포항수비대장 후지노藤野 중위는 무기 정리를 위해 장기군으로 출장 부재중이어서 잔류

원 중에 상등병 이하 6명이 즉시 흥해로 급행하고 이어서 연일분파소 보조원 및 포항 재류민 15명도 같이 급행하였으나 군대가 도착했을 때는 이미 도적들의 그림자 하나도 보이지 않았다. 신광면과 기계면 방면으로 퇴각한 것 같았다. 이에 우편취급소와 그 가족의 소재를 수사했더니 우편취급소 서쪽에서 소장의 부인과 여아의 참살된 사체가 발견되고 이어서 보조원 숙사 동쪽에서 소장의 사체를 발견하였으나 수급은 가져갔는지 아직 발견하지 못하였다. 3명의 시체는 검시한 후 포항으로 보내 친족 쓰치다 준사쿠土田順作에게 인도하였다. 소실된 가옥은 8채로 분파소, 우편취급소 3채, 재류민 가옥 2채이며 보조원 가옥 2채는 무사하였다. 당시 후지모토藤本 보조원은 가와우치河内 재무관보를 호위하여 영덕군으로 출장 부재중이었다. 이 폭도들 중 약 40명은 경주 방면으로 향하였다는 설도 있었다. 순검巡檢 3명은 대피한 것으로 보고 있으나 소재는 아직 발견하지 못하였다.

79. 위생시설과 화폐정리 시대

구區에 대표자를 두다

1907년 무렵 대구거류민단에서 구제區制를 실시하여 13구를 두었다. 구의 대표는 다음과 같다.

제1구 기무라 다케타로木村竹太郎, 제2구 이나모토 신신稲本新臣, 제3구 우에다 겐스케上田謙助, 제4구 사키사카 쇼키치向坂庄吉, 제5구 스기하라 신키치杉原新吉, 제6구 고라 도노마루高羅殿丸, 제7구 미와 야키치三輪彌吉, 제8구 이케우치 시게히라池內重平, 제9구 니시자와 사토루西澤智, 제10구 사이토 요시조齋藤芳造, 제11구 후쿠나가 도쿠지로福泳德次郎, 제12구 마스다 도라타增田虎太, 제13구 우치다 로쿠로內田六郎

구장은 주로 위생실시 기관으로서 관청과 민단에서 고시된 공중위생 사무를 돕고 무엇보다 거주 지구의 청결과 역병의 침입 및 전염 예방을 위해 노력하였다.

위생기관이 생기다

민단이 점차 발전하여 집집마다 나오는 쓰레기와 분뇨를 수거할 기관이 필요함을 느껴 마쓰다 만로쿠松田萬六에게 이 사업을 청부하였다. 가구당 식구 수에 따라 한 달에 20전에서 1원 범위의 요금을 수납했던 시절도 있었다. 1907년 10월 9일 이사청령 제6호로 청소규칙을 발포하고 쓰레기통을 설치하도록 하는 제도를 마련했으나 실행하는 사람은 적었다. 그래도 이것이 대구에서 최초로 만들어진 위생시설이라고 할 수 있을 것이다. 다음으로 1908년 6월에는 도축규칙을 제정했다. 마쓰다 만로쿠가 단독으로 경영했던 분뇨와 쓰레기 수거작업은 1911년까지 계속되었다. 하지만 매년 인구가 증가함에 따라 대구시내 위생상태가 도저히 한 개인이 청부받아 처리하기 어려운 지경에 이르렀으므로 1911년 8월에 당시 대구경찰서장 안도 마사지로安藤正次郎, 다케자키竹崎 부윤, 기쿠치菊池 민장 등이 함께 대구시내 일본인과 조선인들의 위생상태 개선을 위해 각 관청 및 민간 대표자들을 회원으로 하는 대구위생회를 조직하였다. 도장관 이진호를 회장으로 추대하고 평의원 36명과 각 마을에 실행위원을 두어 청결사업을 진행했다. 또한 대구청결조합을 조직하여 마쓰다 만로쿠의 사업을 매수하였다. 청결조합은 위생회의 실행기관이 되었다. 이러한 과정을 거쳐 대구의 공중위생은 지금과 같이 발달하게 되었다.

유치원 설치

대구유치원은 1907년 4월에 대구부인회의 계획으로 처음 세워졌다. 원래는 소학교 교실을 빌려 사용하였으나 아동이 점차 증가하면서 교사校舍가 협소해져 퇴거해야만 했다. 잠시 동안 다른 집을 빌려 사용하였으나 경비를 감당하기 어려워 한때 폐쇄되기도 하였다. 최초의 보모는 대구 본정本町 2정목 나카무라 헤이시로中村平四郎 부인이었다.

재무감독국장

1907년 1월, 재무보좌관 대리로 부임한 가와카미 쓰네오川上常郎는 전 동양척식주식회사의 이사로 현재 일본 신탁은행 은행장이다. 처음에는 재무감찰관으로 대구에 부임했으나 얼마 지나지 않아 재무감독국이 설치되면서 대구 재무감독국장이 되었다. 감독국은 경상남도와 북도 2개 도의 재무를 지휘 감독하고 은행과 금융조합 감독, 통화정리를 위한 엽전의 회수, 신화폐의 보급, 국유지 정리, 재원조사 등 사무 범위가 매우 넓었다. 가와카미 쓰네오는 에히메현愛媛縣 우마군宇摩郡 출신으로 1898년 대장성大藏省 속관屬官을 시작으로 사세관司稅官, 교토 세무감독국 간세間稅[103]과장, 가나자와 세무감독국장을 거쳐 대구 재무감독국장이 된 사람이다. 한때 대구 사교계에서 인기가 많았고 대구 발전에도 큰 기여를 한 은인이다.

신화폐 보급 방법

가와카미는 신화폐 보급을 위한 한 방법으로 5전 백동화 30만원을 무이자로 대하貸下[104]하였다. 이와세를 대표자로 서상돈, 정재학, 정해붕 등이 모여 만든 자본금 10만 원의 익명匿名조합에 백동화 20만 원을 무이자로 대부하였다. 무이자 대부를 받은 사람은 이와세 외에도 2

103 간접세를 말한다

104 경제 발전과 국제 수지 개선을 위하여 민간에 융자하도록 정부가 금융 기관에 돈을 빌려줌. 또는 그런 일.

만, 3만 원을 융통받은 자들이 있었다. 조건은 여러 가지 있었으나 요약하면 그 백동화를 한국인들에게 건네기만 하면 된다, 돈으로 빌려주든 물품을 구입하든 엽전 대신에 백동화를 주면 된다는 것이었다. 그런 일은 누구든 쉽게 할 수 있는 일이어서 덕분에 이익을 얻은 자들이 적지 않았다. 이와세 등은 돈벌이가 되지 않았다고 말하고 있으나 그런 시절이 한번 더 오기를 바라는 자들이 적지 않을 것이다. 대구묘포 용지 2만 평, 공소원 부지, 재판소 관사용지를 매수할 때 대부분 한국인에게 신화폐를 지불하였다. 그렇게 무이자로 대부한 신화폐는 만 2년 째에 회수되었다.

80. 연호를 융희로 개원하다

즉위식

신황제 이척李拓 폐하는 전 황제가 퇴위함에 따라 전일의 서정庶政[105] 대리에서 일보 전진하여 완전한 주권을 손에 넣었으므로 8월 3일 개원改元하여 융희라 하고 황태자비 윤씨를 황후로, 황제의 동생인 영친왕은 황태자로 책봉하였다. 동월 27일 경운궁 내 돈덕전에서 즉위식을 거행하여 제위 계승을 천하에 널리 알렸다. 영친왕 이은 전하는 엄비의 소생으로 당시 보령이 11세에 불과하였다. 둘째 동생 의친왕을 두고 영친왕을 황태자로 정한 것은 신황제의 몸이 허약하고 나이가 이미 30을 넘었음에도 아직 자식이 없어 빨리 황태자를 정할 필요가 있었기 때문이다. 영친왕은 보령이 아직 어리나 영명令名[106]이 높고 특히 전 황제의 총애 덕분에 궁중에서 권세가 있었던 엄비의 소생이었으므로 의친왕을 제치고 황태자에 오를 수 있었다. 이러한 영친왕 옹립은 궁정내 조화를 이루기 위함이라고 전해진다.

▶ 한말의 황제폐하

105 제반 정무 정사

106 좋은 명성이나 명예

미증유의 성대한 행사

한일신조약 체결 후 양국 관계는 더욱 친밀해졌으므로 영명한 일본 황태자 요시히토嘉仁[107] 친왕폐하는 천황폐하의 성의을 받들어 아리스가와노미야 다케히토有栖川宮威仁 친왕, 가쓰라桂 육군대장, 도고東郷 해군대장, 이와쿠라岩倉 공작, 하나후사花房 남작 등을 대동하여 견학 명목으로 10월 10일 도쿄를 출발하여 먼 항로를 마다하지 않고 한국 황실을 방문하는 노정에 오르셨다. 양국의 이러한 친교는 매우 성대한 행사였으므로 한국의 황실, 정부 관계자는 물론 이역에 재류하는 10만 일본인들이 기쁨에 겨워 자신의 환희를 열성적으로 피력하며 친왕폐하의 어가를 봉영하였다.

고귀한 악수

요시히토 전하는 아리스가와노미야 전하 이하 수행원들과 함께 군함 가토리香取에 올라 10월 13일 구레呉 군항을 출발해 이와테磐手, 도키와常磐, 아사마浅間, 쓰시마對馬 등 여러 함정의 경호 속에서 위풍 당당하게 바다를 압도하며 16일 인천항에 도착하시어 한일 관민의 깊고 두터운 환영을 받으셨다. 오후 1시 30분에 상륙하셔서 인천 정거장에 마중 나온 한국 황제, 황태자와 회견하시며 양국의 고귀한 귀인들이 따뜻한 악수를 나누셨다. 동 오후 2시 30분에 한 분의 황제, 두 분의 황태자께서는 같은 차를 타시고 25마일 철길을 달려 오후 3시 40분에 경성

---

107 1912년 일본의 123대 천황이 된다.

에 안착하셨다. 일본 황태자 전하는 곧바로 숙소인 통감 저택으로 향하셨다. 다음날 17일에 전하는 한국의 각 대신들을 접견하시며 손수 훈1등 욱일장勳一等旭日章을 수여하셨다. 오전 11시에 각 수행원, 이토 통감, 하세가와 군사령관 등을 대동하고 한국 황실을 방문하였다. 돈덕전에서 한국 황제, 황후, 황태자 및 태황제와 대면 후 황제, 황태자와 회식을 즐기시고 곧장 귀관하셨다. 다음날인 18일, 전하께서는 오전 중에 한국 원로 칙임관勅任官[108], 일본 문무 고등관, 외국 영사의 배알을 받으시고 군사령부를 순시하셨다. 오후에는 한국 황태자 전하와 동일 알현한 내외 신료들을 초청하여 입식立食 연회를 베푸셨다. 다음날 19일 전하께서는 한국 황제와 황태자를 초청하여 이토 통감의 저택에서 향연을 베푸셨다. 황제를 보내드리고 한국 황태자와 마차에 동승하여 창덕궁과 경복궁을 유람하셨다. 돌아오는 도중에 한국 황실을 방문하시어 돈덕전에서 황제, 황후와 얼굴을 마주하며 고별 인사를 한 후 귀관하셨다.

황태자의 귀환

다음날 20일은 드디어 경성을 출발하는 날이라 오전 10시에 이토 통감 자택에서 나와 10시 20분에 남대문역에서 출발하는 열차를 타고 퇴경, 11시 30분에 인천에 도착하여 곧장 가토리 함에 승선하셨다. 오후 1시 30분에

108 조선 후기에, 대신의 청으로 임금이 임명하던 벼슬. 당상관 가운데 정일품에서 종일품까지가 해당한다.

일말의 연기를 멀리 날리며 가토리는 함선 다섯 척의 호위 속에서 일본을 향해 닻을 올렸다. 이날 수만 명의 한국과 일본 관민들이 폐하의 귀환을 아쉬워하며 정숙하게 봉송하였고 특히 한국 황제는 남대문역까지, 황태자와 각 황족들은 인천항까지 배웅하셨다.

81. 황태자 방문 중 두 황실의 친교

회견 모습

당시 『오사카마이니치신문大阪每日新聞』은 황태자 전하께서 한국을 방문한 성대한 행사를 보도하였다. 그중 한두 가지를 인용하자면 다음과 같다.

> 이토 통감은 오는 16일 소네曾禰, 무라타村田, 미야오카宮岡, 후루야古谷, 고쿠부国分, 고야마小山 등과 하세가와長谷川 대장, 무타牟田 참모장, 나이토内藤 부관을 이끌고 인천으로 출발, 황태자 전하를 함선까지 가서 맞이하였다.
>
> 황태자 전하의 입경 행렬은 공식公式에 따라 지극히 최상의 장관을 이루었으며 황태자가 탄 마차한국 황태자 동승 외에 아리스가와노미야有栖川宮, 이토 통감 등 수행관들의 마차 6대가 줄을 이었고 특히 파견된 근위 기병들이 앞뒤에서 의장을 하도록 하여 극히 엄중하게 경호하였다. 인천정거장에서 이루어진 우리 황태자 전하와 한국 황제 및 황태자 전하와의 회견 모습을 전해듣기로, 한국 황제는 회견실 입구에서 영접하기로 했음에도 더 나아가 정거장 입구에서 우리 황태자 전하를 영접하여 악수를 나누고 밝은 용안으로 전하가 해륙海陸을 무사히 건너 도착하심을 축하하셨다. 전하께서는 일부러 영접하러 나온 노고에 감사를 표하셨다. 이때 곁에 계시던 한국 황태자 전하는 희색 만면한 모습으로 악수를 청하여 인사하셨다. 이렇게 양국

황실의 간친懇親이 유감없이 발휘되었다. 회견실로 같이 들어가 약 20분간 휴식을 취하며 종종 담화를 나누시고 정각 2시 30분에 궁정열차를 타시고 경성을 향해 출발하셨다. 이날 우리 황태자 전하는 해군 소장의 예장을 입고 훈장은 달지 않으셨다. 한국 황제와 황태자는 카키색 군장을 입으셨으며 영접하러 나온 수행원들은 금색 찬란한 대례복을 입었다. 1907년 10월 18일 『오사카마이니치신문』

증정품

황태자 전하께서는 오늘 다음과 같이 한국 조정에 예물을 증정하였다. 1907년 10월 18일 『오사카마이니치신문』

한국 황제에게 자수병풍 1쌍, 은제 화분 1개

황후에게 은제 엽차 다기 1개, 비단 8필

태황제에게 자수병풍 1쌍, 은제 손궤[109] 1개

황태자에게 은제 장식물, 사진액자, 자수 가리개와 탁자보

엄비에게 자수병풍, 비단 6필

이것으로 대략 당시의 성대한 의식을 짐작하기에 충분할 것이다. 실로 이는 한국과 일본 두 황실에서 이루어진 최초의 친교라고 할 수 있다. 우리 황태자 전하가 한국에 체류한 5일간 한국의 곳곳에 일장기가 게양되어 축의를 표하였고 기념사진, 기념엽서 등이 매우 잘 팔렸다.

---

109 손으로 들고 다니기 좋게 만든 작은 상자

폐하의 깊은 생각

본래 당시 일본 황태자 전하가 먼 해외인 한국으로 행계行啓하시게 된 것은 천황폐하의 깊은 생각에서 나온 것으로 일본 황실이 한국 황실에 대하여 얼마나 우호가 깊은지 사실로 드러낸 것이었다. 한국 황제도 그 성의를 깊이 느껴 전례의 옛 격식을 깨고 모든 환대와 예우를 다해 전하를 맞이하였던 것이다. 불과 5일 간의 단시일 동안 머무르셨으나 두 황실의 친화 정신은 유감없이 내외에 발휘되었다. 이처럼 황실은 스스로 솔선하여 양국의 화해와 친교의 모범을 인민들에게 주지시켰다. 또한 폐하의 행계는 한국 황실의 혁신을 크게 이끄셨으니, 이후 한국 황실은 보수적 의제를 철폐하고 문명적 신 사상을 받아들여 전 황제시대에 비하여 궁중의 풍기가 일변하였다. 황태자 영친왕의 유학, 신황제의 창덕궁 천어遷御[110], 남북 순행, 궁중 재산의 정리 등이 이루어진 것은 전하의 높은 덕에 매우 크고 넓게 감화되었기 때문이다.

110 임금이 어떤 곳에서 다른 곳으로 옮겨 감

82. 영친왕의 유학으로 민심 동요

▒ 하사금을 받다

일본 황태자 전하가 한국에 체류하는 동안 각 민단 등에 하사금이 내려졌다.

금 700원 위생비로 거류민단에

금 200원 교육장려비로 대구심상고등소학교에

그리고 아리스가와노미야 전하께서 대구의 공공사업에 하사금을 내려주셨다.

금 300원 위생비

통감부 직원 및 각 이사청 직원에게 주찬酒饌[111]금이 하사되었다. 우지노氏野 대구이사관은 명을 받들어 이사청 직원 일동에게 나누어 주었다. 황태자 전하의 내한은 양국 황실의 화해와 친교의 모범을 인민에게 보이셨으니 실로 고마움에 감격할 따름임에도 불령한 무리의 유언비어에 속아 민심이 동요하는 경향을 보였다. 융희 원년1907년 11월 2일, 인심의 동향에 대해 한국 황제가 조칙을 내릴 정도로 당시 민심은 상당히 악화되어 있었다.

111 술과 안주

이토 태자태부

한국 황제는 즉위 이래 이토 통감을 신임하여 제정개혁을 위해 노력하고 일본 황태자 전하의 내한으로 더욱 일본 황실의 두터운 우의를 느껴 황태자 영친왕의 교육을 일본 황실에 위탁하기로 결정하였다. 먼저 이토 통감을 태자태부太子太傅[112]로 임명하고 11월 19일 황태자의 일본유학에 관한 조치를 내렸다. 그래서 한국 황태자는 이토 태부와 함께 12월 5일 경성을 출발하여 인천에서 군함을 타고 동경으로 향하였다. 일본 천황폐하께서는 한국 황태자를 접견하시며 특별히 우악優渥[113]한 칙어를 내리시어 아자부 도리이자카麻布 鳥居坂에 있는 황실 별장을 유학 중의 여관으로 쓰도록 하고 이와쿠라 도모사다岩倉具定 공작, 스에마쓰 겐초末松謙澄 남작 등에게 교육 임무를 맡겼다.

여단장 교체

앞서 서술한 바와 같이 인심 동향에 관한 조칙이 선포될 정도로 민심은 더더욱 험악해져서 황태자 호위를 위해 내한한 500명의 병사를 당분간 한국에 그대로 주둔시키기로 결정하였다. 당시 경상북도에서는 자인, 봉화, 김천, 영해, 흥해, 의성, 청송군 등에 우세한

▶ 제12여단장 쓰네요시 디디미치

112 태자의 스승

113 은혜가 넓고 두터움

폭도들이 출몰하였다. 그중에서도 청송군의 폭도는 130여 명이 한 무리를 이루어 제14연대 제11중대와 교전하여 패퇴하였으나 경시할 수 없는 무기를 가지고 있었다고 한다. 경북 각지의 폭도 토벌로 불꽃이 튀고 있던 그때, 대구 주차 제12여단장 요다 히로타로依田廣太郞 소장이 제1사단 제1여단장으로 전임되어 그달 24일에 임지로 출발하였다. 후임으로 당시 제1사단 제1여단 제2연대장이었던 쓰네요시 다다미치恒吉忠道 대좌가 소장으로 승진하여 제12여단장이 되었다.

민단, 위기로 무너지다

초기에 선거로 당선된 대구거류민단 민회의원 중에 임기를 완전히 채운 사람은 사카이 만지로堺萬次郎와 마스다 도라타增田虎太 두 사람 뿐이고 다른 10명은 모두 임기 중에 사임했다. 먼저 니시모토 민조西本民城가 당선을 수락하지 않았고 나카자와 덴노스케中澤傳之助, 이와세 시즈카岩瀨靜 두 사람과 내가 1906년 12월 27일에 동시에 사임했다. 다음으로 1907년 2월 미카지리 다케사부로三ヶ尻武三郞가 집안 형편으로 사임했다. 나카에 고로헤이中江五郞平 의장은 때때로 고향에 돌아가 용무를 보아야 했으므로 1907년 10월 28일에 사임했다. 스다 산페이須田三平, 시모다 고키치霜田語吉, 기도 다다지로城戶唯治郞, 스기하라 신키치杉原新吉는 그해 12월 16일에 사임하여 남은 의원들은 앞서 언급한 마스다, 사카이 뿐이었다. 이렇게 잇따라 사임하여 보선에 보선을 거듭할 정도로 당시 대구거류민단을 둘러싼 분위기는 음울했다고 할 수 있다. 11

월 29일 대구거류민단은 민회를 소집하여 다음과 같은 안건을 논의하였다.

一, 의장선거의 건
一, 재외지정학교 신청의 건
一, 수수手数 규칙 중 추가의 건
一, 시내청소 시행의 건
一, 청소시행 규칙 제정의 건
一, 위생조합비 보조의 건

나카에 고로헤이 의장이 10월 28일 사임하였으므로 의장 선거를 실시하여 오구라 다케노스케小倉武之助가 당선되었다. 재외지정학교 신청의 건은 숙제로 남겨두었는데, 이 지정학교 문제가 결국 대구민단에 위기를 초래하는 동인이 된다.

83. 고문정치에서 차관정치로

국시6개조

한국 황제는 1907년 11월 13일에 새로 수리한 창덕궁으로 천어遷御하시며 전 황제와는 완전히 별거하였다. 11월 18일에 친히 종묘사직에 제를 올리며 국시6개조國是六個條를 서고誓告[114]하고 다음날 19일에 조칙으로 국민에게 널리 공포하였다. 조목은 다음과 같다.

一, 상하 일심, 군신 상부하여 개국 진취의 큰 계책을 정하고자 한다

一, 농잠을 권장하고 상공업을 장려하여 국부를 개발하고 입국의 기초를 공고히 하고자 한다

一, 기강을 엄숙하게 세우고 적폐를 바로잡아 중흥의 위업을 빛내어 개국의 큰 계책에 부응하도록 한다

一, 내정을 개선하여 신민의 행복을 증진하고 사법제도를 확정하여 원통하고 억울한 일이 없도록 하고자 한다

一, 널리 인재를 찾아 적재적소에 등용하고자 한다

一, 교육에서는 겉치레를 버리고 실속을 취함으로써 나라의 긴요한 부문에 쓰는 길을 열고자 한다

위와 같은 유신維新의 조서는 제정 혁신의 시기를 맞이하여 국가의 시책이 나아갈 방향을 정한 것으로, 논리

114 임금이 중요한 국사를 종묘에 알림

정연하여 새 시대의 발흥을 지도하는 데 충분하였으나 한국의 상하가 유신의 대업을 수행할 실력이 부족하여 결국 빈말로 끝나버린 것이 유감이다.

통감권한 확충

초기의 통감정치는 순연히 보호정치였다. 통감은 한국의 외교 사무를 관장하는 것 외에 내정에 관해서는 유력하게 충언할 권리만 있을 뿐 집행 기관으로서는 종래의 협약 혹은 고용계약에 따라 외교고문, 재정고문, 경무고문, 학정참여관, 법부참여관을 두는 것에 불과하였다. 하지만 신협약에서 통감은 시정개선을 지도하는 위치에서서 법령의 제정과 중요한 행정상의 처분 등 모두 통감의 승인을 거치게 되었다. 그 집행기관으로는 고문제도를 폐지하고 한국 정부의 주요 관직에 일본인을 임용하도록 하였다. 조문의 규정상으로는 통감의 추천으로 일본인을 한국의 국무대신으로 임명하는 것도 불가능하지 않았으나 조약에 덧붙인 취극서取極書에 신협약 시행세목이라는 것이 있어서 임명이 쉽지 않았다. 신협약 시행세목에는 당분간 일본인 관리 임명의 범위를 각부 차관 이하 주요 관직으로 제한하고 국무대신은 계속 한국인으로 해야 한다는 밀약이 있었다. 차관정치를 채택함과 동시에 통감부 조직을 변경하여 다음과 같은 진용으로 구성하였다.

통감 이토 히로부미伊藤博文 공작
부통감 소네 아라스케曾禰荒助 자작

총무장관 쓰루하라 사다키치鶴原定吉

참여관 이시즈카 에이조石塚英藏, 기우치 주시로木内重四郎, 다와라 마고이치俵孫一, 고미야 미호마쓰小宮三保松, 아라이 겐타로荒井賢太郎, 구라토미 유자부로倉富勇三郎, 마루야마 시게토시丸山重俊, 마쓰이 시게루松井茂, 나가하마 모리조永濱盛三

신협약 제5조에 의해 통감에서 추천된 인물은 내부차관 기우치 주시로木内重四郎, 농상공부차관 오카키 시치로岡喜七郎, 학부차관 다와라 마고이치俵孫一, 탁지부차관 아라이 겐타로荒井賢太郎, 궁내부차관 고미야 미호마쓰小宮三保松, 법부차관 구라토미 유자부로倉富勇三郎, 경무국장 마쓰이 시게루松井茂, 경시총감 마루야마 시게토시丸山重俊, 총세무사總稅務司 나가하마 모리조永濱盛三 등이었다. 그들은 안으로는 참여관參與官으로서 통감의 기밀 논의에 참석하고, 밖으로는 각 부 차관으로서 제반 행정의 집행을 관장하면서 이른바 차관정치의 결실을 거두었다. 이어서 12월에 각 부 관제 개정에 따라 국局, 과課를 폐지, 통합하여 사무의 간결과 통일을 도모하는 동시에 일본인 임용을 확대하였다.

경찰사무 통일

한국에서 경찰이 고문경찰과 이사청경찰 두 곳으로 나뉘어 서로 대립한 것은 제도상 어쩔 수 없는 점도 있었는데, 이번 신협약에 따라 일본인 관리로 한국 경찰의 수뇌부를 구성하자는 분위기가 무르익어, 11월 29일 양국 정부는 한일 경찰의 공동 합의를 위한 취극서取極書를 교환했다.

> 취극서取極書
>
> 통감부 및 한국 정부는 일본 정부와 1907년 7월 24일 체결한 한일협약 제5조에 따라 임명받은 한국 경찰관이 당해 일본 관헌의 지휘감독을 받고 재한국 일본 신민에 대하여 경찰사무를 집행하도록 할 것을 약정함
>
> 1907년 10월 29일
>
> 통감 명 총리대신 명

여기에서 이른바 한국 경찰관이란 일본인 경찰관을 가리키는 것으로, 한국인 경찰관이 아니다. 이 협정 후 11월 11일 이사청경찰서를 모두 폐지하고, 전 경무고문 마루야마 시게토시丸山重俊는 돗토리현 지사로 전임하였다.

84. 성황을 이룬 천장절天長節 봉축회奉祝會

재류민의 결합

1906년 9월 대구이사청이 개설되고 1908년 이사청 청사는 동문 밖에 건축되었다. 구내의 깃대에 일장기가 높이 게양되었을 때, 우리 재류민의 정신은 그것을 중심으로 결합하여 통일되었다. 한일병합과 동시에 이사청은 당연히 폐지되었고, 대구부가 설치되어 그 청사는 지금의 대구부청이 되었다. 청사는 증축에 증축을 거듭해 당시의 모습은 이제 거의 찾을 수 없으나 부윤 관사와 구내의 국기게양대는 옛 모습을 여전히 간직하고 있다. 대구에서 가장 오래된 관사는 부윤 관사와 삼립정三笠町의 내무부장 관사, 재무부장 관사 등이다.

천장절 축하회

당시 천장절에는 일본 전역에서 하루 일을 쉬며 각자의 방식으로 축의를 표했다. 대구에서는 거리 곳곳에 흘러나오는 음악으로 흥청거렸고 제멋대로 하루를 소란스럽게 보냈다. 1907년 11월 3일의 대구는 특히 통감정치가 진전된 시기로 성대한 봉축회가 열렸다. 이사청에서는 오전 9시부터 10시 30분까지 성영배하식聖影拜賀式[115]을 올리고, 시중에서는 달성관, 야마토, 아카시明石와 같은 요리점에서 나온 노점 수레들이 줄을 이었으며 가타

---

115 천황 신성화정책의 일환으로, 축일에 천황의 사진이나 그림에 배례를 올리는 행사

오카 일좌片岡一座의 가장행렬도 있었다. 이들은 오후 1시부터 이사청 내 축하회에 모여들어 식전 여흥으로 격검擊劍, 마술, 예기藝妓의 춤, 가타오카 일좌의 여흥 연극 등을 벌였다. 오후 3시부터는 연회가 시작되어 우지노氏野 이사관이 사회자로서 일장 축사를 하였다.

> 바야흐로 동맹을 맺은 각 국과의 교류는 날로 친밀하고 두터워 가는데 특히 한국과는 특별한 관계를 유지하고 있으며, 제국의 위세와 명망은 안팎으로 빛나고 있다. 이는 문무와 지덕을 겸비한 폐하의 위광으로 이루어진 것이니 여기서 연회를 마련하여 경사스러운 오늘을 축하하고자 한다.

이에 대해 제12여단장 대리이자 제14연대장인 기쿠치菊池는 다음과 같이 축의를 올렸다.

> 오늘 천황폐하의 56회 탄신일을 맞아 실로 우리 신민 일동은 환희를 참을 수 없다. 폐하의 근황을 감히 전해 듣기로 체중이 27관[116] 정도, 거의 28관에 이를 정도로 극히 건재하시다 한다. 이렇게까지 체격 무쌍하시고 건강하시다는 것을 듣게 되어 신하로서 이보다 더한 행복은 없다 하겠다. 삼가 축의를 올리는 바이다.

---

116 1관은 3.75kg 정도로, 27관은 101.25kg이다.

12여단 야회夜會

이어서 오후 7시부터 북문 밖 '야마토'에서 제12여단의 봉축 야회가 열렸다. 관민 60여 명이 참가했으며 이 자리에서 기쿠치 여단장 대리는 다음과 같이 연설했다.

> 오늘 천장절은 우리 대원수 폐하의 제56회 탄신일로, 구중궁월 깊은 곳에서는 예년과 같이 호메이덴豊明殿에 내외 신료를 초청하여 연회를 베푸시고 전세계 곳곳 무릇 일본인이 재주在住하는 곳이라면 어디든 성대한 연회를 마련하여 경사스러운 오늘을 축하한다. 어느 곳이든 마찬가지로 지금쯤 성대하게 봉축의 잔을 올리고 있을 터인즉, 별로 마련한 것은 없으나 다른 지역에 지지 않도록 축하의 술을 많이 드시길 바란다

관찰사 이충구李忠求는 내빈을 대표하여 다음과 같이 답사하였다.

> 대일본 천황폐하의 홍업鴻業[117]은 동양을 제패했을 뿐만 아니라 모든 동양인이 그에 경앙敬仰하는 마음을 억누르지 못하고 있다. 특히 한국민은 그 정치적 관계에서 폐하의 위덕威德을 한층 더 간절히 우러르고 있다. 오늘 천장절을 맞아 마음껏 경의와 만족감을 갖고 마음으로부터 축하하는 것을 행복과 영광으로 여긴다.

---

117 나라를 세우는 큰 사업

내빈으로는 이 관찰사, 가와카미川上 서기관, 마쓰시타松下 법무보좌관, 우지노 이사관, 시오카와鹽川 사무관, 가게야마影山 민단장, 나가타니永谷 경시 외 50여 명이 있었다.

부府의 일치단결

이것은 당시 추억의 하나로, 이때까지는 무슨 일이든 부府가 보두 일치단결하여 결실을 거두었다. 빈난은 내부적으로 다툼이 있더라도 대외적으로 무엇인가 발전을 도모할 일이 있으면 호령 한마디에 급히 달려오는 하인들처럼 모두가 결집했다. 무엇보다 사람이 적었던 시기라 가능했던 일이고, 점차 인구가 증가함에 따라 각인각색의 의견이 많아지면서 자연히 의견 통일은 불가능해졌다. 1907년 11월 3일, 이날을 대구의 날로 정했다. 그리고 민단성립 후 만 1년이 되므로 제1회 민단의 날 행사를 열고 이후 매년 민단의 날로 하기로 하였다. 민단 존속 중 민단의 날 행사는 그다지 크게 열리지는 않았다.

85. 민장 불신임 결의로 가게야마 사퇴

지정학교 문제

1907년 11월 28일 열린 대구거류민회에서 오구라 다케노스케小倉武之助가 의장으로 당선되었다. 대구심상고등소학교大邱尋常高等小學校를 문부성 해외지정학교로 신청하는 건은 숙제라는 식으로 반 부결 되었다. 지금 상세히 기억나지 않으나 당시 학부형들은 물론 여론은 문부성 해외지정학교가 되기를 열망하고 있었다. 가게야마影山 민장이 왜 이것을 수용하지 않았는지 그 이유를 알 수는 없으나 우리는 문부성 지정학교로 신청하는 것이 좋다고 믿고 그 문제에 대해 다음 날부터 행동에 들어갔다. 그 행동이라 함은 대다수 학부형의 조인調印을 모아 재심의를 요청하는 것이었다. 첫날 20여 명, 둘째 날 20여 명, 셋째 날 30여 명 등 모두 약 90여 명 정도 되는 학부형의 조인을 받아서 그것을 마스다 도라타增田虎太 의원에게 건네주고 재심의를 요구했다. 동지로는 마스다 도라타增田虎太, 와타나베 히스루渡邊比, 야스마쓰 구마키치安松熊吉 등 세 명이 있었다. 당시 민회 의원은 다음과 같이 8명이고 분야는 전반과 후반으로 나뉘어져 있었는데 4명은 이미 사임한 상태였다.

▶ 당시 오구라 의장

마스다 도라타增田虎太, 와타나베 히스루渡邊比, 야스

마쓰 구마키치安松熊吉, 사카이 만지로堺萬次郎, 오구라 다케노스케小倉武之助, 시모다 고키치霜田語吉, 기도 다다지로城戸唯次郎#, 스기하라 신키치杉原新吉

사카이 만지로堺萬次郎도 당시 우리 동지가 되어 민회의 절반은 이미 장악하고 있었다. 이때 가게야마에게 확실히 반격하지 않으면 후일 기회는 다시 없을지도 모른다는 우려가 있었다. 때마침 『대구일일신문』에서 오키타 스테지로沖田棄次郎가 가게야마 민장을 상대로 작정하고 '이와세 민장, 가게야마 조역助役'이라는 글을 쓴 것도 이때였다. 마스다增田와 나에게는 지난 해 발생한 도로위원회 문제가 해결되지 않은 채 깊게 남아 있었다. 가게야마는 원만한 인격자로 대구민장으로서는 과분할 정도의 훌륭한 경력을 갖고 있었으나, 이와세 일파와 지나치게 결탁하여 한쪽에 치우친 조치가 많았다고 생각한다. 이것은 오히려 우리의 편견일지도 모르지만 이대로 가면 대구의 장래가 염려되므로 차라리 이번 기회에 불신임 결의로 가게야마 민장을 단숨에 몰아내자고 동지들은 강력히 주장했다. 그 당시 이미 달성공원기성회는 이노우에 소노스케井上宗之助의 불미스러운 일이 폭로되어 이와세 회장도 처리에 골몰하고 있었다. 무슨 일인지는 정확히 알 수 없으나 이와세파의 형세가 불리하다고 판단했다. 이 기회를 놓치면 안 될 것 같아 가만히 기회를 엿보고 있었다. 그러던 중 마스다가 문부성 해외지정학교 신청 건을 제안하여 12월 15일 민회가 열리게 되었다.

민장 불신임안

그래서 회의 전날 만반의 준비를 하였고 당일에는 마스다, 와타나베, 야스마쓰, 사카이 네 의원이 조인한 가게야마 민장 불신임안을 제안자인 마스다가 들고 회의에 참석했다. 스기하라는 그날 회의에 참석하지 않았다. 문부성 해외지정학교 신청 건은 먼저 이의 없이 가결되었다. 오구라 의장이 폐회를 선언할 찰나에 마스다는 건의안 제출에 필요한 규정상의 찬성자 수를 충족하여 이를 제출한다고 말하며 가져온 서면을 오구라 의장에게 건넸다. 오구라 의장의 얼굴빛이 변했다. 동시에 회의는 비공개로 진행한다며 우리 방청자들을 퇴장시켰다. 숫자 싸움으로 치자면 4대 3으로 당연히 민장파의 패배이다. 가게야마 민장은 이러한 분위기를 파악하고 이 건의안이 합법적으로 성립하는지 아닌지 여부는 의문시 되지만, 자신이 스스로 처결한다면 굳이 결의까지 할 필요는 없다고 말했다. 오구라 의장이 이들 사이를 주선했는데 결국 제안자가 양해하여 결의가 유보되었다.

의원도 사임하다

그날 가게야마 민장은 사표를 제출했다. 우지노氏野 이사관은 성심성의껏 만류했으나 가게야마 민장은 뜻을 번복하지 않고 17일 결연히 대구를 떠났다. 의원 오구라 다케노스케小倉武之助, 스기하라 신키치杉原新吉, 시모다 고키치霜田語吉 등 세 명은 16일 결속하여 사표를 제출하고, 기도 다다지로城戸唯次郎는 조금 늦은 19일에 사임했다. 1907년의 마지막 분란이 이것이다. 가게야마는 1909년

초여름 무렵 추억이 많은 대구를 방문했으나, 그것으로 긴 이별이 되었다.

86. 민장 자리를 놓고 맹렬한 경쟁

모리나가守永의 독무대

1907년 12월 16일 의원 3명이 사임하여 기관 운용이 불가능해진 날부터 계산하여 50일째 되는 1908년 2월 5일에 민회 의원 8명의 보궐선거를 집행하기로 하고 곧 고시되었다. 12월 15일 가게야마 민장 사임과 동시에 도쿠라戸倉 조역助役도 사표를 제출하였으나 집행기관이 없어져 사표를 보류하고 이름만 남겨두었다. 실제로 상당 기간 도쿠라가 사무를 보지 않아서 수석 서기 모리나가 소이치守永宗一가 민장 겸 조역 겸 회계역 겸 서기 격으로 위에서 아래까지 사무를

▶ 모리나가 소이치

맡아 부하를 지휘했다. 도쿠라는 주위의 권고를 받아들여 후임 민장 취임 때까지 다시 사무를 맡았다. 가게야마를 일격에 멋지게 명중시켰으나, 이루어지고 보니 그다지 기분 좋은 일은 아니었다. 본래 가게야마에게 사적으로 어떤 앙심을 품고 있었던 것은 아니다. 그가 갖고 있는 장자長者[118]의 풍격과 그 식견에 경의를 표할지언정 하등 배척할 이유는 없었다. 하지만 도로위원회에서 가게야마의 제안은 이치에 맞지 않는 것이었고, 우리 남문위원 세 명을 퇴장시킨 후 결의한 사항이 금세 실행 불가능한 상태에 빠졌을 뿐만 아니라 무턱대고 유원지를 선

118 덕망이 뛰어나고 경험이 많아 세상일에 익숙한 어른

정한 것 등은 너무도 일부 사람들의 이익을 지나치게 감싸주어 공사를 혼동한 조치였다. 우리는 이러한 문제를 늘 비난했고, 민장 불신임은 말하자면 그런 문제에 대한 울분을 드러낸 것이었다. 하지만 한편으로 이로 인해 우리는 생각지도 못한 적을 만나게 되었다. 1908년 1월에 접어들자마자 보궐선거 대책을 강구하였다. 당시 지쿠고筑後 야나가와柳川 출신의 미카지리 주고三ヶ尻忠吾라는 인물이 있었다. 그때 나이는 58세로 오랫동안 관계官界에 몸담아 각지에서 군장郡長을 역임하고 홋카이도 아바시리網走 지청장을 끝으로 관리생활을 마쳤다고 한다.

공민회公民會가 생기다

초기 민회의원으로 미카지리 다케사부로三ヶ尻武三郎라는 인물이 있었다. 그는 미카지리 주고의 양자로 대구에서 대금업 등을 하고 있었는데 방탕하다 하여 미카지리 옹의 노여움을 사 의원에 당선된 후 얼마되지 않아 대구를 떠났다. 미카지리 옹은 그 후 정리를 위해 왔으나 업무는 그대로 계승하고 있었다. 어떤 기회로 미카지리와 우리가 결합하게 되었고 무엇보다 마스다 도라타增田虎太와 미카지리 옹이 동향이라는 인연도 있어 여러 상의할 일이 있을 때 옹의 저택에 모였다. 미카지리 옹의 저택은 지금도 남아있는데 대구경찰서 뒷편에 비죽 올라선 높은 2층 집이었다. 그곳에 동지들이 매일 모였다. 미카지리 옹이 주보사라고 할 만하였다. 가게야마 민장 배척 전후로 가토 이치로加藤一郎, 아오키 시게노부青木重信 미와 조테쓰三輪如鐵, 이노우에 소노스케井上宗之助 등의 발기로 공민회公民會가 조직되었다. 공민회는 이와세 일파에 합류하여 가게야마, 이와세 등을 옹호했다. 공민회 발회식을 니시키좌錦座에서 열고 이노우에 소노스케가 주의, 강령을 천명한 뒤 이어서 연설회를 열었다. 가토 이치로가 이때 첫 연설을 하고 미와 조테쓰가 열변을 토했다.

두 파의 인물들

이에 대항한 것이 개혁파라고 불리던 우리들이었다. 특별히 회칙이 있거나 맹주盟主를 둔 것은 아니고 단지 공민회파에 대항하는 한 파벌일 뿐이었다. 당시 공민회파의 인물은 다음과 같다.

이와세 시즈카岩瀨靜, 나카에 고로헤이中江五郎平, 기무라 다케타로木村竹太郎, 오구라 다케노스케小倉武之助, 아오키 시게노부靑木重信, 가토 이치로加藤一郎, 마치다 규고町田久吾, 구로카와 엔지黒川圓治, 후쿠치 요시사쿠福地義作, 스기하라 신키치杉原新吉, 이나모토 신신稲本新臣, 시부사와 슈조澁澤周藏, 미와 조테쓰三輪如鐵, 사키사카 쇼키치向坂庄吉

개혁파 인물은 다음과 같다

미카지리 주고三ヶ尻忠吾, 마스다 도라타增田虎太, 와타나베 히스루渡邊比, 야스마쓰 구마키치安松熊吉, 사카이 만지로堺萬次郎, 가와이 아사오河井朝雄, 이토 기치사부로伊藤吉三郎, 마에카와 도모지前川知二

대체로 이상과 같이 나눌 수 있다. 보궐선거를 맞이하여 개혁파는 니시자와 사토루西澤智, 하야시 진시치林甚七, 마쓰모토 세이치松本誠一, 가와이 아사오 4명을 후보자로 추천하여 필승을 기함과 동시에 아사노 세이치麻野清一, 마유미 다다시真弓忠, 시부사와 슈조澁澤周藏, 우치다 로쿠로內田六郎 4명도 공인후보로 내세워 아오키 시게노부, 가토 이치로, 사토 슈조 등에 대항해 백병진을 획책했다.

보궐선거 종료

이례적으로 치열한 경쟁 속에서 2월 4일 선거 전날 밤 니시키좌에서 연설회를 열었는데, 미카지리 주고, 후루쇼 모토사네古莊幹實가 나와 열변을 토했다. 2월 5일의 선거 결과 당선자는 다음과 같다.

니시자와 사토루, 아오키 시게노부, 하야시 진시치, 시부사와 슈조, 아사노 세이치, 마유미 다다시, 마쓰모토 세이치, 가와이 아사오

의원 선거는 어쨌든 무사히 끝났다. 이어서 다가온 문제는 민장 선거 건이었다. 아사노 세이치는 도쿠시마현德島縣 사람으로 일찍이 그 고장에서 군장을 지낸 소가와 유타카祖川豊를 추천하고 이 일을 우지노 이사관과 상의했다. 다행히 우지노 이사관은 소가와와 서로 아는 사이이기에 그러는 것이 좋겠다며 수긍했다고 한다. 그런데 한편으로 공민회파는 죄 없는 가게야마를 떠나보낸 것에 아쉬움이 컸고, 특히 가게야마의 경력에도 흠이 되

는 일이기에 그의 명예를 위해서라도 재선시켜야 한다는 계획이었다. 이 문제로 대구는 크게 떠들썩했다. 또 다른 의견으로는 대구 민장으로 오바 간이치大庭貫一, 미카지리 주고三ヶ尻忠吾, 후루쇼 모토사네古莊幹實, 니시모토 민조西本民城 네 명 중에서 선정하자는 의견도 있었다. 오바 간이치는 당시 한국이민주식회사韓國移民株式會社의 이사取締였던 것 같다. 니시모토 민조는 이번에 미카지리 주고가 자신이 벌인 현 상황에 책임지고 수습해야 한다고 빈번히 말하고 다녔다.

87. 건의안을 내고 민장 선거

예산편성을 끝내다

도쿠라戸倉 조역은 가게야마 민장을 따라 사퇴를 강행했으나 이사관의 권유를 받아들여 사표는 보류했다. 그는 책임을 방기할 수 없어서 2월 초부터 출근하여 1908년도 예산편성과 기다 사무를 보았다. 2월 24일 민회를 소집하여 예산안을 부의附議하였다. 예산의 내용은 다음과 같다.

세입부歲入部

민단세	13,837,000[119]
수수료	139,000
대지료貸地料	963,300
잡수입	651,000
합계	15,590,300

세출부歲出部

사무실비	4,559,000
회의비	579,000
토목비	685,000
교육비	5,084,500

119 원문의 표기를 따랐으나 금액 단위는 '원'이 아니라 '원'과 '전'을 함께 표기한 것이다. 예를 들어 15,590,300은 15,590원 30전이다 통상 마지막 콤마 뒤쪽은 두 자릿수로 표기되나 이 책에는 세 자릿수로 표기되어 있다. 참고로 1905년 대한제국 정부 세출 총계가 19,113,665원이다.

권업비	36,000
권업임시비	607,000
신사비神社費	175,000
구호비	60,000
경비비警備費	345,800
조세	40,000
잡지출	210,000
예비비	350,000
차지료借地料	399,000
임시비	500,000
도로비	430,000
위생비	1,530,000
합계	15,590,300

의장으로 아사노麻野 당선

이상과 같이 당시 대구거류민단의 세계歲計는 매우 빈약하였다. 제출된 의안은 다음과 같다.

1. 학교직원 급여 규칙 개정의 건
2. 수수료 규칙 개정의 건
3. 1908년도 세입출 예산의 건

보궐선거 후 첫 회의이므로 먼저 관례에 따라 추첨으로 의석 번호를 정했다.

1번 아사노 세이치, 2번 가와이 아사오, 3번 사카이 만지로, 4번 아오키 시게노부, 5번 하야시 진시치, 6번 마유미 다다시, 7번 와타나베 히스루, 8번 마스다 도라타, 9번 시부사와 슈조, 10번 야스마쓰 구마키치, 11번 마쓰모토 세이치, 12번 니시자와 사토루

의장선거 결과 아사노 세이치가 당선되었다. 세출입 예산안은 의원들이 심사한 후에 부의하기로 하고 산회하였다. 이것을 심의하지 않은 것은 우리 일파에 다른 꿍꿍이속이 있었기 때문이다.

와타나베渡邉의 품성

마침 이때를 전후하여 미카지리 주고가 나에게 상의하러 왔다.

"가와이 씨, 당신 고향 현懸에 있는 나오이리군直入郡과 미나미아마베군南海部郡에서 군장郡長을 했던 와타나베 무라오渡邉村男라는 사람이 퇴직 후 놀고 있는데 이 사람을 민장으로 추대하는 것은 어떻겠습니까? 제가 추천하려고 하는데."

"어떤 분이십니까?"

"야나가와柳川의 구 번사藩士 출신으로 훌륭한 인격을 가진 분입니다. 전에 중학교에서 교사로 일했을 정도로 한학에 소양이 깊고 와카和歌는 물론 한시도 잘 지어서 유교가 발달한 한국에 적합한 인물이라고 생각합니다. 행정 수완도 다년간 군장으로 단련되어 있어 민단사무를 꾸려 나가는 정도는 아무것도 아니지요. 사위 중에는 국회의원도 있고 미쓰비시에 다니는 이도 있습니다. 재

산도 있어 생활이 풍족하니 봉급을 많이 줄 필요도 없습니다. 한번 생각해 보시지요."

나는 와타나베라는 사람을 전혀 모른다. 하지만 미카지리 옹이 이미 작정하고 우리에게 천거한 사람이라 훌륭한 사람일 것이라 생각했다. 마스다는 나보다 먼저 이에 대한 이야기를 들은 듯 했다. 마스다, 와타나베, 야스마쓰, 사카이, 니시자와 등과 상의하여 결국 와타나베 무라오를 민장으로 추천하기로 결의했다. 이때가 2월 20일 무렵이었다. 당시 2월 24일에 민회를 열기로 이미 결정되어 있었기 때문에 와타나베의 이력서를 전보로 재촉했다. 그러나 시간이 충분하지 않아서 어쩔 수 없이 회의를 연장해야 했기에 위와 같이 예산을 그날 심의하지 않은 것이다. 우리가 이사와 상의하여 민장 선거 건을 공식적으로 제안하게 되면, 방해되는 일이 발생하여 오히려 진행이 어려워질 것이라 생각했다. 당시 분위기가 그러했기 때문에 불시에 건의안을 내고 일거에 통과시키자는 작전을 취한 것이다. 당시 민장 후보자로 자천타천 여러 사람이 거론되었으나 아사노 의장이 내세운 소가와祖川와 가게야마 전 민장의 재선만이 사람들의 입에 오르내렸다.

건의안으로 선거

지난번 연장된 민회가 3월 3일 속행되었다. 이때는 이미 형세가 어느 정도 드러나 있었기에 아오키 시게노부가 결석하고 그 외 11명의 의원들은 모두 출석했다. 방청석에는 비개혁파 인물들이 많았다. 아사노 의장이 개회를 선언한 후 본회에 들어가려 할 때 내가 갑자기 긴급동의를 요청하여 '민장선거의 건'을 의제로 제안했다. 물론 동지 의원 8명이 결속하고 있었기에 의제는 즉시 성립했다. 그리고 와타나베 무라오의 이력서를 제출하고 그를 추천했다. 연기설이 거론되었으나 받아들여지지 않았고, 선거 결과 2대 8의 다수로 와타나베 무라오가 민장으로 당선되었다. 1908년도 세입출 예산안은 원안대로 빠르게 승인했다. 민단에서 민단법 규정에 따라 와타나베 무라오의 취임인가신청서를 제출한 것은 그 다음다음 날인 5일이었다. 그런데 이 문제로 그 사이 범상치 않은 소동이 벌어지고 있었다. 가게야마를 재선시키려고 했던 사람들은 아연실색하여 "해도 너무하는 놈들 아닌가, 건의안으로 민장을 뽑다니 전대 미문의 일이다, 이런 식으로 일이 이루어진다면 민단 행정에 위기가 올 것이다." 라면서 서슬퍼렇게 떠들어 댔다.

88. 민장 불인가로 논란 비등

▧ 민단법 해석

건의안이 성립되어 의제가 되고 그 동기로 민장을 선거한 행위, 즉 대구거류민회가 이번에 와타나베 무라오를 선출한 것은 민단법 제25조를 무시한 위법 행위라는 주장이 제기되어 민장불인가설이 힘을 얻었다. 일설에는 또한 민단법 제25조에 의안제출권이 규정되어 있는데, 의안제출권은 민장에게 있고 물론 의원에게는 없으나 의원들이 동의하여 성립한 것을 민장이 제안하는 경우에는 완전한 의안이 되어 민회가 이것을 의결하는 것이 정당하다는 것이다. 민장을 오랫동안 결원인 채로 두어서는 안되므로 의원이 그 공천을 건의하고 긴급을 요하는 것으로 인정하여 3일 전에 고시하지 않고 제안 즉시 부의했더라도 유효하다는 설도 많았다. 상상을 초월하는 여러 운동이 이 사이에 벌어졌다. 우지노 이사관은 어떤 결심을 했는지 알 수 없지만 민장취임인가신청서를 쉽사리 통감부에 올리지 않고 형세를 살피고 있었다. 중재자라는 사람도 나타나서 선출된 와타나베 무라오에게 사퇴 성명을 내도록 종용하고 있다는 설도 있었으나 우리는 단지 이사관의 결단을 정직하게 기다릴 뿐이었다.

▧ 불인가 지령

그런데 민단이 민장취임인가신청서를 제출하고 딱 한 달째 되는 4월 4일부로 '민장불인가' 지령이 내려졌다.

인가가 내려지지 않은 이유를 도저히 납득할 수 없어서 여론은 곧 시끄러워졌다. 당시 『대구일일신문』은 '민장 불인가에 대하여'라는 표제를 달고 다음과 같은 기사를 게재하였다.

▶ 야스마쓰 구마키치

앞서 대구민단이 대다수로 민장으로 선출한 와타나베 무라오가 불인가된 것에 대해 그 과정에 기이한 느낌을 품고 있는 사람이 많으며 혹여 소수의 반대파가 이사관을 내세워 그 직권을 남용하여 이 지경에 이른 것이 아니겠는가 생각하는 사람들도 있다. 이에 대한 민회의 태도는 아직 명확하지 않지만 모처럼 대다수로 선출한 자를 일정한 이유 없이 인가하지 않는 것은 상당히 온당하지 못한 처사이다. 또한 민회의 명예에도 큰 문제가 되므로 이대로 방임하는 것은 도리에도 맞지 않다. 나서서 이사관에 대항하거나 사퇴하여 그 불명예를 거류민에게 사죄하는 두 가지 방법 중 하나를 취해야 할 것이다. 하지만 이사관 입장에서 일단 불인가 의견을 붙여 통감부에서 각하却下한 자를 재차 채용하는 것은 관리의 위신상 매우 어려운 일이다. 그렇다면 과연 민회는 이 일을 어떻게 마무리할 것인가. 그리고 감독관인 이사관은 어떤 조치를 취할 것인가. 거류민은 차제에 눈을 크게 뜨고 지켜봐야 할 것이다.

오키타의 예봉銳鋒

그리고 4월 5일, 6일, 7일 지면의 사설란에는 '민장불인가'라는 제목으로 신조信條를 밝혔다. 그 결론에는 다음과 같은 과격한 글도 있었다.

> 전략 본래 통감부가 지방에 이사관을 두어 행정상 처리 감독을 명한 진의는 결코 이처럼 무익한 일에 몰두하라는 것이 아니다. 게다가 스스로 나서서 당쟁의 와중에 뛰어들어 소수의 금력당金力黨과 결탁하여 일을 도모하고, 자당이 불리할 때마다 그 공인으로서의 직무를 망각하고 직권을 남용하여 다수를 억누르고 더더욱 분란을 일으키는 화근을 키우는 지방관이라면 어찌해야 하겠는가. 과연 좋은 지방관이라며 받아들여야 할 것인가. 아니다, 그는 행정의 도둑이요 자치의 적이다. 이러한 자가 있어 도리어 지방행정의 원만한 발달이 저해되고 자치단체의 건전한 운영이 중지되는 것이다. 이번 불인가 건은 과연 어떤 원인과 동기에서 배태된 것인지 명백히 밝힐 수 없다 하더라도 그로 인하여 발생하는 영향이 매우 크다고 생각하여 일부러 가장 중요한 소감을 부기하여 상하에 경고하고자 하는 바이다.

눈병 난 오키타

이 글의 필자는 사장인 오키타 스테지로이다. 이 글을 쓰기에 앞서 오키타는 거의 실명에 이를 정도로 눈병에 걸려 후쿠오카현에서 요양을 했다. 이후 조금 회복하여

4월 2일 회사로 돌아온 그 이튿날 마침 민장 불인가 건을 맞닥뜨려 펜을 들게 된 것이다.

▧ 이사관도 변명

당시 민회 의원으로서 마스다 도라타도 '민장불인가 문제'라는 제목으로 3회에 걸쳐 소론을 펼치고 있었다. 마스다의 주장은 지극히 온당하고 민장선거 후의 경위를 서술하고 있어 그 일부를 옮겨 보자면,

> 전략 3월 29일 이사관이 의원 일동을 소집한 후 불인가 취지를 구두로 전달했다. 이사관의 설명에서 우리는 조금도 그 이유를 이해할 수 없음을 유감으로 생각한다. 그 설명에 따르면 이번 민장 선거는 완전히 위법이라고 할 수는 없지만 긴급동의로 제출한 것은 다소 온당하지 못하고, 민장 선거의 절차에 관해 통감부에서도 민단법 해석에 논란이 있기는 했으나 결국 민장은 이사관의 감독을 받아야 하므로 그 선거에서도 이사자가 3일 전에 안건을 제출하여 선거하는 것이 정당한 절차라는 것이다. 따라서 다음 민장 선거에서는 원만한 진행을 위해 이사자와 사전에 상의하여 규정된 절차대로 진행해야 하며 또한 와타나베 씨는 한 번 불인가 되었으므로 재선되어도 무효라는 것이다. 이상이 불인가 이유로 이사관이 설명한 것의 요점이나

89. 명확하지 않은 불인가 이유

오키타 스테지로의 퇴한 처분

당시 우리는 선거 절차에 잘못이 있다고는 생각하지 않았다. 불시의 습격처럼 처리한 것은 다소 온당하지 못하다고 할 수 있을지 모르지만 그러한 예는 의회정치를 하는 곳이라면 어디나 있는 일이고 하물며 동의가 성립된 후 이사자가 발안發案하여 의원들이 이를 심의한 것이기 때문이다. 우지노氏野 이사관의 당시 태도로 보아 십중팔구 불인가일 것이라고 추측은 하였으나 막상 불인가 지령을 받고 보니 적당한 대책을 강구해야 했다. 게다가 쓸데없이 참견하는 이들이 끼어들어 이 문제를 둘러싸고 상당히 시끄러웠다. 그러자 우지노 이사관은 『대구일일신문』 사장 오키타 스테지로沖田棄次郎를 소환하여 "지방의 안녕을 방해한 것으로 판단하여 청국 및 한국 재류민 단속규칙 제1조에 의거, 앞으로 2년간 한국 재류를 금지한다."라는 명령을 내렸다. 지금 생각하면 있을 수 없는 무법한 조치 같으나 당시에는 그러한 단속규칙이 존재하여 영사나 이사관이 법의 위세를 움켜쥐고 있었다. 경북 경산 읍내에 살던 고가 이사무古賀勇라는 사람이 경찰관과 싸워 퇴한 처분을 받은 예도 있었다.

오키타의 퇴거

오키타에게 퇴한 명령은 청천벽력과 같았다. 언론을 단속하는 별도의 법령이 있음에도 당사자를 대구에서 쫓아내는 것은 너무나 옹졸한 조치라며 우지노 이사관에 대한 비난의 목소리가 높아졌다. 오키타의 신경은 날카로워졌다. 상도를 벗어났다고 여겨질 정도의 독필毒筆로 우지노 이사관을 공격했다. 그중 일부를 보자면,

> 우지노 도쿠타로와 같이 편협 무능한 자에게 이사관 직을 맡기고 행정처분권을 행사하도록 한 것은 위험하다는 점에서 이보다 더한 것은 없다. 이번 일도 지각없는 어린애 혹은 광인에게 마사무네正宗의 명검을 휘두르게 한 것과 같다. 우리의 공명정대한 붓이 그저 그들과 같은 야만스러운 관리에 의해 꺾이는 일은 없을 것임을 단언한다. 당신이 칼로 행한 억압은 머지않아 우리 당당한 필진과 정의의 권위가 되갚을 것임을 기억하라. 화가 치밀어 오르는가 우지노 이사관, 눈을 크게 뜨고 지켜보라 우리의 금후 활동을.

그는 이렇게 부르짖으며 경성으로 달려가 기쿠치 겐조菊池謙讓, 미네키시 시게타로峰岸繁太郎, 도카노 시게오戸叶薫雄, 노지마 스스무能島進 등 신문인의 동정을 얻어 언론계의 큰 문제로 만들고 연설회에 참석하고 통감에 진정하는 등 모든 수단을 썼지만 때는 이미 늦었다. 퇴한처분에 대해 3일 이내에 항고해야 하는데 그 절차를 소홀히 하였다. 오키타는 눈물을 삼키며 4월 30일 대구를 떠났다.

민회의 대책

민장 선거는 의원의 직능인 이상 대책을 강구하지 않으

▶ 니시자와 사토루

면 안되었다. 4월 15일 임시거류민회를 열고 두세 개 의안을 심의한 후 '민장불인가에 관한 이사관의 설명이 명확하지 않으므로 통감부에 소명 요구서를 제출할 것'을 마스다增田 의원이 제안하였다. 시부사와澁澤, 아오키青木 두 의원이 반대하였으나 출석자 10명 중 8명의 다수로 가결하였고 기안자는 니시자와西澤, 마스다田 두 사람으로 하였다. 민장 불인가 이유의 소명 요구서는 다음과 같다.

지난 3월 3일 본 민회에서 민단장으로 선출된 와타나베 무라오渡邉村男가 동월 29일 통감부에서 불인가 되었다는 취지로 우지노 이사관에게 구두 통보받았습니다. 당시 이사관이 말하는 그 어디에도 명확한 이유가 존재하지 않아 심히 납득하기 어렵고 또 그 때문에 선후 조치를 취하지 못하고 있습니다. 애초에 3월 3일 민장 선거회 당일에는 우지노 이사관도 특별히 민회에 참석하여 선거 상황을 알고 있었으나 어떤 주의사항도 지시한 바 없습니다. 그 후 결의하여 이사관에게 인가 신청을 통감부에 올려달라 의뢰했을 때도 아무 지시가 없었습니다. 이러한 사실로 보아 결코 선거절차법상 문제가 있다고는 인정하기 어렵습니다. 또한 와타나베라는 인물의 됨됨이나 경력에서도 작은 결함을 찾기 어렵습니다. 그런데도 이번에 불인가 지령이 내려진 것에 본 민회로서는 상당한 의혹을 갖지 않을 수 없습니다. 혹여 일부 거류민의 경솔한 일종의 배척운동으로 인해 일이 여기에 이른 것은 아닌지 부디 다시 조사하시어 민장 불인가 이유를 명확히 밝혀 주시신다면 장래 민장 선거에 큰 발전이 있을 것입니다. 나아가 자치정의 정신을 발휘하여 민회의 면목과 위신을 유지할 수 있을 것입니다.하략

그러나 위의 통감에 올릴 상신서上申書는 위법한 결의라며 상신을 정지당했다.

90. 우지노의 호적수 미카지리 옹

군장님 군장님

미카지리 주고三ヶ尻忠吾는 어떤 인물이었는지 기억을 떠올려 보고자 한다. 후쿠오카현 사람으로 구 야나가와 번사藩士였다. 1850년생이라고 하니 생존했다면 금년 81세가 된다. 1877년 세이난 전쟁 때는 경리警吏였다. 이케베 기치주로池辺吉十郎를 체포하여 참형에 처했을 때의 광경을 자랑삼아 말하며 술안주로 삼았다. 이케베 기치주로는 구마모토의 인재로 사이고西鄕의 사상에 경도되었는데 마침내 사쓰마군薩摩軍에 가담하여 일약 장군에 오른 것은 일반인들도 아는 사실이다. 전쟁에 패한 후 참형되었으나 마지막까지 용맹하고도 떳떳했던 모습이 미카지리 옹의 눈에 선했던 모양이다. 옹은 경부警部가 되어 여러 곳에서 경찰서장을 지냈고 고향에서는 군장으로 출세하였다. 경성에서 성공한 나카무라 사이조中村再造는 옹의 군장 시절 군청의 소사小使로 일한 적이 있어서 1907년 연락선 안에서 옹을 만났을 때 20여년 전 군장이었던 옹에게 군장님 군장님 하고 불렀다 하는데, 그것이 어지간히 옹을 기쁘게 했던 모양이다. 동안童顔에 흰 머리, 흰 수염으로 모두 하얬으나 상당히 건강하였다.

우측통행 시대

1907년 봄 대구에 온 지 4, 5개월. 우지노 이사관 시대가 된 후 우지노 이사관과 미카지리 옹은 하는 일마다 뜻이 맞지 않아 두 번이나 니시키좌錦座에서 단독 연설을 하

면서 통감정치와 민단을 공격하기도 했다. 당시의 주장을 자세히 기억하지는 못하나

一, 청원 의안議案에 청탁 청령廳令의 불가
一, 우측통행에 관해

위의 두 건에 내해 낭낭하게 열변을 토했다. 청원 의안이 무엇이었는지는 기억나지 않지만 청탁 청령이라 하는 것은, 석유창고가 생기면서부터 석유를 수시로 출고할 수 있게 되었으니 가게 앞에 30개 이상의 석유통을 쌓아놓지 않기로 석유조합원이 합의하여 그에 대해 청령廳令을 내도록 한 것을 말한다. 옹은 그렇게 해서는 안 된다고 말하였다. 그리고 일본은 좌측통행인데 비해 한국은 우측통행이었다. 이것은 모두 불편해 하였으므로 이에 대해 옹 혼자만 비난한 것은 아니었다. 옛날 무사들는 허리에 두 자루의 칼을 찼는데 자칫 마주오던 다른 무사와 칼집 끝이 서로 부딪치게 되면 시비가 벌어지기 때문에 서로 오른쪽으로 걸었던 것이다. 그런데 오늘날 무슨 필요가 있어 한국에서만 우측으로 걷게 하는가, 이런 불쾌한 치하에 산다는 것은 치사하게 여겨지니 나는 일본으로 돌아가겠노라고 기세등등하게 외쳤다. 조선의 우측통행은 사이토斎藤 총독 시대가 되어서야 일본과 같이 좌측통행으로 바뀌었다.

▧ 옹과 만주 들판

옹은 과연 잘 단련된, 감정적으로도 강한 사람이었다.

▶ 미키지리 주고

자신이 와타나베를 민장으로 추천해 놓고 이후 와타나베가 민장이 되자 공격하기도 하였다. 오랫동안 관계官界에 있으면서 단련되었고 그 사이에 재산을 모을 정도의 인물이라 매우 빈틈 없고 다루기도 어려운 사람이었다. 1918년 다롄大連의 만선상업회의소연합회滿鮮商業會議所聯合會에 대구상업회의소를 대표하여 참석하러 가던 중 기차에서 떨어져 무참히 사망했다. 거슬로 올라가 1908년 민장 불인가 사건이 일어났을 무렵 옹은 재산이 있어 생활에 곤란함이 없었고 단신으로 대구에 왔으므로 대구에서의 공적, 사적 생활에 아무런 구속 없이 하고 싶은 일을 하고 하고 싶은 말도 거침없이 했다. 오키타 스테지로沖田棄次郎의 퇴한 처분 소식을 듣자마자 옹은

> 오키타가 퇴한 명령을 받은 모양인데 오늘 아침 신문에는 아무 기사도 없지 않은가. 나 같으면 어제 밤을 새서라도 대대적으로 퇴한 처분의 전말을 써서 천하에 발표하여 시비곡직是非曲直의 비판에 호소하는 수단을 택했을 것이다. 내일이면 동정하는 사람도 줄어들 터, 정정당당히 논진을 펴서 크게 싸워라. '독을 먹는다면 접시까지'[120]라는 말이 있다. 이제와서 점잖

---

120 「독을 먹는다면 접시까지(毒を喰らわば皿まで)」라는 일본 속담이다. 일단 독이 들어간 음식을 먹은 이상 죽는 것은 이미 결정된 일이므로 독이 묻은

게 나오거나 저자세로 나온다고 우지노가 한번 낸 퇴한 명령을 취소하겠나.

라는 식으로 오키타를 부추긴 것이 우지노 이사관에게 보고되어 미카지리도 함께 한국에서 쫓겨날 것이라는 소문이 돌기도 했다. 옹은 그 말을 듣고 불같이 화를 내며 우지노 이사관에세 들이닥진 적도 있었다. 그 정도로 활기있는 사람이었다. 그 후 기쿠치 겐조菊池謙譲가 민장이 되고 세제개정안을 공표했을 때 옹은 그 안에 반대하기 위해 1913년 1월 30일 민회의원에 출마하였고 당선되어 그의 소신을 관철했다. 세상의 평가와는 별도로 대구의 발전을 위해 줄곧 진력한 사람이었다. 이 대목이 와타나베 민장 문제와 상관없다고 생각하는 사람도 있겠으나 미카지리와 관련된 일들도 당시의 사정을 아는데 도움이 될 것이며 또 조선의 우측통행시대를 회상하는 계기도 될 것이기에 특별히 이 항을 추가하였다.

접시까지 핥는다 해도 결과는 같다는 것. 비유하여 나쁜 일에 손을 대기로 한 이상 철저히 해 내라, 혹은 기왕 시작한 일은 끝까지 철저히 하라는 의미로 쓰임

91. 재선된 와타나베 민장 인가

민장 재선거

민장 불인가 이유를 묻는 민회의 결의도 유린되어 상신서 제출이 무산되었기 때문에 동지들과 협의하여 개인 자격으로 미카지리 주고三ヶ尻忠吾 옹이 직접 통감부 책임자를 만나 질문하기로 하고 4월 20일 경성으로 갔다. 미카지리가 통감부 요직의 인사를 만나 이야기한 결과 문제는 그 즉시 해결되었다. 성문화된 규정의 절차대로 재선거를 하면 인물에 결점이 없는 한 당연히 인가할 것이라는 결론을 얻어낸 것이다. 그래서 4월 말 민장 선거에 관한 임시거류민회 소집을 이사자理事者에게 요구하였다. 워낙 우지노 이사관의 속셈이 저러하니 민단의 이사자도 쉽사리 민회를 열려고 하지 않았다. 그 사이에 이런 저런 뜬소문이 퍼지고 개혁파 우두머리 3, 4명도 퇴한시키지 않으면 이 국면이 수습되지 않는다는 등의 허튼소리를 하는 자도 있었으나 진지하게 대구 평화를 위해 중재를 시도하는 사람도 있었다. 그러나 이미 민회는 명분론을 정면에 내세우고 있었으므로 중재에는 응할 수 없었다. 민단의 이사자도 더 이상 방해하지 못하고 5월 초 임시 민회가 소집되었다. 마침내 민장 선거의 건이 발안되고 후보자로 소가와 유타카祖川豊, 와타나베 무라오渡邊村男 두 사람이 후보에 올랐는데 아사노 세이치麻野清一는 소가와를 적극 지

▶ 민장 와타나베 무라오

지하였다. 대구 평화를 위한다고 설명했지만 동의하는 사람은 적었다. 선거 결과 8대 3으로 와타나베가 다시 당선되었다. 이번에는 바로 인가를 받아 5월 말 민장으로 취임하고 6월 8일 우지노 도쿠타로氏野徳太郎 이사관은 진주지방법원 검사로 전임되면서 민장 문제를 둘러싸고 벌어진 대구의 소란은 일단락 되었다.

신문경영 곤란

민장 문제가 일단락 되기는 했으나 가장 불행한 처지에 처한 사람은 오키타 스테지로沖田棄次郎였다. 당시 신문경영은 매우 어려운 가운데 겨우 유지해 가다가 돌연 퇴한 처분을 받았으니 그 어려움은 대체로 짐작할 수 있을 것이다. 원래 오키타는 우리 동지들과 아무 인연이 없었다. 그는 가게야마 민장과 이와세를 싫어했는데 우리가 항상 그들과 대립하고 있었으므로 자연스럽게 어딘가 일치하는 부분이 생긴 정도이지, 서로 속마음을 터놓고 진실되게 이야기를 나눈 적은 없는 사이였다. 앞서 민회의원 보궐선거 때에는 노사카野坂현 조선민보 총무가 때때로 선거사무소에 출입하면서 여러 정보를 가져와 작전상 편리했다.

노사카에 대한 기억

노사카는 시모노세키 사람으로 원래는 상인이었다. 오키나 스테지로沖田棄次郎가 1907년 8월부터 『대구일일신문』을 경영하고 신문사의 영업부를 주재하면서 민장 문제가 벌어졌을 때 노사카가 영업주임이었다. 나는 노사카에게 각 방면의 정찰을 맡겼는데 일을 하면서 서로 마음이 잘 맞았다. 오키타가 돌연 퇴한 처분을 받았다는 것도 노사카가 곧장 내게 알려줬다. 오키타의 퇴한은 언론의 퇴한이었으며 전장에서의 화려한 죽음이라 하겠으나 우리의 싸움을 떠맡아 선두에 섰다가 이런 재난을 당한 것이니 가만히 있을 수 없었다. 오키타가 퇴각한 후 신문은 어떻게 될 것인가가 당면한 문제였다. 당시 요시오카 다다이치吉岡唯一, 호를 고잔香山이라 칭하던 기자가 있었다. 오키타의 퇴거 후 편집을 요시오카, 영업 및 경리를 노사카가 맡았다.

후원자들

신문사의 인쇄기와 활자는 여전히 마키노 슈牧野周의 재산으로, 매월 20원씩 대여료를 주고 오키타가 빌렸던 것을 그대로 인계받아 노사카의 그늘에 있던 회의소 서기장 고미야 히코지小宮彦次가 빌리기로 하고 우리 동지들이 대구일일신문사를 후원하기로 하였다. 후원자는

야스마쓰 구마키치安松熊吉, 사카이 만지로堺萬次郎, 마스다 도라타增田虎太, 우에다 겐스케上田謙助, 와타나베 히스루渡邊比, 하야시 진시치林甚七, 가와이 아사오河井朝雄, 미카지리 주고三ヶ尻忠吾

위의 8명이다. 그리고 신문은 명쾌하고 분명하게 우리 편이 되었고 상대편에는 대항했다. 그런데 그 사이 요시오카 고잔吉岡香山의 태도가 어쩐지 물러진 것 같으

니 후원자 8인 중에서 누군가가 신문사 감독을 맡아 달라는 요청이 있어 니시자와西澤가 종종 신문사에 들렀으나 니시자와가 그만두면서 내가 대신 맡게 되었다. 상인인 내가 상당히 다른 분야인 신문과 관계하게 된 것은 바로 이것이 발단이 된 것이다.

92. 박중양 관찰사 재차 부임

회의소로 비화飛火

한편 대구상업회의소는 어떻게 되었을까. 당시 일본인 상업회의소 의원의 임기는 2년인데 1년마다 절반씩 새로 뽑았다. 첫 유임자와 퇴임자는 추첨으로 정했다.

퇴임

아오키 시게노부青木重信, 오노 미네지로大野峯次郎, 오구라 다케노스케小倉武之助, 야스마쓰 구마키치安松熊吉, 기무라 다케타로木村竹太郎, 이노우에 다쓰지로井上達次郎사망

유임

이와세 시즈카岩瀨靜, 가와이 아사오河井朝雄, 와타나베 히스루渡邊比, 나카에 고로헤이中江五郎平, 나카자와 덴노스케中澤傳之助, 요시다 사시치吉田佐七

회의소에도 항상 분란이 일었다. 1907년 2월 10일, 회장 이와세 시즈카가 넌더리를 내더니 결국 사표를 제출하고 이어서 나카에 고로헤이, 나카자와 덴노스케도 사퇴하였다. 3월 9일 반수 개선改選 및 보궐 선거를 치루었고 당선자는 다음과 같다.

보궐선거 당선

야스마쓰 구마키치安松熊吉, 오노 미네지로大野峯次郎, 마에카와 도모지前川知二,

반수개선 당선

우에다 겐스케上田謙助, 후쿠나가 도쿠지로福永徳治郎, 사카이 만지로堺萬次郎, 가토 이치로加藤一郎, 구로카와 엔지黒川圓治, 와케 헤이지로和氣平次郎

이와세 일파는 가망이 없다며 이 선거를 완전히 포기하였다. 우리노 역시 선거운동을 그다지 열심히 하지 않았으나 동지들을 당선시키기 위해 노력했고 9명 중 6명의 동지가 당선되었다. 가토 이치로와 나는 당시 견원지간犬猿之間 이상으로 좋지 않은 사이였다. 가토는 공민회 설립자이고 나는 거기에 반대하는 입장이었다. 이와세가 회장직에서 떠났으므로 후임에 특별의원 다케카와 세이지武川盛次를 천거했다.

▶다케카와 세이지

다케카와는 제일은행 지점장으로 이즈미 스에지泉末治의 후임이었다. 이즈미는 이 해 1월 부산으로 전임되고 군산지점장이었던 다케카와가 그 뒤를 이어 특별의원이 되었다. 농공은행 지배인이었던 쓰치야 히코타로土屋彦太郎가 전년 11월 평양으로 전임되었고 이시이 미쓰오石井光雄가 그 뒤를 이었다. 우편국장 야기 다쓰마八木辰馬는 이쿠하시 요네사부로生橋米三郎를 대신하여 1908년 1월 경성으로 전임되었다. 다케카와는 지금 고베 부근에 사는데 재산을 일구어 부유한 생활을 하고 있다.

기성회의 종언

마침 민장 불인가 문제가 불거진 4월 5일경 달성공원 기성회는 간사회를 소집하여 회계검사를 실시, 이와세 회장과 이노우에 서기장을 문책하였다. 물론 이와세 개인에게 어떤 실태失態가 있었던 것은 아니지만 이노우에의 부정에 대해 너무나 방만하게 감독했다는 이유였다. 이노우에의 부정이 공개됨과 동시에 통감부에서도 주의가 내려져 4월 20일 우지노 이사관은 기성회의 회원 모집을 중지시켰다. 덧붙여 기성회 회원 모집이 5회로 중지되었다고 앞서 말한 것은 내 기억의 착오였고 11회까지 계속되다가 1908년 4월에 중지된 것이 맞으므로 여기서 정정한다.

행정관의 이동

1907년 4월 초순 북문 밖에서 화재가 발생했다. 제12여단 마구간은 민단 사무소와 인접해 있었는데 그 마구간에서 난 불이 민단 사무소로 번져 불탔기 때문에 관찰도 징청각澄清閣 한쪽으로 사무소를 옮겼다. 그것은 아직 와타나베 무라오가 민장에 취임하기 전의 일이었다. 우지노 이사관의 후임으로는 시애틀 영사였던 히사미즈 사부로久水三郎가 4월 23일에 부임했다. 나라지방재판소 판사였던 오카모토 마사오岡本正夫는 대구이사청 부이사관으로 임명받아 8월에 부임했다. 전년 대구 군수에서 평안남도 관찰사로 전출되었던 박중양은 1908년 6월 한국 내무행정개혁에 즈음해서 발탁되어 칙임관 3등에 오르고 경상북도 관찰사에 임명되었다. 이충구 관찰사는 중앙 정계의 움직임에 흔들리다 본인의 청으로 면직되고 박 관찰사가 6월 30일 부임하였다.

내무행정 개혁

1907년 12월 각 부 관제가 개정되면서 내부에서는 무엇보다 지방관 관제 개혁에 무게를 두었다. 종래 징세 및 사법, 경찰의 제 권한을 모두 움켜쥐고 있던 관찰사와 군수는 징세법 개정, 신 재판소 설치, 경찰 제도의 개정에 따라 순전한 행정관으로서 현저하게 그 직권이 축소되어 예전과 같은 정치를 할 수 없게 되었고, 관찰사 아래로 일본인 서기관 1명과 일본인 경사, 주사 몇 명을 배치하도록 하였다. 그러나 여전히 다수의 관찰사, 군수 중에는 완고하고 미욱한 보수사상에 젖어 이러한 개혁을 좋게 생각지 않는 이들이 많았다. 더구나 각지에 폭도가 출몰, 횡행 창궐하여 지방 행정의 적폐를 제거하기 어려웠다. 그래서 정부는 1908년 4월 경성에서 각도 서기관 회의를 열어 지방 시정의 실황 및 개선의 요점을 자문한 뒤 관찰사 회의를 열었고 같은 해 6월 내부 당국의 경질과 함께 지방관 경질도 단행했다. 이때 관찰사로 임용된 사람은 전에 일본으로 망명했던 사람이 다수를 점하였는데 자연히 일본 관헌들과 관계도 원만하여 지방 시정이 제때에 잘 진전되었다. 박중양의 대구 전출도 바로 이때였다.

93. 법원 개설과 관민 대간친회大懇親會

▧ 성대한 개청식

1907년 7월 체결된 한일협약에 따라 한국의 사법 사무를 행정 사무에서 분리하고 일본의 제도를 따라 대심원大審院, 공소원控訴院, 지방재판소, 구재판소區裁判所라는 명칭으로 3심 4계급제 재판소를 개설하였다. 동시에 검사국도 설치하였다. 대심원을 경성에, 공소원을 경성, 평양, 대구 3곳에, 지방재판소를 경성, 대구, 평양, 공주, 함흥, 해주, 진주, 광주 8곳에, 구재판소를 각 도 13곳에 두었다. 대구공소원과 지방재판소에서 최초로 요직에 임명된 사람은 다음과 같다.

▶ 초대 대구공소원장 도이 요타로

대구공소원장 도이 요타로土井庸太郎 동 검사장檢事長 구로카와 미노루黑川穰

지방재판소장 도리야마 고야타鳥山虎彌太 동 검사정檢事正 요시다 유로쿠로吉田雄六郎

도이 원장은 6월 7일 대구로 부임, 도리야마 지방재판소장, 요시다 검사정은 동월 8일에 부임하여 개설 준비에 착수하였다. 그때를 전후하여

판사

마에자와 마사미前澤成美, 이우라 요시히사井浦義久,

나카무라 다카나오中村敬直, 다나카 요시하루田中芳春, 데라카와 산조寺川三藏, 고미 잇페이五味逸平, 사이토 소시로齋藤宗四郎

검사

오무라 모토요大村大代, 도요타 슌스케豊田俊助, 모리우라 구마조森浦熊藏

이상의 인물들이 부임하였다. 대구공소원, 대구지방재판소, 대구구재판소大邱區裁判所는 관찰도 내에 임시 청사를 만들고 1908년 8월 1일 성대한 개청식을 열었다. 법무보좌관 마쓰시타 나오미松下直美도 이때 대구공소원 판사부장으로 전임되었다.

관민 대간친회

7월 상순 히사미즈久水 이사관, 박 관찰사, 공소원 및 지방재판소 직원의 환영을 겸한 관민 합동 대간친회를 개최하였다. 위원은 다음과 같다.

소장少將 쓰네요시 다다미치恒吉忠道, 재무감독국장 가와카미 쓰네오川上常郎, 법무보좌관 마쓰시타 나오미松下直美, 경시警視 시마다 후미노스케島田文之助, 민장 와타나베 무라오渡邊村男

이들과 더불어 출석자 80여명, 민장 문제로 다툼이 있었던 사람들도 이날은 줄곧 사이 좋게 이야기를 나누었다. 박 관찰사 부임 후 시오카와 이치타로鹽川一太郎 서기관은 경기도로 전임되고 후임으로 다케우치 마키타로竹内巻太郎가 임명되었다. 박중양은 부임 후 얼마 되지 않아 성벽 도로가에 있는 가옥을 철거하도록 명하였다. 성벽 파괴는 이전에 박중양이 관찰사 서리 겸 군수로 재직할 때 용기내어 과감히 단행했던 것인데 그가 평양으로 전출되자 다소 지지부진해졌다. 그러다 이번에 다시 부임하여 가장 먼저 성벽 자리 도로공사를 완성하는 일에 착수했는데 이에 거류민들은 쌍수를 들고 환영하였다. 경상북도 경찰부장이었던 시마다 후미노스케島田文之助는 평안북도로 전임되고 후임으로 유아사 히데토미湯浅秀富가 7월 말에 부임했다.

민단법 개정

대구거류민단에서 민장 불인가 문제가 불거지고 떠들썩하게 소란을 피운 탓인지 모르겠으나 민장을 관선으로 하겠다는 문제가 제기되었다. 그리하여 1908년 7월 23일 통감부령 제23호로 민단법 일부가 개정되었다.

> 민단법 제5조 거류민단에 민장 1명을 둔다. 민장은 한국 통감이 이를 임면한다.

민장 관선의 요지는 다음과 같다.

1. 민장은 자치단체 그 자체가 아니다. 민장 선출에서 관선주의와 민선주의는 자치제도에서 실행하는 두가지 방식으로, 민장의 관선은 자치에 어떤 방해도

되지 않는다. 특히 자치의 수뇌가 민장에 있지 않고 의회에 있으며 민장의 역할이 의회의 결의를 집행하는 데 불과하다면 집행기관을 관선으로 한다고 해도 자치의 본뜻은 엄존儼存하는 것이다.

2. 거류민단은 국가의 법률에 의거하여 존재하는 국가의 기관이다. 소위 공법단체이며 본디 거류민의 전유물이 아니다. 따라서 국가의 이해와 거류민의 이해를 일치시켜야 한다는 점에서 국가가 필요로 하는 정도의 감독 또는 적당하다고 인정되는 경우의 간섭은 행정권의 당연한 발동이다.

3. 이사관이 민장을 겸하는 경우 감독자와 피감독자가 혼동되는 경향이 있기는 하지만 어떤 문제도 되지 않는다. 예컨대 총리대신이 다른 대신 직을 겸임하는 것과 같기 때문이다.

이전부터 민장 선거가 마치 거류민 사이에 권력 쟁탈이 일어나는 원인이 되는 것으로 보는 견해가 있었다. 당을 만들고 파벌을 지어 서로 충돌하니 적합한 인재를 선택하지 못했을 뿐만 아니라 일단 그 직에 앉아도 반대파라고 칭하는 자들의 방해를 받아 민단 시정상 좋지 않은 영향을 끼쳤으므로 이러한 화근을 근절하기 위해서 그리고 민장에 적합한 인재를 천거하기 위해서도 관선주의를 채택해야 한다는 것이 통감부의 주장이었다. 대구가 바로 이와 같은 본보기를 두 번이나 보여주었기 때문에 대구로서는 민장 관선에 반대하지 않았으나 다른 지역에서는 맹렬히 반대했다. 와타나베 무라오는 소극

적이라 평가받는, 비교적 공평한 사람으로 무사히 3년 임기를 마쳤다. 당시 54, 55세쯤 되었는데 지금은 고향에서 여생을 보내고 있다.

94. 대립하는 두 파의 신문 계획

매우 순조로운 재정

메가타 다네타로目賀田種太郎가 재정고문에서 사퇴하고 아라이 겐타로荒井賢太郎가 탁지부 차관을 맡았다. 그는 구 재정고문부의 사업을 계승하여 완수하는 데 노력하여 큰 성과를 거두었다. 정부의 경상수입이 1907년에 겨우 991만 원에 불과하였는데 1908년에는 1,341만 원으로 늘었다. 일반재정이 점차 호조되면서 동시에 무역도 차차 양호한 수치를 보였다. 1908년 한국 경제계와 관련된 중요한 사업을 살펴보면, 재원 조사를 위해 천일제염, 술, 담배를 시작試作하거나 시험하였고, 금융기관 정비를 위해 중앙은행인 한국은행을 창설하였다. 그리고 일본정부에서는 동양척식주식회사를 설치하였다. 한국의 행정 면에서는 1908년 6월 내각를 소폭 교체한 것 외에는 큰 파란 없이 지나갔다. 통감정치에도 국부적인 인사이동이 있었을 뿐 1908년에는 이렇다 할 정치상의 변화도 없었으며 일본에 유학중인 한국 황태자 전하의 근황도 줄곧 매우 좋다고 전해지고 있었다.

▶ 탁지부 차관 아라이 겐타로

신문사 이전

다만 대구만은 변함없이 두 파로 갈라져 대립하고 있었다. 박 관찰사가 부임하고 나서 관찰사 관사를 새로 물색하다가 당시 신문사가 빌려쓰고 있던 관유건물지금의 참여관 관사을 관찰사 관사로 개조하기로 하여 신문사가 퇴거 당할 처지에 놓였다. 그때 나는 신문사와 이해관계가 없었으나 후견인과 같은 입장이어서 이후 조치에 대해 노사카野坂로부터 상담 요청을 받았다. 관찰도에서는 경정京町에 있는 사무실도 관유건물인 장판각臧版閣으로 옮겨 달라고 요구했다. 이사하려면 상당한 설비가 필요했다. 구와노 긴타로桑野金太郎가 그 공사를 맡아서 8월 11일부터 장판각 내부공사에 착수하여 8월 20일에 이전하였다. 설비비로 약 300원이 필요하여 그것을 우리 후원자들이 부담하였다. 신문 기사는 늘상 격렬하게 써댔다. 오구라 다케노스케小倉武之助는 당시 동성정東城町에서 인쇄업을 하고 있었다. 기무라 다케타로木村竹太郎도 전당포, 대금업 외에 인쇄업을 하고 있었다. 가토 이치로加藤一郎는 소송 사무에 종사하고 있었다. 그들 한 사람 한 사람에게 무슨 문제가 있으면 신문이 기세 좋게 써대니 마침내 기무라, 오구라, 가토, 아오키, 여기에 이나모토 신신稲本新臣 등이 가세하여 새로운 신문사를 건립할 계획을 세우고 창립 사무소를 처음에는 오구라 활판소 안에 설치했다.

공소원 부지

이때 공소원 부지 문제가 제기되었다. 부지 선정위원은 시부사와 슈조澁澤周藏, 오구라 다케노스케小倉武之助, 후지나와 분준藤繩文順, 사키사카 쇼키치向坂庄吉 등 네 사람이었다. 또 그들만의 돈벌이겠거니 백안시하고 있는 터에, 처음에 동인병원 남쪽에 선정해 두었던 토지가 값이 크게 올라 중도에 위치를 변경하여 시미즈 도쿠타로清水德

太郎, 오카모토 리헤이岡本利平 등의 소유지 3천 평을 청사용지로 구입하였다. 그리고 묘포苗圃 남쪽 6천 평을 관사용지로 매입하려 했는데 관사용지로는 좁고 적어도 1만 평은 필요하다 하여 다른 관유지 용지와 바꾸어 관사용지를 평당 70, 80전 정도로 매수하였다. 청사부지는 평당 1원 정도로 매수했을 것이다. 위원들은 많은 희생을 치르고 별다른 이득도 없었는데 일부에서는 이러니저러니 시끄럽게 떠들어댔다.

대구신보 계획

이래저래 뜻을 모아 신문을 발행하기로 계획했다. 제호는 『대구신보大邱新報』로 하고 자본금 5천 원, 최초 발행일은 9월 1일로 예정했다. 또한 이미 오사카 와타나베 철공소에서 16면형 기계를 도입해 놓고 있었다. 출자자는

> 이와세 시즈카岩瀨靜, 오구라 다케노스케小倉武之助, 기무라 다케타로木村竹太郎, 가토 이치로加藤一郎, 아오키 시게노부青木重信, 시부사와 슈조澁澤周藏, 스기하라 신키치杉原新吉, 구로카와 엔지黒川圓治, 이나모토 신신稲本新臣, 마치다 규고町田久吾, 사토 슈조佐藤周藏, 후지나와 분준藤繩文順, 후쿠치 요시사쿠福地義作

이상 13명이었다. 가토 이치로가 창립 사무를 전담하고 있었다. 『대구일일신문』 쪽에서는 그들이 움직이는 상황을 열심히 살피고 있었는데 박중양 관찰사가 그 신문 창간의 배후에 있다는 정보도 있었다.

95. 합병 성립, 대구신문 발행

박중양의 주선

박중양 관찰사가 『대구신보』 창간의 배후에서 움직이고 있을 까닭이 없었다. 그러나 일단 부딪쳐 보라는 말도 있듯이 마스다增田군과 내가 박 관찰사를 방문하여 여러 의견을 교환하였다. 박중양은 "당을 지어 싸우는 것은 유해 무익하다고 생각하여 새로 신문 창간을 계획하는 사람들을 만나 그만둘 것을 권고하였으나 듣지 않는다. 이렇게 된 이상 두 신문사가 어떻게든 서로 깊이 생각하고 양보하여 합병하는 수 외에 방책이 없다."라는 의견을 밝혔다. 그리고는 짐작대로 박 관찰사는 이런 온당한 의견을 펼치며 우리에게도 순순히 합병할 것을 권했다. 박 관찰사의 의사는 이해할 만했다. 대구의 평화를 위해 혼연일체가 되라는 말이니 이론의 여지는 없으나 알력이 너무나 심각하여 과연 두 파가 거리낌 없이 융합할 수 있을지 의문스러웠다. 그래서 합병을 안중에 두지 않고 처음 방침대로 우리는 『대구일일신문』을 원조하고 있었다.

조정자가 나타나다

그러자 당시 의장이었던 아사노 세이치麻野清一와 니시모토 민조西本民城가 개입하여 반드시 합병을 성사시키겠다며 노력하였다. 이사청에서는 오카모토 마사오岡本正夫 부이사관, 관찰도에서는 다케우치 마키타로竹内巻太郎 서기관이 뒤에서 조정하는 역할을 맡았다. 그래서 대구신보사 측에서는 가토 이치로加藤一郎가, 대구일일신문사 측에서는 필자가 대표가 되어 합병 조건을 심의하였다.

흔쾌히 합병 성립

결국 5 대 5로 합병하기로 하였다. 즉 대구일일신문사는 신문사 소유 재산을 모두 출자로 전환하고 대구신보사는 이미 구입한 기계 1대를 포함하여 출자할 것, 종업원은 쌍방 모두 그대로 채용할 것, 경영대표자는 양쪽에서 1명씩 나와 합의하여 경영방침을 정할 것 등에 합의하여 9월 15일 대표자 조인을 마쳤다. 다케우치 마키타로, 오카모토 마사오는 입회하여 날인만 했고 아사노 세이치, 니시모토 민조가 입회인으로서 기명 조인하여 합병은 의외로 무사히 성립되었다. 합병 성립과 동시에 대구신보사의 창간 사무는 중지되고 대구신보 주필로 예정되어 창간사무를 맡고 있던 미우라 쇼이치로三浦庄一郎는 합병 후 신문사에 초빙하기로 하였다.

▶ 당시 대구일일신문 주필 요시오카 다다이치

합병 신문 발행

1908년 10월 1일부터 합병 신문을 발행하고 합병 조건에 따라 경영하게 되었다. 『대구신문』이라고 제호를 바꾸고 '대구신문사조합'을 만들어 경영 방침을 정했다. 사장은 두지 않고 이사 2명, 고문 2명을 두었다.

이사
가토 이치로加藤一郎, 가와이 아사오河井朝雄
고문
기무라 다케타로木村竹太郎, 사카이 만지로堺萬次郎

나는『대구일일신문』의 후원자 입장이었다가 합병 과정에서 중임을 맡게 되었고 합병 후에는 대구신보사 측에서 가토 이치로, 대구일일신문사 측에서 내가 이사로 추천되어 경영에 간여하면서 신문과 관계맺기 시작했다. 그러나 가토는 법률가, 나는 상인이므로 둘 다 신문에는 조금도 경험이 없었다. 가토는 둘째치고 나는 글과는 극히 관련 없는 상인이었으므로 문필업이나 신문 경영에는 전혀 아는 바가 없었다. 무라마쓰 스케유키村松祐之라고 하는 사람이 편집을 하고 미우라 쇼이치로가 사설을 썼으며 노사카가 영업을 맡았다. 신문사의 편집과 영업 방식이 마치 시골의 조그만 운송업체 같았다. 그해 석달 간, 즉 10, 11, 12월을 가토와 함께 신문사 업무를 보았는데 연말이 되자 1천 원 정도 수입이 부족했다. 물론 업무를 보았다고 해도 수박 겉핥기였고 내용은 조금도 알지 못했다. 극히 방만한 경영이었으므로 결손이 나는 것도 당연했다.

96. 기념해야 할 대구의 개척자

▧ 법원부지 선정의 전말

대구공소원과 관사부지 매수위원이 대상代償[121] 부족액 대신에 교부받은 땅이 대화정大和町의 구 객사 부지, 본정本町 일정목一丁目의 관유 토지와 건물 및 동문 밖 오구라 다케노스케의 저택이 된 관유 토지와 건물이었다고 기억한다. 당시 부지 매수위원은 선대 사키사카 쇼키치向坂庄吉가 병사하기는 했으나 오구라 다케노스케, 후지나와 분준, 시부사와 슈조 등이 다행히 건재하고 있어서 1904년 이래 대구사를 서술하는 데 드물기는 하지만 역시 기쁜 일이다. 오구라 다케노스케, 후지나와 분준, 시부사와 슈조는 모두 대구의 개척자 중에서도 개척자였다. 1904년 1월경 앞서거니 뒤서거니 대구로 들어왔고 더구나 3인 모두 철도와 관련된 인물들이었다는 것도 진기한 인연이라 하지 않을 수 없다. 후지나와는 철도의鐵道醫, 오구라, 시부사와는 철도회사의 경리經理에 속해 있었다고 들었다. 3인이 대구에 주재한 지 27년, 시부사와는 아직도 활발히 활동하고 있으며 오구라, 후지나와는 성공하여 이름을 떨치고 있다. 후지나와는 병원 경영을 다하타田畑 의학사에게 넘겼고, 오구라는 전기 사업에서 패권을 장악했다. 오구라는 금년에 환갑을 맞았는데 기력이 더욱 왕성하니 경축할 일이다. 지인과 친구

121 상대편에게 끼친 손해에 대한 보상으로, 그것에 상당한 대가를 다른 물건으로 대신 물어 줌.

들 그리고 관계자들이 의논하여 환갑을 맞은 경사를 기념하기 위해 그의 흉상을 세우려고 계획하기도 했다. 약 30년을 일관되게 대구를 위해 애쓴 오구라에게 그 정도의 보답은 결코 과분한 것이 아니다. 위에서 교부받은 땅은 1908년 12월 2일 대구민단 사무소에서 경쟁 입찰로 매각하였다. 오구라는 자택 부근을, 사키사카는 본정本町 1정목을, 대화정大和町은 희망자가 많아서 여러 명이 경락競落받았다. 그 후 얼마 지나지 않은 1909년 1월 8일 한국 황제폐하께서 남부지방을 순시하시며 대구에도 머무시게 되어 급히 시가도로를 개통해야 했기에 구 객사자리에서 원정元町 2정목에 이르는 대화정大和町 노선은 도로와 온돌집 위에 백묵으로 두 줄의 선을 긋고 군대가 출동하여 하룻밤 사이에 강제로 가옥을 철거하였다. 이튿날 아침이면 이미 훌륭한 도로가 만들어졌으니 당시의 한국이 아니면 볼 수 없었던 일이었다.

▶ 당시 군의정 마쓰모토 시게마사

마쓰모토가 걸어온 길

지난 1907년 가을, 고쿠라小倉의 14연대가 대구에 주차駐箚할 때부터 연대소속 3등 군의정은 마쓰모토 시게마사松本繁正였다. 마쓰모토 군의정이 1908년 12월 도쿄 제1 위수衛戍병원[122]으로 영전하고 후임으로 1등 군

122 위수란 부대가 일정한 지역의 질서와 안전을 유지하려고 장기간 머무르면서 경비하는 일을 말한다. 위수병원은 위수 지역 내의 군인에

의 도미타 이타루富田格가 부임했다. 마쓰모토 시게마사는 대구에 재임한 1년 동안 위생시설이라고는 거의 없었던 대구에서 공중위생의 발전을 위해 노력하였다. 마쓰모토는 1903년 도쿄군의학교를 우등으로 졸업하고 폐하로부터 은사의 은시계를 받는 영광을 얻은 명예로운 사람이었다. 1907년 황태자 전하께서 한국에 왔을 때 전하를 모셨던 가쓰라 대장이 경성에서 승차 후 갑작스런 복통을 일으켰는데 군사령부는 마쓰모토 군의정에게 전보로 명령을 보내 대장을 돌보도록 하였다. 마쓰모토 군의정은 대구에서 시모노세키까지 수행하며 구급처치와 빈틈없는 간호를 하였고 결국 대장은 쾌유하였다. 대장이 귀경 후 기념으로 금시계를 주었는데 이것은 지금도 마쓰모토의 가보로 되어 있다. 금년 봄 고용인이 훔쳐 달아나 부산에서 저당 잡히는 재난을 겪기도 했으나 다행히 마쓰모토의 손에 돌아왔다. 마쓰모노는 한일병합 후 경상북도 대구 자혜의원장으로 다시 부임하여 육군 1등 군의정으로 오랫동안 병원 업무에 정력을 쏟았으며 경북의 의료 위생이 오늘의 진보를 이루기까지 많은 공로를 남겼다. 퇴관 후 마쓰모토 병원을 운영하다가 금년 봄 은퇴하고 속세와 동떨어져 그야말로 한운야학閑雲野鶴[123]을 벗삼는 경지에 이르렀다.

대한 의무 지원을 위하여 설치한 군 병원이다.

123 한가로운 구름 아래 노니는 들판의 학.

세간의 건망증

의술 분야에서 마쓰모토를, 개척인 중에서는 오구라를 대구 개발의 대표적 공로자로 내세우는 것은 결코 과찬이 아니며 속된 말로 그들의 앞잡이 노릇도 아니다. 세상에는 건망증에 걸린 사람이 많아 걸핏하면 조상도 잊고 불단佛壇과 신단神壇을 방치하여 돌보지 않는 예도 있다. 대구에 살면서 덥다느니 춥다느니 혹은 불편하다느니 촌티가 난다느니 하면서 대구를 저주하듯 이상한 소리를 해대는 것은 한심하고도 부아가 치미는 일이다. 어떤 인연으로 대구에서 일하고 대구에 살면서 무사히 자손을 키울 수 있게 된 현재의 처지에서 그 땅이 준 은혜에 감사하는 사람이 과연 몇이나 될까. 대구에 살면서 대구에 만족하지 못하는 사람은 아마 어디에서 살든 설사 금전옥당金殿玉堂에 산다 해도 틀림없이 만족하지 못할 것이다. 일본인이 5명 또는 10명이 살던 때부터 불편함과 싸워 왔다. 앞에 게재한 세 분과 마쓰모토와 같은 분들은 무어라 해도 현재의 대구를 만든 보배로서 영구히 잊어서는 안될 것이라 생각한다.

97. 유치원 재흥을 위한 아름다운 연예회

▨ 히시키飛鋪의 언변

히사미즈久水 이사관은 당시 51이나 52세 였을텐데 빤들빤들하게 머리가 벗겨져 나이보다 늙어보였다. 몸집이 작고 목도 조금 기울어 풍채가 좋아 보이지 않았으나 남미와 북미에서 외교관으로 근무한 만큼 빈틈없고 사교성이 좋았다. 몸집이 작은 남편과는 어울리지 않게 부인은 키가 크고 살집이 좋아서 나이보다 젊어보였는데 항상 현대적이고 산뜻한 양장을 한 두 딸과 함께 사교장에 드나들었다. 모처럼 만든 유치원은 경비를 댈 방도가 없어 히사미즈 이사관의 부임 전부터 문을 닫고 있었다. 히사미즈는 이를 그대로 방치해 둘 수 없다며 현재 목포부윤인 히시키 히데이치飛鋪秀一 - 히시키는 당시 대구이사청의 속관屬官으로 검사 사무를 다루고 있었다 - 등과 상의하였다. 그 결과 히사미즈 이사관 부부와 따님을 선두로 관민 유지들이 앞장서 니시키좌錦座에서 연예회를 개최하여 유치원 경상비 조성을 위한 자금을 만들었다. 요술, 무용, 활인화活人畫[124]등을 하였는데 사회자 역할을 한 사람이 히시키였다. 프록코트를 입고 무대에 오른 히시키가

"에... 이번에 보시게 될 활인화는 낭도성사娘道成寺[125]

---

124 배경을 적당하게 꾸미고 분장한 사람이 그림 속의 사람처럼 보이게 만든 구경거리

125 가부키 춤의 한 종류

...출연자는 히사미즈 영양令嬢, 잘하면 큰 박수 갈채 부탁드립니다”

꽃 같은 영양의 꽃 같은 화장, 후리소데를 입은 고풍스러운 일본 여성의 훌륭한 활인화에 우뢰와 같은 박수가 쏟아지고 대단한 갈채 속에 대성공을 거두었다. 대구유치원의 연혁을 말할 때 과거 히사미즈와 같은 봉사자가 있었음을 잊어서는 안될 것이다. 3일 동안의 연예회 수입은 607원 83전이었는데 경비를 제하고 449원을 유치원에 기부할 수 있었다. 히사미즈 영양은 언니가 20세, 동생이 18세, 둘 다 비슷한 용모에 붓꽃을 닮은 듯도 하고 진달래를 닮은 듯도 한 딸들이었으나 안타깝게도 언니는 병을 앓고 있었다. 히사미즈는 자식 걱정으로 이만저만한 고통이 아니었을 것이다. 당시 유행했던 랏파부시[126] 노래에 “욱정旭町에서 맞은 편을 보면 이사관 관사가 정면으로 보인다네. 대머리 아저씨가 두 딸로 고생하네 따까 땃따 땃따...”

여전히 이와세岩瀬 전성시대로, 이사관이 저렇게 걱정하고 있으니 내버려 둘 수 없다며 기부금을 모았고, 입장권을 파는 데도 이와세가 앞장서서 움직였다.

예기藝妓단속규칙

대구 유곽지는 1907년 2월 설정되었으나 그 땅에는 쓸모없는 덩굴만 무성할 뿐 언제 유곽이 들어설지 알 수

126 랏파부시(ラッパ節)는 메이지시대 유행했던 노래로 나팔소리를 흉내낸 ‘따땃따 따땃따’라는 의미없는 가사가 가락에 맞추어 붙는다

없었다. 그래서 히사미즈 이사관은 1908년 10월 29일 대구이사청령 제12호로 예기단속규칙을 공표하고 1909년 10월 1일부터 이를 시행할 것을 고시하였다. 예기를 갑종甲種, 을종乙種으로 구분하고 을종 예기는 일정한 구역 내에서 영업을 허가하였다. 따라서 을종 예기는 1909년 10월 1일부터는 유곽지 안으로 들어가야 했으나 해당 업자들이 이를 매우 달갑지 않게 여겨 아무도 유곽 경영을 신청하지 않았다. 민단은 유곽지 7천 평을 불과 3천 원에 매수하였지만 토지를 이용하려는 사람이 나오지 않아 매년 이자로 손해를 보고 있었다. 더구나 그것은 제일은행에서 차입금을 받아 산 토지였다. 대지조례貸地條例도 있었으나 이용자가 없었다. 이런 상황에 이사청령으로 예기단속규칙이 고시되었으므로 민단도 동시에 유곽지 대여 규정을 개정하였으나 땅을 빌리는 사람이 없으니 민단의 재원이 되지 않았다. 원래 재원으로 충당하기 위해 사들인 유곽지가 반대로 민단을 괴롭히는 골칫거리가 되고 말았다.

유곽매수계획

당시 다다야 여관 뒷편, 지금은 어채시장이 들어선 곳에 야마토大和 양행이라는 정미소가 생겼다. 올려다봐야 할 만큼 큰 체구에 위아래 모두 구루메가스리久留米絣[127]로 만

127 후쿠오카현 구루메 지역에서 생산되는 면직물로, 감색 바탕에 흰색 잔무늬가 있다.

▶ 다무라 곤조

든 옷을 입고 사진과 같이 사이고 다카모리西鄕隆盛[128] 처럼 젠체하는 풍채를 한 사람이 그곳의 주인으로 이름은 다무라 곤조田村權藏라고 한다. 구루메久留米 출신으로 그 지방의 호족인데 맏형이 다니 히코이치谷彦一로 귀족원 의원에 당선된 후쿠오카현의 거액 납세자이고 둘째 형의 이름은 기억나지 않는데 유명한 실업가였다. 다무라는 호방한 남자로 일본에서 실패하여 대구로 온 듯 하였다. 정미소집 주인이라 해도 예사롭지 않은 인물이었다. 다무라가 대구 유곽을 매수하여 경영하겠다 생각해 낸 때가 그 무렵인 것 같다.

128 메이지유신의 주역으로 정한론을 펼치기도 했으며 세이난 전쟁 패배 후 할복.

98. 동척 창립과 관민 대간친회

동척 창립총회

1906년 11월 1일 대구에서 거류민단법을 실시하고 같은 해 12월 21일에 민회 의원을 선출한 지 만 2년이 되었다. 제2회 대구거류민회 의원의 임기 만료가 가까워져 1908년 12월 7일에 대구거류민단 고시 제37호로 거류민회 의원 정기선거의 날짜, 장소, 선출할 의원 수를 고시하였다.

1. 투표 장소 대화정大和町 혼간지本願寺 포교소
2. 투표 일시 1908년 12월 21일 오전 9시부터 오후 3시
3. 의원 수 12명

이보다 앞서 두 파는 모든 감정을 버리고 혼연융화渾然融和[129]의 결실을 거두기 위해 이미 신문도 합병하여 『대구신문』을 발행하였고 현재 어떠한 반목도 없었기에 제1회 선거 때 나타났던 것과 같은 험악하고도 맹렬한 경쟁은 벌어지지 않았다. 마을마다 제각기 후보자를 추대하고 모두 그 당선을 기하고 있었다. 1908년 12월 28일, 동양척식주식회사의 창립 총회가 도쿄에서 열렸다. 동척의 창립 사무는 봄부터 개시하였다. 법률안이 제국의회에서 통과될지 안 될지 몰라 사무가 좀처럼 진

129 모든 것이 구별없이 서로 어울려 화목하게 됨

척되지 않고 있었는데 의회 통과 후 주식 공모에 착수하자 권리주가 2원 70전 내지 3원이라는 비싼 가격에 호가되고 공모주식의 할당이 1000분의 28인 대단한 호황을 이루었다. 대구에서는 정재학, 이병학, 정해붕 3명이 창립총회에 출석하였다.

관민 대간친회

당시 대구의 관서官署[130]에는 육군에 쓰네요시恒吉 소장, 기쿠치菊池 대좌, 재판소에 도이土井 검사장, 구로카와黒川 검사장, 도리야마鳥山 지방재판소장, 요시다吉田 검사정, 마쓰시타松下 공소원판사, 행정청에 박 관찰사, 다케우치竹內 서기관, 가와카미川上 재무감독국장, 하타秦 사무관, 이시카와石川 재무관, 히사미즈久水 이사관, 오카모토岡本부이사관, 유아사湯浅 경찰부장, 특종관서에 나카기리中桐 치도국기사, 헤라이戸来 모범장 출장소장, 이쿠하시生橋 우편국장 등이 있었고, 외지에서 온 민간 대표자로 와타나베渡邊 민장, 이케가미池上 원장, 이시이石井 농공은행 지배인, 다케카와武川 제일은행 지점장 등이 있어 민간의 분위기는 이미 융합되어 있었고 박 관찰사의 부임으로 한국인과 일본인 사이의 융화도 이루어졌다. 그래서 망년회를 겸하여 한일관민대간친회를 개최하였는데 출석자가 100여 명에 달

▶ 히사미즈 이사관

130 관청과 보조기관의 전체적 통칭

하는 미증유의 성황을 이루었다. 당시 박중양의 연설이 상당히 인상적이었다.

박 씨의 대연설

한일관민대간친회에서 행한 박중양 관찰사의 연설 요지

한일 양국인이 의사를 소통하고 양자 공통의 발달을 도모하기 위해 개최한 이 모임에 이와 같이 많이 참석하여 공전의 성황을 이루는 것을 보니 소생은 기쁘기 그지없는 바이다. 소생이 이곳 대구와 깊은 인연을 가지고 있음은 이미 여러분이 알고 계시는 바와 같으며, 군수 시절부터 많은 욕지辱知[131]의 일본인들이 항상 큰 가르침을 주어 적지않게 행정상의 편익을 받았음에 너무도 감사할 따름이다. 소생은 일신을 던져 어디까지나 이 땅을 위해 진력하고자 하니, 바라건대 일본인 여러분의 지도와 계발을 부탁드린다. 혹 여러분의 노여움을 살지 모르나 기탄없이 말씀드리자면, 여러분이 이제까지 해오던 방식은 아직 충분히 만족할 만하다 할 수 없는 부분이 있으니 더욱 힘써 주시기를 바란다. 이것은 소생 일 개인 뿐만 아니라 당지의 한국인들이 일반적으로 희망하는 바이며 다만 이를 말하는 자가 없었을 뿐이다. 본디 준이蠢爾[132]한 우리 한

131 '자기(自己)와 교제(交際)하게 된 것이 그 사람에게는 욕이 된다'는 뜻으로, 상대를 높이고 자신을 낮추어 이르는 말

132 벌레 따위가 꾸물꾸물 움직임, 무지하고 하찮은 사람들이 수선거리며 움직임.

국인에 대해서 귀국인은 스승으로서 전수할 책임이 있음을 깨닫고 가르침과 동시에 통감부와 기타 상사上司에 대해서도 설명과 주선의 노고를 사양치 말 것을 절실히 바란다. 이는 단지 대구 한인만을 위한 것이 아니다. 대구 한인의 발전이 바로 거류민 여러분의 발전에도 이익이 된다는 점에서, 여러분이 이를 돕는다는 것은 곧 여러분 자신을 돕고 스스로 대성하는 것이라 믿기 때문이다. 청하건대 한 가지 사실을 말씀드리자면, 금년 도로개수비로 정부에서 2만 원을 교부받았다. 그런데 일본인 토지소유자가 그 토지수용 교섭에 응하지 않고 혹은 과도하게 비싼 값을 요구하여 공사를 결행하지 못하고 헛되이 정부에 교부금을 반환하게 되었다. 한인 가옥은 명령에 따라 정리할 수 있어도 일본인 토지는 밭이나 황무지라도 용이하게 수용할 수 없는 상황이다. 이래서는 지도 계발을 맡은 자가 오히려 방해를 한 것이라 단언하여도 나무랄 수 없을 것이다. 원래 대구는 관리의 안중에 없는, 한국 정부가 도외시하는 지역으로 보인다. 이제껏 경성은 별도로 하더라도 인천, 부산 같은 곳에서는 수십 또는 수백만 원의 국고금으로 각종 경영을 하였고 대구와 지위가 비슷한 평양조차도 수십만 원의 국고 보조를 받았다. 그에 반해 대구는 그저 경주가도 하나만을 열었을 뿐 그 외 사업은 거의 없었다. 귀국인이 수천 명 재류하고 또한 나날이 일본인이 증가하는 이 사통팔달의 요지에 정부가 하등의 시설도 해 주지 않고 중요시하지 않음은 주로 대구를 설명하고 대구를 소개해야 할 귀국인의 노력이 부족한 결과에 있다. 대구를 설명하고 소개하는 데 오로지 일본인 여러분의 힘에 기대지 않을 수 없다. 여러분, 원컨대 이 뜻을 잘 살펴 앞으로 우리를 크게 편달해 주시기를 바란다.

당시 박중양은 재기가 번득이고 패기만만하며 객기가 넘치는 나이여서 닿기만 해도 피가 나올 것처럼 원기 왕성했으므로 말하고 싶은 것은 기탄없이 말하고 하고자 하는 것은 명쾌하게 해냈다. 그날 밤의 연설은 야유와 풍자도 있었으나 모든 사람들에게 쾌감을 선사하고 좋은 기분으로 박 씨의 참뜻을 받아들일 수 있게 하여 관민들에게 호감을 주었다.

99. 추억 깊은 1908년

▧ 의원 정기선거

대구거류민회 의원의 정기 선거일은 12월 21일이었다. 12명 정원에 17명의 후보자가 나왔다. 새로운 인물로 사토 슈조佐藤周藏, 마쓰무라 다이스케松村泰輔, 후쿠치 요시사쿠福地吉作, 후루쇼 모토사네古莊幹實, 가토 이치로加藤一郎, 우치다 로쿠로內田六郎, 구로카와 엔지黑川圓治 등이 출마했다. 구로카와가 공직에 이름을 올린 것은 이때가 처음이었다. 나가이 고타로永井幸太郎, 오노 미네지로大野峯次郎 등의 권유로 결국 나오게 된 것이다. 가토 이치로도 첫 출진이었다. 기무라 다케타로木村竹太郎, 이와세 시즈카岩瀨靜 등은 강력하게 추천을 받았으나 사퇴했다. 선거 결과는 다음과 같다.

당선

아오키 시게노부青木重信 112점, 와타나베 히스루渡邉比 107점, 구로카와 엔지黑川圓治 106점, 마쓰무라 다이스케松村泰輔 104점, 가토 이치로加藤一郎 90점, 후쿠치 요시사쿠福地義作 87점, 야스마쓰 구마키치安松熊吉 85점, 마스다 도라타增田虎太 83점, 하야시 진시치林甚七 82점, 우치다 로쿠로內田六郎 80점, 오구라 다케노스케小倉武之助 76점, 사카이 만지로堺萬次郎 72점

낙선

후루쇼 모토사네古莊幹實 61점, 가와이 아사오河井朝雄

56점

고득점자 4명은 1, 2점 차이로 결승점에 들어갈 만큼 경쟁이 심했다. 당시 아오키 시게노부가 인기가 많았고 후루쇼와 내가 낙선되었다.

▒ 의장선거 경위

선거 결과가 나오고 당선이 확정된 것은 12월 26일이다. 민단은 민회를 소집하여 의장과 회계검사위원 2명을 선출하였다. 마쓰무라 다이스케가 여행으로 결석하고 그 외 11명이 출석하여 의장 선거를 실시하였는데 9표를 얻은 마스다 도라타가 당선되었다. 회계검사위원으로는 후쿠치 요시사쿠와 우치다 로쿠로가 당선되어 회의를 마쳤다. 원래 이 의장 선거에는 여러 복잡한 사정이 있었다. 이전 공민회 계열에서 오구라 다케노스케를 의장으로 추대하고 다른 쪽에서는 마스다 도라타를 내세우며 서로 한 치의 양보도 없었다. 그래서 오구라를 지지하는 쪽에서 니시모토 민조西本民城와 시부사와 슈조澁澤周藏가, 마스다를 지지하는는 쪽에서는 와타나베 히스루渡邉比와 필자가 대표자로 뽑혀 선거 전날 가토 이치로의 집에서 교섭을 벌였다. 인물과 경력 면에서 오구라가 나무랄 데 없었으나 지난 임기 중 의장을 사임했던 관계로 이번에도 사퇴해 주기를 바라고 교섭에 임했다. 하지만 니시모토와 시부사와가 승복하지 않아 결국 1년씩 교대로 하기로 타협했다. 연장자인 마스다가 먼저 하고 다음으로 오구라가 하기로 결정하였는데 나중에 오구라에게 사정이 생겨 마스다가 2년간의 의장 임기를 모두 완수했다.

발행부수 400

1908년은 우리 『조선민보』로서는 기념할 만한 한 해였다. 애초에 오키타 스테지로沖田棄次郎가 주재하던 『대구일일신문』이 건전하게 성장했다면 아무 일 없었을 터인데 민장 불인가 사건으로 오키타가 퇴한 처분을 받아 신문도 위태롭게 기울어졌다. 그래서 나를 비롯하여 여러 명이 지주가 되어 운영하다가 신문합병 후 가토는 재빨리 신문과의 관계를 끊었고 나는 그 관계를 끊지 못해 결국 오늘날까지 이르게 된 것이다. 신문사로서는 그것이 행인지 불행인지, 나 자신에게도 행 불행의 어느 쪽인지 전혀 판단할 수 없다. 만약 대신해 줄 사람이 있었다면 신문이 더욱더 발전했을지도 모른다. 하지만 모든 것이 숙명이려니 하고 체념하였다. 그렇게 신문과 인연을 맺은 1908년 10월 1일은 필자의 일대 운명을 지배한 가장 기념할 만한 날이었다고 해도 과언이 아닐 것이다. 운명의 신의 장난은 그래서 아니 그렇기 때문에 신이 아닌 인간의 몸으로는 예견할 수 없는 것이다. 1908년 12월 25일에 전 부산일보 기자였던 고가 쇼지古賀省二라는 자를 채용함으로써 신문이 몹시 품위없어지고 신문 그 자체가 세상의 오해를 받게 된 것에 당시 경험이 없던 필자는 관심을 기울이지

▶ 구로카와 엔지

않았다. 그도 그럴 것이 이사 두 사람은 물론 주필이나 영업주임도 거의 전부가 신문에 대한 아무런 경험이 없었으므로 고가古賀 한 사람에게 휘둘리고 있던 상황이었다. 당시 『대구신문』은 300부가 팔렸으나 400부를 발행하고 있었다. 연말인 26일, 『대구신문』 주최로 망년회를 열었다. 쓰네요시恒吉 여단장, 박 관찰사, 히사미즈久水 이사관, 기쿠치菊池 연대장, 가와카미川上 재무감독국장 외 관민 약 40여명이 참석했다.

언문부록 발행

박 관찰사는 한국어로 신문을 발행하여 경북 41개 군의 면, 동, 리에 의무적으로 구독하게 하면 지방 개발에도 도움이 되고 신문사도 이익을 얻을 수 있을 것이라며 일거양득 일석이조의 명안을 발의했다. 그래서 이미 그러한 계획을 세우고 있었다고 보고하며 신문 경영에 대한 원조를 구하였다. 1910년에 한국어 부록을 발행했으나 이는 실패로 끝났다. 이렇게 1908년은 바야흐로 저물어갔다. 1909년 기유년 새해를 맞이하여 1월 1일 오전 10시에 요정 달성관에서 신년축하 명함 교환회가 개최되었다. 회비는 1인당 30전으로 당시 발기인은 다음과 같다.

이쿠하시 요네지로生橋米次郎, 이케가미 시로池上四郎, 이시이 미쓰오石井光雄, 박중양, 도이 요타로土井庸太郎, 도리야마 고야타鳥山虎也太, 오자와 고토부키小澤壽, 와타나베 무라오渡邉村男, 가와카미 쓰네오川上常郎, 가토 이치로加藤一郎, 가와이 아사오河井朝雄, 요시다 유로쿠로吉田雄六郎, 다케우치 마키타로竹内巻太郎, 다케카와 세이지武川盛次, 쓰네요시 다다미치恒吉忠道, 나카하라 후사이치中原房一, 구로카와 미노루黒川穣, 후리하타 기요미降旗清美, 사카이 만지로堺萬次郎, 기쿠치 슈덴菊池主殿, 유아사 히데토미湯淺秀富, 히사미즈 사부로久水三郎

혼란한 상황 속에서 이렇게 1908년은 저물었다.

100. 기유년 신년 연회의 추억

▒ 성대한 신년회

1909년 1월 1일 오전 10시부터 달성관에서 대구 관민의 신년 명함 교환회가 개최되었다. 참석자는 200여 명으로 오늘날에 비하면 매우 적적한 모임이라 하겠으나 당시로서는 굉장히 성대한 것이었다. 달성관 주인은 오카다 지로岡田二郎라고 알려져 있으나 본명은 오카다 기하치岡田喜八이다. 오카야마현岡山縣 사람으로 처음에는 토목청부업 등을 했던 모양인데 그 당시에는 대구소방조 조두組頭로 얼굴이 잘 알려져 있었다. 그 이듬해 화재가 발생하여 당시의 건물은 불타고 지금의 기요노야淸屋가 운영하고 있는 광대한 건물을 지었으나 낙성도 하기 전에 사업이 기울고 만년에 정신병에 걸려 말로가 처량해졌다. 그 오카다가 한창일 때 위의 명함 교환회가 개최되었던 것인데 오카다의 요청으로 개회 전에 재구 명사들의 휘호식이 열렸다. 첫 번째로 기쿠치菊池 연대장이 윤필潤筆하고, 다음으로 쓰네요시恒吉 여단장, 구로카와黑川 검사장 순으로 모두가 자신만만하게 건필을 휘둘렀다. 다음으로 박 관찰사의 차례가 왔다. 무언가 생각이 있었던지 박중양이 별실로 피했다. 그러자 참석자 누군가가 다년간 시정市井을 방랑한 박중양이 무엇을 쓸 수 있겠는가 하며 멸시하는데, 가와카미 쓰네오川上常郎가 독려하사 박중양이 붓을 들어 묵흔이 선명하게 '만복여

운흥萬福如雲興' 다섯 자를 썼다. 용사비동龍蛇飛騰[133], 필단활약筆端活躍[134], 함께 자리한 사람들을 앗 하고 놀라게 하였다. 박 씨는 일본에 망명하기를 10년, 경찰학교에 들어간 후 일본의 각 부현을 두루 다니면서 간혹 필경筆耕으로 의식을 해결했을 정도로 대단히 운치있는 필력을 가지고 있었다. 박 씨의 일편 휘호는 박 씨가 가진 인격의 편린을 드러내며 그의 직무가 갖는 위엄에 무게를 더해주었다. 그 휘호는 액자에 넣어져 '달성관'에서 '야마토'로 바뀔 때까지 오랫동안 그곳 현관에 걸려 있었다. 명함 교환회는 상당히 성황을 이루었다. 히사미즈久水 이사관이 개회사를 하고 예주禮酒가 돌고 나서 쓰네요시恒吉 여단장의 선창으로 한일 양 황실을 위한 만세 삼창으로 끝났다. 만세할 때는 항상 한일 양 황실을 함께 호명하여 삼창하였다.

동척의 한국진출

연말에 동양척식회사가 성립된 것은 한국의 사업경영자들에게 어두운 밤의 등불과도 같은 것이었다. 각 신문들도 동척의 다음 움직임을 보도하면서 사업계에 지침을 제시하고 있었다. 1월 5일 『대구신문』에는

동척회사는 제1회 납입을 완료하였으며 정·부총재

133 '용과 뱀이 하늘로 날아오르다.'는 뜻으로, 살아 움직이듯 매우 활기차게 잘 쓴 글씨

134 붓 끝이 기운차게 뛰어다님

이사 이하는 오는 15일을 전후해 한국으로 건너가 제일 먼저 한국정부에 300만 원을 대가貸價로 제출하여 전지田地 5,700정보町步, 산림과 밭도 같은 면적을 인도받는다. 경성에 본사를, 남한 3도에 지점을 설치하여 토지개량, 종묘, 비료검사법을 실시하는 한편 자금 250만 원의 일부를 떼어 금융업을 개시할 예정이며 이와 관련하여 이사 1명 및 사원 수명이 본사 설립의 임무를 띠고 이른 봄 일찍이 선발 도한할 것이다.

동양척식회사의 중역은 이미 보도한 바와 같이 확정되어 드디어 12월 28일에 임명받았고 이후 창립준비 사무는 큰 진척을 보이고 있다. 각 이사의 담당 업무는 대체로 다음과 같다.

사무부장 이노우에 고사이井上孝哉, 서무부장 하야시 이치조林市藏, 금융부장 이와사 데이조岩佐程三.

그러나 위와 같이 3부제를 채택할 것인지 아니면 조사부를 설치하여 4부제로 할 것인지는 아직 정해지지 않았으나 만약 조사부를 설치한다면 한국측 이사 한상룡에게 부장이라는 중임을 맡기고 미네 하치로嶺八郎에게 비서역장을 맡길 것이다.

이런 식으로 동척과 관련된 신문기사가 각 신문의 경제면을 장식했다. 그해 가을 동척 대구지점이 설치되었는데 그 과정에서 후지나와 분준, 오구라 다케노스케小倉武之助, 나카하라 후사이치中原房一, 시부사와 슈조澁澤周藏, 사키사카 쇼키치向坂庄吉 등이 진력했다. 진주와 대구의 농공은행이 합병하여 경상농공은행이 되면서 그 건물을 신축하였는데 융희 2년1908년 12월 27일 낙성하였다. 현재의 조선식산은행 지점이 그것이다. 그리고 음력 12월 25일 경상농공은행 농공채권 모집을 마감하였는데 예정액 10만 원에 대해 3,000구좌, 즉 3만 원이 모였다. 그래도 평양의 120구좌 1,200원에 비하면 매우 좋은 성적이라며 당사자가 기뻐했을 정도로 당시 농공은행이 빈약했음을 여기서도 알 수 있다.

편안한 생활

당시 백미 시세는 1석에 8원 20, 30전이고 시중의 소매가는 11원 정도였다. 백미 시세가 기준이 되어 일용 식량을 싸게 구할 수 있었으므로 생활은 편안했다. 『대구신문』 주필의 월급이 40원, 편집장이 30원, 영업주임이 30원, 평기자는 10원 내지 20원이었다. 이는 오늘날과는 달리 편안했던 그 당시 생활상의 일단을 살필 수 있는 것이기에 적는다. 또 한 가지 지금과 달랐던 점은 한일 양 정부의 대표자라고도 할 수 있는 이사관과 관찰사가 사교면에서도 노력했다는 것이다. 이사관과 관찰사가 주최하는 신년회, 천장절天長節, 만수절萬壽節, 건원절乾元節 등의 축하회가 각각 따로 열렸다. 만수절과 건원절 모두 한국 황제의 탄신일인데 한일병합과 동시에 그 의식은 중지되고 지방장관의 천장절 축하회만이 유구하게 성대히 거행되었다.

101. 황제를 봉영하는 미증유의 성사盛事

순행 조칙

1909년 1월 4일 한국 황제의 남한순행 조칙이 다음과 같이 내려졌다.

짐이 생각건내 백성은 나라의 근본이다. 근본이 견고하지 못하면 나라가 평안할 수 없다. 돌이켜보면 부덕한 몸으로 부황 폐하의 명명明命을 받들어 보위에 오른 뒤에 밤낮으로 위태로운 나라의 형편을 안정시키고 도탄에 빠진 백성들의 생활을 구원할 일념뿐이었다. 그래서 정사를 개선하자는 큰 결심으로 원년에 종묘 사직에 맹세하고 감히 조금도 게을리 하지 않았는데, 지방의 소요는 아직도 안정되지 않고 백성들의 곤란은 끝이 없으니, 이를 생각하고 말하자면 가슴이 아프다. 더구나 이런 혹한을 만나 백성들의 곤궁이 더 심하여질 것은 뻔한 일이니 어찌 잠시라도 외면한 채 나 혼자 편안히 지낼 수가 있겠는가. 그래서 단연 분발하고 확고하게 결단하여 새해부터 우선 여러 유사有司 신료들을 인솔하여 직접 국내를 순시하면서 지방의 형편을 시찰하고 백성들의 고통을 알아보려고 한다. 짐의 태자태사太子太師이며 통감인 이토 히로부미 공작은 짐의 나라에 성의를 다하면서 짐을 보좌하여 인도해 수고, 지난 무더운 여름에는 우리 태자의 학식을 넓히기 위하여 그토록 늙은 나이에 병든 몸도 아랑곳하지 않고 일본국 각지로 데리고 다닌 수고에 대해서는 짐이 언제나 깊이 감사하고 있는 바이다.

그래서 이번 짐의 행차에 특별히 배종할 것을 명하여 짐의 지방의 급무를 보좌하여 근본을 견고하게 하고 나라를 평안하게 하여 난국을 빨리 수습하도록 기대하는 바이다. 너희 대소 신민들은 모두 그리 알도록 하라.

1월 7일 경성을 출발하여 대구에 1박 하시기로 결정되자 대구는 위아래로 크게 법석을 떨며 갑작스레 도로 공사가 시작되고 홍백의 장막을 쳐서 도로 좌우의 낡은 집들을 감춘다느니 황제가 지나는 길에 아치문을 세운다느니 양복점에는 프록코트 주문이 쇄도한다느니 추석과 설이 일시에 닥친 듯한 소동이 일었다. 예로부터 성왕이 천하를 다스릴 때 반드시 구중 깊은 곳에만 있을 것이 아니라 때로는 사방을 순행하여 관리를 시찰하고 서민의 질고를 살피는 것이 이른바 선정善政임은 두말할 것도 없으나 예전처럼 도로가 개통되지 않고 교통편이 없던 시대에는 그것을 자유롭게 할 수 없었다. 신 황제는 즉위 후 10월에 수원으로 행행行幸[135]하셨고 지금은 또 저 멀리 남한 땅을 순행하시려는 것이다. 더구나 이토 통감이 배종하는 성대한 행사를 맞이하게 되니 한일인 모두가 기뻐하며 진심에서 우러난 정성을 보이려 함은 참으로 당연한 일이었다.

---

135 임금이 궁궐 밖으로 거동 함. 임금의 나들이

장막천 매점買占

마을마다 제각각 단장에 골몰하고 있는데 도착 2,3일 전에 장막으로 쓸 홍색 옥양목이 품절되고 오직 서시장西市場의 마에카와 상점만이 그것을 갖고 있다는 것이 알려졌다. 마에카와 도모지前川知二는 앞서 언급한 적도 있는데, 오사카 사람으로 장사에 빈틈이 없고 민첩했다. 당시 30세 정도의 나이였을텐데, 그 전날 하룻밤 사이에 대구 시내의 홍색 옥양목을 모두 사들인 것이다. 사람들은 분하게 여기면서도 1필에 2, 3원씩 더 비싸게 주고 샀다는 이야기가 지금도 전해지고 있다.

각 숙소와 위원

폐하의 행재소는 관찰사 관사, 통감 숙소는 이사관 관사, 궁내대신 숙소는 안이라고 하는 사람의 집으로 하였고 접대는 서봉기가 맡았다. 승녕부 총관 등의 숙소는 정해붕, 궁중 고문관 등의 숙소는 이병학, 규장각경과 장례원경掌禮院卿[136] 등의 숙소는 이장우, 전선사장典膳司長[137] 등의 숙소는 최만달, 전의약제사 등은 김갑진, 총리대신, 내부대신, 농상공부 대신 등은 이경옥, 그 외 대여섯 집을 귀빈의 숙소로 배정했다. 일본인 측 서기관, 사

---

136 장례원은 대한제국(大韓帝國) 시기에 궁내부(宮內府)에 속한 관청 (官廳)으로 궁중의 의례와 관련하여, 전식(典式)·제향 (祭享)·조의(朝儀)·음악·능원 (陵院) 등의 일을 맡아보았다. 장례원경은 장례원에 소속된 으뜸벼슬을 말한다. (한국학디지털 아카이브 참조)

137 전선사는 1895년 종래의 사옹원(司饔院)을 고쳐 궁중내의 음식, 잔치와 그 기구를 보관하는 일을 관장하던 궁내부 산하 관서를 말한다. 주임관인 장 1인과 판임관인 주사 4인을 두었다. (한국민족문화대백과사전 참조)

무관 등은 다다야 여관, 통감부 소속의 문무 고관은 모두 이사관 관사를 숙소로 정하였다. 대구에서 폐하를 맞이하고 접대할 위원을 구성하였는데 위원장은 쓰네요시恒吉 소장이, 부위원장은 박 관찰사와 히사미즈久水 이사관이 맡았다. 그리고 위원부를 16개로 나누어 각각 위원을 배치하여 수일간 그야말로 잠도 못자고 쉬지도 못하면서 빈틈없이 만반의 준비를 끝냈다.

102. 의장병을 선두로 장엄한 노부鹵簿[138]

옥보玉步를 남기다

한국 황제폐하께서는 민정 시찰을 위해 1909년 1월 7일 오후 3시 20분에 궁정열차로 대구에 도착하셨다. 하늘에 영광이요 땅에는 축복이라, 한국과 일본 수만의 사람들이 환천기지歡天喜地[139]의 성성을 다해 어가를 맞이하였다. 폐하의 어가가 출발하자 군악대가 국가를 연주하고 장엄한 기운이 사방을 압도했다. 봉영하는 관민 모두 최고의 경례를 드리는 가운데 폐하는 지붕 없는 어가에서 가볍게 인사하시며 행재소에 들지 않으시고 의장병을 선두로 장엄한 노부鹵簿를 이루어 도열한 봉영 인파 가운데를 지나셨다. 이어 의양군과 기타 수행원들이 탄 40채의 가마가 뒤를 따랐다. 폐하는 육군 정장正將 군복 차림으로 옥안이 특히나 좋아 보이셨다.

원기있는 이토 공

이토 통감은 폐하 일행에 이어 한일 문무고관을 거느리고 하차하였다. 대검정모帶劍正帽에 장식끈을 두른 통감복을 입고 매우 활기있게 무라타村田 소장과 마차에 동승하여 병사들의 호위를 받으며 행재소로 향하였다. 행행行幸의 가두에는 각 학교 학생들을 앞에 세웠고 한일

---

138 임금이 행차할 때의 의장(儀仗). 또는 의장(儀仗)을 갖춘 행차의 행렬(行列)

139 '하늘을 우러러 기뻐하고, 땅을 굽어보고 기뻐한다.'는 뜻으로, 대단히 즐거워하고 기뻐함을 이르는 말.

배관拜觀 인파 수만 명이 조용하고 엄숙한 가운데 폐하의 노부를 맞이하고 통감의 마차를 배웅했다. 학생들이 작은 기를 흔들며 만세를 연호하는 가운데 폐하는 오후 4시 행재소에 도착하셨다. 폐하께서는 남한 순행의 첫날을 대구 행재소에서 보내시고 이튿날인 8일 오전 9시 10분에 부산으로 향하시는데, 부산과 마산 행행을 마치고 환행還幸하시는 12일에 다시 대구로 오셔서 하루를 머무실 예정이라 대구로서는 거듭 영광이었다.

103 별과 같이 열석한 귀현貴顯의 회합

▒ 대환영회 광경

황제 순행 첫날인 7일 밤 달성관에서는 의양군, 이토 통감, 각 대신, 기타 수행 고관을 초대한 환영회가 열렸다. 빈객으로는 한국 황족 의양군과 이토 공을 비롯한 약 60명의 한일 고위 고관, 회원 참석자는 100여명으로 그야말로 전무후무하게 성대한 행사였다. 정면 장식단 앞에 좌석 두 개를 마련하여 한 자리에는 의양군이, 다른 한 자리에는 명실상부한 희대의 대정치가이자 한국의 태자태사太子太師이며 황족대우 통감대훈위 이토 히로부미 공이 앉았다. 그다음으로 내각총리대신 이완용 이하 다섯 명의 대신들이 자리했는데 당시 강직하면서도 뛰어난 재주를 가진 것으로 이름난 송병준도 있었다. 그 외 중추원 의장과 부의장, 고문 등은 귀빈 축에도 들지 못할 정도로 대신들만 해도 다섯이나 있었던 것이다. 죽 늘어서 들어오는 이들 모두 프록코트 차림이거나 혹은 철경거리는 대검帶劍 소리로 위압감을 주는 모습들인데, 꽃구경에 장검이 무슨 소용이냐며 검과 모자는 현관에서 맡겼다. 그날 밤 예정에 없던 제2함대 사령장관 데와 시게토出羽重遠 중장이 노무라野村 참모장과 함께 참석했는데, 봉영을 위해 대구에 온 두 사람을 초청한 것이다. 중장은 민 궁내부대신과 이 군부대신 사이에 자리를 마련해드렸다. 식사가 끝나자 환영위원장인 쓰네요시恒吉 여단장이 주빈을 향해 한쪽에 서고, 왼쪽에 박 관찰사가 나란히 섰다. 쓰네요시 소장이 먼저 환영사를 하고 박 관찰사가 이를 통역한 후 자신도 환영사를 하였다. 연회 중반에 이토 공이 답사와 훈화를 하자 만장이 극히 정숙하게 경청하였다. 공의 연설이 끝나자 일동 잔을 올려 쓰네요시 소장의 선창으로 한국 황제폐하 만세 삼창을, 이 총리대신의 선창으로 일본 황제폐하 만세 삼창을 외치며 의례는 모두 끝났다. 이후 흥겨운 환담歡談 소어笑語가 끝없이 이어지고, 기녀의 춤에 이토 공이 만족한 듯한 웃음을 지었다. 오후 10시에 끝난 이 성대한 행사는 필자가 이전에도 그리고 물론 이후에도 경험한 적 없는 것이었다. 위인도 있고 영웅도 있었으며 재인이 있는가 하면 학자와 사무원도 있었다. 이토 공의 연설은 듬직하여 급한 구석이 없고 침착하면서도 진지하여, 자애로운 아버지와 좋은 스승이 자식과 제자를 가르치는 태도 그 자체였다. 그 자리에 있던 백 육십여 명은 한결같이 고개를 수그렸다. 쓰네요시 소장의 환영사는 성심성의를 표현한 것이었고, 박 관찰사의 연설은 과감하고 직접적이며 쾌활하면서도 가식 없이 노골적인 면이 좋았다. 이윽고 박 관찰사가 통감 앞에 나오자 통감은 싱글거리며 "자네 기세가 대단하군."하고 웃으시니 박 관찰사는 "아, 예." 하고 겸연쩍어 하긴 했으나 체면을 크게 살려준 셈이었다. 데와 중장은 일본의 전통 예복 차림에 굵고 당당한 골격으로 부유한 은행장처럼 보였는데 시종 미소를 띄운 채 이 군부대신과 이야기를 나누었다.

저녁 제등행렬

이토 공이 숙소로 돌아왔을 무렵 소학교 학생들을 선두

로 관민 제등행렬이 시작되었다. 이토 공의 숙소 앞에서 '이토 공 만세'를 삼창하자 한 손에 제등을 든 이토 공이 2층에 모습을 드러내어 정중하게 답례하였다. 이날 밤 공을 숙소로 배웅한 예기藝妓는 긴토키金時라 하는데, 오카야마 출신으로 코가 큰 여자였다. 공이 작은 보자기에 도도이쓰[140]를 써 주었는데 이후 60원을 받고 팔아버렸다고 한다.

140 일본 속요의 하나. 에도 말기부터 메이지시기에 애창되었으며 내용은 주로 남녀간의 애정에 관한 것이다.

104. 대구에서의 이토 공 연설

▧ 이토 공의 연설
1909년 1월 7일 이토 공을 비롯하여 의양군, 각 대신들과 그 외 초대 인사들이 자리한 달성관에서의 이토 통감의 연설

저하, 각하, 쓰네요시恒吉 환영위원장, 박 관찰사 그 외 각하 및 여러분

한국 황제폐하가 이번에 지방 민정을 시찰하시기 위해 매서운 추위를 무릅쓰고 당 지방에 임행하신 것은 한국에서 미증유의 성사盛事이다. 그리고 그 취지는 단지 풍경을 관람하거나 유람하는 데 있는 것이 아니라 옥체의 노고를 마다하지 않고 폐하께서 친히 인민의 상황을 살피시기 위함이다. 즉 조서에 있는 바와 같이 지방의 상황은 아직도 완전히 평온으로 돌아가지 못한 상황이다. 그러므로 폐하께서는 심중에 지방 인심의 평화를 회복시키고 각각의 업무에 권면케 하며, 내 보도輔導[141]에 따라 한국의 부강을 도모한다는 진의를 갖고 계시다. 그리하여 오늘 아침 경성을 출발해 대구에 임하신 것인데, 대구의 한일 양국 관민이 열성을 다해 임행을 환영해 주었으니, 이러한 열성적인 환영은 폐하의 진의를 완전히 이해하였기에 나올 수 있는 것이라 믿어 의심치 않는다. 그러므로 이후

141 도와서 올바른 데로 이끌어 감

에도 각자 더더욱 서로 노력하여 지방의 평화를 희망하는 사람들이 한국의 안녕을 위해 교육하고, 식산殖産하고, 흥업을 더더욱 진보케 할 것을 소망하며, 폐하의 진의에 따라주기를 희망한다. 오늘 밤 연회는 본관과 폐하를 모시고 온 여러 각료를 위로하기 위해 열린 자리이나, 환영 취지는 연회와 관계 없이 오로지 한일 양국의 친화親和를 꾀하고 인심의 화합을 위해 노력하여 협심동력協心同力, 서로 해를 주지 않고 서로 도와주어 한국의 번영을 위해 진력하는 데 있음을 믿어 의심치 않는다.

오늘날 한국정부는 내 지도 하에 부지런히 국가의 안녕을 위해 노력하고 있으며 그다음으로 제반 사업의 운영과 발전을 위해 애쓰고 있다. 더구나 한국 황제폐하는 매번 본관의 충언을 받아들여 양국의 친화를 위해 열심히 노력하시는데, 이번에 본관의 보좌에 의지해 남방으로 순행하시며 그 배종을 본관에 요청하신 것에 비추어 보아도 명백하다 하겠다. 이번 기회에 본관이 특히 한국의 여러분께 희망하는 것은, 한국인 중에 걸핏하면 이웃 나라의 호의를 의심하고 때로는 일본이 한국을 부조扶助한다 말하면서 그 진의는 한국을 망하게 하는 것이라 하는 자들도 없지 않다. 이것은 각지에서 본관에게 오는 보고에서도 명백하다. 하지만 일본은 그와 같이 불성실한 국가가 아니며 성실하게 이웃 나라를 돕고 부축하고 유도하여 한국 신민의 행복이 증진되기를 열망하고 있다. 무릇 정치란 먼저 인심을 안정시키는 데 그 의의가 있고, 그 후에 스스로 이용후생의 발전을 결의하도록 기다리는 것이 바람직하다. 이번 순행은 주로 이러한 취지에 근거한 것이며 따라서 한국민은 폐하께서 이렇게 신민의 행복을 위해 근심하시고 국내 상황을 시찰하기 위해 옥체를 수고스럽게 하신 취지를 깊이 깨달아 성의를 받들어야 할 것이다. 마지막으로 이렇게 열성적으로 환영해 주신 것에 대해, 대표자인 쓰네요시 위원장 및 박 관찰사를 필두로 열석해 주신 여러 각하의 후의에 깊이 감사한다.

당시 이토 공의 쩌렁쩌렁한 목소리는 아직도 필자의 귀에 남아 있다. 폐하께서 환행하시는 12일 밤에는 통감 숙소인 이사관 관사 앞에 수백 명의 한국인을 모아 그 앞에서 일장 훈화를 하였다. 당시에는 특별히 한 사람 한 사람 일일이 신체검사도 하지 않았던 듯하다. 정말이지 대담한 개세蓋世[142]의 영웅 호걸도 이 해 10월 26일, 북풍이 쓸쓸하게 불어대는 하얼빈 들판에서 한 한국인의 흉탄에 쓰러졌다.

142 기상이나 위력, 재능 따위가 세상을 뒤덮음.

105. 임행의 유물, 유일한 은사관恩賜館

▧ 환행과 대구

한국 황제폐하는 환행하시며 12일 오전 11시에 이토 공과 함께 마산을 거쳐 대구에 재차 안착하셨다. 의식은 전보다 더 성대했고 시내의 장식도 처음 방문하셨을 때와 비교하여 한층 화려해졌다. 당일 달성공원에 행차하시어 폐하께서 손수 기념수를 식수植樹하시고, 이토 공도 기념 식수를 하셨는데 지금은 그 흔적을 찾을 수 없다. 달성공원에 오르면 정면에 폐하를 위한 휴게소를 마련하여 왕좌 앞에서 일본인 학생의 공연과 기생의 무용 등으로 위로해 드렸다. 달성공원으로 가는 길목은 매우 협소했는데 한국 황제께서 납시게 돼 급하게 도로공사를 하여 넓게 확장했다. 이사관 관사에서는 이토 통감을 환영하는 야회가 성대하게 개최되었고, 지금은 함흥부윤이 된 당시 속관 히시키 히데이치飛鋪秀一의 관사에서는 고등관 및 판임관을 초대한 야회가 개최되었다. 박관찰사의 주선으로 따로 한국 고관 및 봉공원 환영회가 벌어졌으며 시내에서는 제등행렬도 벌어져 굉장히 흥청거렸다. 『조선민보』의 전신이었던 대구신문사 사옥 앞이 황제폐하의 행행 통로였기 때문에 사옥 앞에 아치를 세워 어가를 환영하였다.

▧ 은사관恩賜館에 대한 기억

당시 대구에 뿌려진 금액은 상당한 거액이었다. 과거 몇 년 동안이나 현안에 머물러 있던 도로공사 등이 난숨에 진행되었다. 송덕기념비를 건립하자는 의견도 있었고 달성공원의 옥좌를 보존하자는 의견도 있었으나 이것은 실행되지 못했다. 대구의 각 단체에 하사금이 내려지고 관련자들에게는 기념장紀念章이 전달되었다. 민단과 회의소를 비롯하여 소학교, 유치원, 위생비 등으로 거액을 하사하셨다. 한국인 측에 하사하신 금액은 정확히 기억나지 않으나 2천 원 정도였던 것 같다. 그 돈으로 건축한 것이 서성정西城町에 있는 은사관恩賜館이다. 단층에 기와지붕을 얹은 벽돌 건물로 '은사관'이라는 간판을 걸어 공공 집회소로 사용했는데 지금은 지저분하게 여러 간판이 걸려있다. 중앙에 대구무도관大邱武道館, 우측에는 대구청년회, 대구노동학원大邱勞動學院, 대구소년동맹大邱少年同盟 등 여러 단체가 잡다하게 하나의 집단처럼 모여 있다. 달성공원으로 행행하신 경로는 행재소에서 출발하시어 대화정大和町에서 정토종 광명사 앞을 지나 공원으로 오르시는 길이었다. 그것을 기념하기 위하여 광명사 앞 길은 그 직후 '어행정御幸町'이라 이름 붙였으나 언제부턴가 그 명칭이 사라지고 지금은 팔운정八雲町으로 바뀌었다. 대구에 막대한 돈이 뿌려지면서 상인들에게는 상당한 벌이가 되었으나 당시 신문사에는 아무 이득도 없었다. 아치를 만든다느니 길이 20칸의 장막을 만든다느니 하는 데 드는 경비를 조달하느라 회사에서 쓰던 전화까지 팔아치울 정도로 비참한 상황이었다. 동시에 전화가 없어도 신문사를 운영할 수 있는 시대가 있었다고 말할 수 있는 추억도 남기게 되었다.

서북한 순행

이어서 1월 27일, 서북한 순행길에 오르시어 평양, 신의주, 의주, 정주, 황주, 개성을 거쳐 2월 3일 경성으로 환행하셨다. 두 순행길 모두 이토 통감이 열외수행列外隨行이라는 이름으로 항상 한국 황제의 좌우에서 보도補導의 임무를 다하였다. 본래 이번 순행이 애민무휼愛民撫恤[143]의 복적에서 나왔다는 것은 앞에 게재한 조칙에 명백하게 나와 있으나, 그 이면에는 당시 정계의 암투가 점차 격심해지는 것을 보시고 순행을 가장하여 내각 구성원의 화합을 구하고 밖으로는 인심의 일신을 도모하고자 하는 정략이었다는 말도 전해진다. 그 진의가 이러니 저러니 얘기할 필요도 없이, 그 성대한 행사가 대구의 도시적 건설을 촉진하는 데 큰 역할을 했다고 생각하여 그 사실史實 만은 특히 상세하게 서술하였다.

143 백성을 사랑하고 어려운 백성을 불쌍히 여겨 위로하고 물질적으로 도와줌

106. 요란했던 육군기념일

▧ 놀라운 행행 여담

한국 황제께서 머무신 4일간 아무 사고도 없었고 심기 평안하게 환행하시어 관민 모두가 한결같이 매우 기뻐하였는데, 도쿄통신이 폐하께서 대구를 지나실 때 모 학교 학생 일단이 폐하의 행렬로 뛰어드는 불경한 행위를 했다고 보도하여 지역에 있던 우리로서는 어이가 없었다. 사실 그러한 불상사는 없었기에 뭐 이런 오보가 있는가 하며 놀랐다. 하지만 아니 땐 굴뚝에 연기나랴, 조사해보니 그냥 두었더라면 정말로 그런 사건이 벌어질 뻔한 일이 있었다. 그것은 수창학교 학생들과 관련한 일이었다. 수창학교는 지금 보통학교가 되었으나 당시에는 변칙적으로 교육법상 사립학교에 학생수가 30여 명이었다. 보통학교에 비하여 수구파守舊派라고 하는 사상을 가진 사람들의 자제가 많았다. 그중에는 30세나 되는 중년의 학생들도 있었는데, 이들이 이번 행행에 일반의 어린석은 자들과 마찬가지로 의심을 품고 있었다. 그들은 '폐하께서 부산에 도착하시면 곧장 군함에 태워져 일본으로 끌려가 다시는 한국으로 돌아오지 못할 것이 틀림없다, 우리가 신민된 도리로 뻔히 알고 있으면서 수수방관하여 폐하를 외국에 빼앗길 수는 없다. 하지만 통감 이하 일본의 문무관이 둘러싸고 있으니 폐하께 어찌할 도리가 없다. 도저히 보통의 방법으로는 행행을 중지하시라 알려드릴 수 없으니 일동이 철로에 누워 중지를 청하자, 들이주지 않으시거나 일본관리가 방해하면 레일을 베개삼아 죽어버리자'하며 소동을 벌였다. 이러한 불온 행위가 일어나는 것을 교관이 알아채고는 단속하고 달래어 다행히 아무 일도 벌어지지 않았으나 곧 보도된 것과 같은 잘못된 내용의 소문이 일본까지 전해진 것이다. 한국 황제폐하의 두 차례 대구 방문 전후 4일간 한국 정치의 중심이 대구로 이동한 것 같았다. 당시 4일 동안 대구우편국에서 취급한 외국 전보가 128통이었다고 한다. 그만큼 대구라는 곳이 구미 각국에 알려졌는데 대구라는 지명이 일본의 모든 신문에 일제히 소개된 것은 아마도 이때가 최초일 것이다.

흥청대던 3월 10일

제12여단이 남한수비 임무를 맡아 대구에 주차하면서 맞은 첫 육군기념일이 1909년 3월 10일이었다. 러일전쟁이 끝나고 5년째 되던 해, 전승 분위기가 아직 생생할 뿐더러 대구에 한 개 여단이 있다는 것이 거류민들에게 든든한 힘이기도 했고 자랑이기도 했다. 대구의 인사들은 관민을 불문하고 남녀 구분없이 모두 달성공원에 모여 크게 축하하고 더불어 군대를 위문하기 위해 월초부터 다방면으로 애썼다.

급조한 음악대

서문 내외 청년단에서는 급하게 음악대가 조직되었다. 시라타 신스케白田新助가 악장을 맡고 하라 이와타로原岩太郎, 아키라秋良 모, 나카네中根 모, 사카이 가네키치堺兼吉, 니시바야시 준스케西林純助, 사에키 히코이치佐伯彦一, 시모조 에이타로下條榮太郎, 도쿠라 기이치戸倉貴一, 사사모토 레이도佐々本靈導, 스에이시 모스케末石茂助 등이 음악대원으로 참여했다. 그리고 '대구부시大邱節'라는 노래를 새로 만들었는데 '돌아라 팽이'의 가락을 붙여서 반주했다.

아침 해 비추고, 저녁놀 빛나는 공원에
관민이 합동하는 기념제 기념제
달성산 음력 3월 10일의 기념제
만세 소리에 잔을 들자 모두 다함께
남한을 수비하는 무인들 맑게 갠 오늘
공원에 모인 천여 명 천여 명
봉천을 함락하고 눈 속에서 버티는
일본 병사는 훌륭하다 훌륭해
내리는 눈비를 마다하지 않고
봉천을 얻은 날 오늘이지 오늘이야
약한 조선 도와서 러시아를 무찌른
일본 정부는 훌륭하다 훌륭해
대구의 청년단 음악대
기묘하게 박자 맞춰 재미있지 재미있어
반주도 익살맞고 멋스러운 음악대
부르는 노래도 재미있지 재미있어
서커스 모자쓰고 홍백의 분장하고
호화찬란 미려한 대례복 대례복
봄에는 꽃, 여름에는 녹음, 가을에는 달
겨울에는 눈 구경 하는 달성산 달성산

3월 10일 오전 9시 달성공원에서 육군 기념제를 개최하였다. 청주 1통을 필두로 금품이 산처럼 쌓이는데 멀리 부산과 마산에서도, 시골 오지에서도 보내주었다. 소학교 아동들이 모두 동원되어 행사에 어울리는 공연과 모의전투를 선보였다. 여흥으로는 대구의 예기藝妓들이 총 출동한 무용, 검술과 총술, 스모 등이 벌어졌다. 축전은 엄숙하게 이루어졌고 연회가 시작되었으며 간이 음식점도 설치되었다. 해산한 시간은 오후 6시였다.

107. 무효투표로 재선거

돌이켜보는 기념일

1909년 3월 10일 육군 기념일의 흥청거림은 전무후무하다 할 정도로 떠들썩했다. 해마다 기념일이면 육군을 예찬하는 축하 행사가 벌어졌으나 해가 갈수록 분위기도 담담해지고 최근에는 어떤 나라의 눈치가 보였는지 해군 기념일과 함께 3월 10일의 육군 기념일도 폐지되었다. 무언가 다른 명칭으로 1년에 한 번씩 눈부시게 빛나는 육해군의 영예를 거국적으로 드러내고 축하하자는 논의가 제기되었다는 소식을 들으니 당시 육군에 대해 존경을 표하고 감사하던 일이 한층 그리워진다. 쓰네요시 소장은 말 위에서 여유있으면서도 호쾌한 위용으로 병사들을 열병했다. 관병식 지휘관은 기쿠치 대좌로 열병 후 분열식分列式[144]을 시행했다. 관병식 후에 야전훈련도 이루어졌다. 야전훈련 통제관은 나마타메生田目 대좌였다. 북군 지휘관은 우에무라 린타로植村臨太郎 소좌, 남군 지휘관은 시게히사 유히코重久雄彦 소좌, 심판관은 이시카와 구스지로石川楠次郎 소좌, 이사와 이와헤이井澤岩平 소좌, 구스카케 다니지로沓谷次郎 대위, 오하라 준지小原遵路 대위, 마이덴 오舞傳男 소위 등으로 대구 시내와 시외를 전장으로 가정하여 훈련을 벌였다. 이러한 훈련은 대구에서 처음이었으므로 참관자들이 천, 만을 헤아릴 정도로 인기 있었다.

144 부대나 차량 따위가 대형을 갖추어 사열단 앞을 행진하면서 경례하는 의식

당시 있었던 일들

현재 대구부청 본관인 당시 대구이사청 청사는 1909년도 예산에 공사비로 3만 원 정도를 계상하여 5월부터 공사에 착수해 그해 9월에 준공했다. 경상농공은행 지배인이었던 이시이 미쓰오石井光雄는 3월 3일 경성의 한성공동창고주식회사 지배인으로 발령받아 3월 29일 경성으로 떠났다. 후임은 야스카와 와사부로安川和三郎였다. 3월 4일 대구권상장大邱勸商場 2층에서 거류민대회를 열어 소학교 증축에 관해 결의한 후 이토 기치사부로伊藤吉三郎, 시라타 신스케白田新助, 마에카와 도모지前川知二 등이 제안한 대구번영회조직 건을 결의하고 다섯 명의 회칙 기초위원을 선정했다. 위원으로 마에카와 도모지, 시라타 신스케, 이토 기치사부로, 미와 조테쓰三輪如鐵, 니시모토 민조西本民城 등이 선출됐다. 그 후 번영회가 만들어졌으나 오래가지 못했다. 이토 기치사부로는 그 무렵부터 공공 사업에 얼굴을 디밀었으나 아직 선거와 피선거 연령에 달하지 못했다.

무효투표 발견

▶ 오자키 시즈오

초기에 당선된 대구일본인상업회의소 의원의 반수는 전년도에 퇴임하여 이미 선거를 치루었고 남은 반수 6명을 뽑는 정기 선거를 1909년 3월 2일 실시하였다. 퇴임자는 다음과 같이 6명 이었다.

요시다 사시치吉田佐七, 가와이 아사오河井朝雄, 오노 미네지로大野峰次郎, 야스마쓰 구마키치安松熊吉, 와타나베 히스루渡邊比, 마에카와 도모지前川知二

선거 분위기가 상당히 활기를 띠었다. 3월 20일 오전 10시부터 선거관리회를 열고 회장 대리로 부회장 사카이 만지로堺萬次郎가 사회를 보았고, 선거위원으로 마스다 도라타增田虎太, 나카에 고로헤이中江五郎平, 사키사카 쇼키치向坂庄吉, 사토 슈조佐藤周藏 등 4명이, 감독관으로 이사청 속관 히시키 히데이치飛鋪秀一가 입회하였다. 오후 2시에 투표수 106표가 될 때까지는 문제 없이 술술 진행됐다. 그런데 그때 투표소에 있던 이토 기치사부로가 이 선거에는 무효표가 삼십몇 표 있다는 말을 꺼냈다. 위원과 이사자가 놀라 조사해보니 정관 제21조에 '법인, 여자, 무능력자의 대리인이 선거를 할 때는 그 대리인이라는 사실을 증명할 서류를 선거위원에게 제시해야 함'이라고 규정되어 있는데, 이 조문을 오해하여 무능력자가 아닌 회원의 위임장을 모아서 삼십몇 표를 투표한 사실이 발견되었다. 선거위원은 즉시 심의에 들어가 모든 투표를 무효로 결정하고 모든 투표용지를 폐기하였으며 선거관리회마저도 해산했다. 이번 사태는 사회자 및 선거위원이 소홀한 탓이라 자책하며 관계자들이 사표를 제출했다. 무효표가 발견되어 선거가 중지된 회의소에서 다음 날 21일 오전 10시부터 임시총회를 열어 선후책을 논하였다. 개회에 앞서 사카이 부회장이 사태에 책임을 지고 사표를 제출했다. 그래서 내가 임시

의장으로 당선되어 심의하였는데, 어쩔 수 없는 일이라 판단하여 수리하였다. 그 후 고미야小宮 서기장 대리도 사표를 제출했지만 책임이 없는 것으로 결론지었다. 회장의 사표 제출로 결원이 발생해 보궐선거를 진행하였는데 와타나베 히스루가 회장으로 당선됐다. 중단된 의원선거의 재선거는 3월 29일로 결정됐다. 선거위원으로 후쿠나가 도쿠지로福永徳治郎, 고라 도노마루高羅殿丸, 기무라 다케타로木村竹太郎, 이와세 시즈카岩瀬静, 가토 이치로加藤一郎 등 5명을 천거하였고 선거 결과는 다음과 같다.

> 야스마쓰 구마키치安松熊吉, 오자키 시즈오尾崎鎮雄, 사토 슈조佐藤周藏, 오노 미네지로大野峰次郎, 마에카와 도모지前川知二, 가와이 아사오河井朝雄

보궐선거 당선인은 사카이 만지로堺萬次郎, 기무라 다케타로木村竹太郎였다. 이상 8명이 당선되어 선거가 끝났다. 4월 1일 임원을 선출하여 회장으로 다케카와 세이지武川盛次, 부회장으로 야스마쓰 구마키치, 상치위원으로 오자키 시즈오, 마에카와 도모지, 사카이 만지로, 오노 미네지로가 선출됐다. 이렇게 회의소에 새로운 진용이 갖추어졌다. 오자키 시즈오는 현재 요시무라 시즈오吉村鎮雄로 이름을 바꾸었다.

108. 가속도가 붙은 발전 시대의 여러 일들

교사校舍를 다시 증축

1909년 3월 24일, 공립 대구심상고등소학교는 졸업 및 수학증서 수여식을 거행했다. 고등과 졸업생이 19명, 고등과로 진급한 학생이 24명, 수상자는 48명이었다. 그로부터 22년의 세월이 흘렀으니 당시 8살 내지 14, 15살이었던 소년들은 지금 어떻게 되었을까. 그들이 성인이 된 모습 또한 살펴볼 가치가 있다고 생각하여 여기 기술하고자 한다. 수상자 48명의 이름은 다음과 같다.

▶ 호리케 도라조

심尋 1

고라 요시마루高羅吉丸, 사코 우타코酒匂歌子, 후루쇼 야스요古莊安代, 이케다 덴지池田傳次

심 2

미사와 도시오三澤俊雄, 오다 덴織田傳, 다케카와 조武川チョ, 와타나베 다케渡邊タケ, 스즈키 이리시게鈴木入重

심 3

미사와 마사오三澤昌雄, 구니히로 마코토國廣誠, 나가노 다카이치長野高一, 마쓰모토 다카쓰구松本孝次, 기시모토 기미岸本キミ

심 4

가미야 아이키神谷愛鄉, 마쓰다 신페이松田眞平, 요시오카 도시오吉岡敏雄, 요시모토 신지吉本信次, 고다이라

에이키치小平英吉, 이쿠하시 도시코生橋トシ子

심 5

와타나베 도키오渡邊時雄, 이케우치 야에池内ヤエ, 히로우치 도시廣内トシ, 하라 신스케原辰助, 고토 요시쓰구後藤善次, 나카야마 히사키치中山久吉, 와타나베 슌조渡邊春三, 후지오카 요시오藤岡嘉郎, 미와 유리三輪ユリ

심 6

야마다 사다카즈山田貞一, 나가히 요시마사長氷義正, 아카시 세이明石セイ, 마쓰이 사다요시松井貞義, 오쓰카 지카미大塚親見, 호다 슈補田秀, 다나카 가나메田中要, 오치 지에越智ちえ

고高 1

이케우치 도시池内トシ, 안노 세이安武セイ, 아오누마 쇼타青沼勝太, 후지타 다카시藤田豊

고 2

오다와라 류이치小田原留一, 오카무라 가쓰토시岡村克已, 가토 지카加藤千賀, 하세가와 다이치長谷川太一, 이토 요시伊藤ヨシ, 구니히로 게이치國廣慶一, 나카야마 만조中山萬三

1907년 3월에 9,300원을 들여 신축한 소학교는 학생수가 급증하여 불과 1년도 채 되지않아 좁다는 평을 듣게 되어 민단에서 1909년도 예산으로 증축계획을 세웠다. 건축비 1만 3천 원 중 5천 원은 차입금으로 충당하고 한국 황제로부터 받은 하사금과 기본금 1,500원도 건축비에 투입하여 1909년 6월에 공사 청부를 입찰에 부쳤다. 1906년 이래 학생수는 다음과 같다.

1906년 말 113명, 1907년 말 175명, 1908년 말 292명, 1909년 말 483명, 1910년 말 619명, 1911년 말 706명

소학교 학생의 증가율은 거류민 증가율과 비례하기 마련인데 당시 거류민 증가율은 놀라운 수치를 보였다.

1906년 말 1,646명, 1907년 말 2,675명, 1908년 말 3,501명, 1909년 말 4,936명, 1910년 말 6,145명, 1911년 말 7,630명

관내의 일본인

1910년 8월 29일 한일병합과 동시에 이사청은 폐지되었는데 이사청 시대 관내 일본인 인구는 1909년 2월 말에 6,379명이었다. 관내에서 김천이 1위이고 다음이 영동이었다. 대구를 제외하고 일본인이 100명 이상 거주하는 지역을 살펴보면 다음과 같다.

김천 498명, 영동 327명, 상주 216명, 황간 159명, 경산 152명, 청도 151명, 경주 147명, 왜관 125명, 안동 109명

이 가운데 일본인회 소재지는 불과 7곳으로 김천, 영동, 경산, 영천, 경주, 청도, 상주 순이었다. 안동과 선산에서도 당시 일본인회를 설치하자는 논의가 일었으나

시기상조라며 이사관이 인가를 내주지 않았다. 포항은 부산이사청 관할이어서 대구와는 관련이 없었으나 재판소가 설치되면서 울산과 포항 그리고 강원도 일부가 대구지방재판소 관할에 속하게 되어 이 지역 사람들은 성가시게 서로 다른 사법 행정 관할지에 놓이게 되었다. 경산은 당시 유력한 지역이었다. 제일은행 계열의 한국흥업주식회사가 지점을 설치했고 전직 국회의원인 호리케 도라조堀家虎藏가 지점장이었다. 한국식산주식회사는 도조 쇼헤이東條正平가 경영했다. 미곡 출하는 대구 시장보다 오히려 많았고 그래서 유력한 미곡상들은 경산에 거점을 두고 있었다. 일찍이 하나사키 기사부로濱崎喜三郎, 미쓰나리 도모사부로光成友三郎, 다카다 신보高田信豐, 야오 교조八尾恭三 등이 이곳에 상주하였는데 1917, 1918년경에 대구로 이주했다.

건원절乾元節 축전

한국 황제폐하의 즉위 후 첫 탄신일을 맞아 3월 24일에 박 관찰사가 주최하는 건원절 축하식이 열렸다. 이날 아침부터 진기하게 눈이 내려 마치 건원절의 흥을 돋우려는 것처럼 보였는데 다행히 방해될 정도로는 내리지 않았다. 내빈은 약 200명으로 구미인, 중국인, 일본인, 한국인과 대구의 고관들이 모여 성대한 식전을 거행했다.

도쿠라 조역 사임

지난 1906년 12월 민단성립 당시부터 조역助役 겸 회계역을 맡아 대구민단을 위해 진력한 도쿠라 소로쿠戶倉

十六는 지병인 치질로 의자에 앉아 사무를 보기가 힘들다며 진즉에 사표를 제출했는데 계속 유임권고를 받아 뜻을 이루지 못하다가 1909년 3월 27일 열린 거류민회에서 사임 승인을 받았다. 민단급여규칙에 따라 위로금 230원을 지급하고 민장과 민회의원 등이 제안하여 금시계 1개를 증정하고 성대한 위로회를 개최했다.

109. 소네曾禰 자작의 대구 방문과 감세 문제

납세부담 순위

당시 대구에는 일본인이 4천여 명이나 있을 정도로 빠르게 발전의 기운이 오르고 있었으나 재류민의 부富의 정도는 상당히 낮았다. 대략 다음 표로 상황을 엿볼 수 있을 것이다. 이 표는 1909년 대구거류민단의 부과등급 순위로, 연간 6천 원 이상 수입자는 도이 요타로土井庸太郎 공소원장, 구로카와 미노루黒川穰 동 검사장 뿐이었다. 그 정도로 민간의 주머니 사정은 여의치 않았다.

1등

도이 요타로, 구로카와 미노루

2등

없음

3등

도리야마 고야타 鳥山虎也太 , 요시다 유로쿠로 吉田雄六郎

4등

기무라 오시로木村大代, 가와카미 쓰네오川上常郎, 나카자와 덴노스케中澤傳之助, 사카모토 도시스케坂本俊資, 히사미즈 사부로久水三郎, 마쓰시타 나오미松下直美

5등

이케가미 시로池上四郎, 이우라 요시히사井浦義久, 도요타 슌스케豐田俊助, 도야마 요타로富山要太郎, 오구라 다케노스케小倉武之助, 오카모토 마사오岡本正夫, 다나카 요시하루田中芳春, 다케우치 마키타로竹内巻太郎, 나카무라 다카나오中村敬直, 마쓰무라 다이스케松村泰輔, 마에자와 마사미前澤成美, 후지나와 분준藤繩文順, 히로노 사쿠지로弘野作次郎, 사이토 쇼자부로齋藤庄三郞, 모리우라 구마조森浦熊藏, 스기하라 신키치杉原新吉, 시미즈 도쿠타로淸水德太郞, 나카하라 후사이치中原房一, 데라카와 산조寺川三藏, 유아사 히데토미湯淺秀富, 구도 주스케工藤忠助, 사키사카 쇼키치向坂庄吉, 오노 구라타小野庫太, 구도 도시오工藤敏夫

경주와 소네 자작

이토 통감은 폐하의 남북 순행길에 배종하여 무사히 환궁한 후 곧 일본 귀국길에 올랐다. 공이 사임할 것이라는 풍문이 계속 떠돌았고 동시에 통감부 직원 교체설도 나돌았다. 하지만 이런저런 풍설을 뒤로한 채, 직무를 위임받은 소네 부통감이 남북한 순시를 결심하고 십여 명의 문무관을 대동하여 8월 14일 대구를 방문했다. 일행은 도착한 후 달성공원에 올라 대구 시내를 전망하고 행재소가 있던 곳에 차려진 환영회장에 들어가 가볍게 맥주잔을 들어 건배했다. 기념촬영을 하고 오후 5시에 달성공원에서 내려와 예정에 따라 이사청, 관찰도, 경찰서, 감옥, 공소원, 지방재판소, 재무감독국 순서로 순시를 마치고 당일 밤 환영회에 참석한 후 모리야 여관에서 1박 했다. 다음 날인 19일에는 히사미즈 이사관의 소개로 오구라 다케노스케 등이 경영하는 한국제연회사韓國製莚會社 공장을 시찰한 후 정오에 대구역에서 마산으로 향했다. 마산과 부산 순시를 마치고 해로를 따라 원산으로 직행했다가 원산에서 다시 26일 포항에 상륙하여 육로로 경주에 갔다. 그곳에서 신라 유적을 감상하고 해로로 다시 부산으로 향했다. 경주의 고적이 국보로서 보존해야 할 귀중한 가치가 있다는 것이 소네 부통감에 의해 처음 의제로 떠올랐으며 경주의 고적이 대관大官을 맞이한 것도 역시 처음 있는 일이었다. 한국 정부는 곧바로 국비를 들여 조사를 개시했다. 경주고적보존회는 이후에 조직되었는데 그 도화선에 불을 붙인 것은 소네 부통감이었다.

이사관 경질

히사미즈 사부로久水三郎 이사관은 4월 20일 원산으로 전임 명령을 받아 떠나고 오카모토 마사오岡本正夫 부이사관이 대구이사청 이사관 대리로 임명되었다. 히사미즈가 대구에 근무한 기간은 불과 10여 개월에 불과하지만 소학교 증축, 유치원 부흥, 시가도로 개통을 비롯하여 한국인과 일본인 간의 융화를 위해 큰 공헌을 하였다. 근무 기간이 짧은 것을 한일인 모두 유감으로 생각하여 성대한 조도祖道[145]를 열어 그의 앞길을 빌어주었다. 후임은 노세 다쓰고로能勢辰五郎였다. 노세는 1900년 부산 영사와 인천 영사를 거쳐 어딘가의 총영사가 되었다가 1908년 일본으로 돌아가 외무성에서 근무하던 중 대구이사관으로 임명받았다.

---

145 먼길 떠날 때, 도중의 무사함을 빌기 위하여 노신에게 비는 일. 혹은 떠나는 사람을 위한 연회

3세稅 면제 운동

한국 정부는 1909년 2월 8일 법령 제2호로 가옥세법, 동 3호로 주세법, 제4호로 연초세법을 공포하고 1909년부터 실시하도록 규정하였다. 3세법은 거류지, 잡거지 및 대구와 신의주 1리 이내에 거주하는 외국인에게는 부과하지 않을 방침이라고 전해졌으나 개항지를 제외한 거류지, 잡거지에는 모두 부과하기로 결정되었다. 그러자 대구 거류민들은 급하게 세를 모아 대회를 열거나 연설회를 열어 치외법권을 가진 외국인에게 이중과세는 부당하다고 외쳤다. 그리고 3세 제외를 요구하는 진정서를 부통감에게 제출했으나 각하되었다. 이후 마스다 도라타增田虎太, 오자키 시즈오尾崎鎭雄, 가토 이치로加藤一郎 등 세 사람이 대표가 되어 일본으로 귀국하던 소네 부통감과 열차 내에서 면담을 갖고 면제를 진정하였으나 받아들여지지 않았다. 결국 6월 1일부터 3세법이 시행되었다. 비록 실패하기는 했지만 시민들의 이러한 운동은 절도있고 통일성 있게 이루어졌다. 마스다 도라타가 당시 한창일 때라 소네 부통감을 만났을 때 "각하, 3세를 부과하시게 되면 대구는 어두워지고 맙니다."라고 하자 "뭐라. 대구를 암흑천지에 몰아넣는다는 건가, 이런 불온한 말이 어딨나."하고 부통감이 성난 기색으로 반격했다는 일화가 남아 있다.

110. 임시한국파견대 설치

다시 부회장 체제

반수 선거 및 보궐선거 후 대구일본인상업회의소는 먼저 임원선거를 마치고 새로운 진용을 꾸려 임원의 취임 인가를 신청했다. 부회장 야스마쓰 구마키치安松熊吉, 상치위원인 마에카와 도모지前川知二, 오자키 시즈오尾崎鎮雄, 사카이 만지로堺萬次郎, 오노 미네지로大野峰次郎 등 5명은 4월 12일부로 이사관의 인가를 얻었으나 회장 다케카와 세이지武川盛次의 취임은 제일은행 한국총지배인의 승인을 받아야 했다. 승인을 위해 다케카와에 대해 조회하던 중, 경성에서 발행되는 『대한일보』 대구통신원의 보도가 다케카와의 취임을 저지하려는 듯 그에 대한 나쁜 내용으로 기사화되었는데 결국 이치하라市原 총지배인이 다케카와의 회장 취임을 승낙하지 않았다. 그로 인해 대구상업회의소는 다시 당분간 부회장이 회장 사무를 처리해야 했다. 다케카와는 당시 특별의원이었는데, 지금 현행 회의소령에는 특별의원이 임원이 될 수 없도록 규정하고 있다. 하지만 당시 한국 거류민지와 잡거지에서는 회원 중에서만 임원이 될 수 있도록 규정하지 못할 정도로 대표할 만한 인물이 부족했기 때문에 특별의원도 임원이 될 수 있도록 할 필요가 있었다. 당시 부산일본인상업회의소에서도 임원 호선 결과 회장으로 노구치 히로키野口弘毅, 부회장으로 고토 진키치五島甚吉, 상치위원으로 사카타 분키치阪田文吉, 오이케 주스케大池忠助, 야마모토 준이치山本純一, 아다치 다키지로足立瀧二郎, 하자마 후사타로迫間房太郎, 하세가와 가메타로長谷川亀太郎 등이 선출되었다. 노구치 히로키 회장은 다케카와와 마찬가지로 제일은행 부산지점의 지배인을 역임했다. 오이케, 하자마, 가시香椎를 부산의 3대 거두라고 칭하게 된 것은 한참 후의 일이다.

대한일보에 대하여

『대한일보』라는 신문은 도카노 시게오戸叶薫雄가 사장, 야마지 조이치山道襄一가 주필을 맡아 상당히 신랄한 논조를 자랑하고 있었다. 특히 대구통신은 이나모토 신신稲本新臣이 통신원을 맡아 가시 돋친 기사를 썼다. 이나모토는 고향에서 촌장을 했던 인물인데 정치에 관심이 있었다. 1905년 무렵 대구로 와서 변호사 사무원으로 일하고 후에 샤쿠오 슌조釋尾春仍의 『대구일보』에도 들어간 적이 있다. 골동품점을 운영하며 경주의 출토품 등을 팔면서 『대한일보』 통신원을 겸하고 있었다. 상당히 과격한 논조로 글을 써서 노세 이사관 등이 부득이하게 고려자기 등을 그의 가게에서 사기도 했다고 한다. 최근에는 노쇠하여 당시의 원기있는 모습도 볼 수 없더니 금년 봄에 고향으로 돌아갔다. 어딘가 애교가 있는 대구 명물 중 한 사람이었다.

14연대 귀환

1907년 한일협약이 체결되자 한국의 상하가 동요하고 특히 황제가 양위하는 일까지 벌어지자 경성을 중심으로 각지에서 폭동이 일어났다. 그리고 이 진압을 보병

▶ 임시한국파견대 사령관 와타나베 스이사이

제12여단이 맡았다. 대구에는 제12여단 사령부가 있었고 보병 14연대가 주둔하고 있었다. 동분서주하며 잠시 앉아있을 틈도 없이 수비에 전념한 지 벌써 2년, 드디어 본국으로 귀환할 수 있게 되었고 후임 부대로 임시한국파견대가 신설되었다. 파견대 사령부는 5월 15일 제1사단 사령부 내에 병치하고 5월 말 한국으로 건너하기로 하였다. 14연대는 귀환에 앞서 5월 28일 달성공원에 제단을 마련하여 엄숙히 충혼제를 올렸다. 한국주차군사령관 오쿠보大久保 대장 대리 아다치安達 중좌를 비롯하여 장교 수십 명, 부산이사관 가메야마 리헤이다龜山利平太 및 부산 관민 십수 명, 대구 관민, 애국부인회원, 학생 등 5천여 명이 참례하여 신도神道의 의식에 따라 제전을 올렸다. 제를 올린 전몰자는 모두 46명이다. 기쿠치菊池 제14연대장의 제문은 다음과 같다.

제문

유維 1909년 5월 28일 보병대좌 종 4위 훈 3등 공 5급 기쿠치 슈덴菊池主殿이 한국 대구 달성공원에 정갈히 제단을 마련해 청작서수淸酌庶羞[146]를 올려 한국 폭도 진압에 종사했던 우리 연대 고 육군보병 조장曹長[147]

146 제사 때 축문에서 술과 음식을 이르는 말

147 한국의 상사(上士)에 해당하는, 구 일본 육군 하사관 계급 중 가장 높은

가와미치 노부타쓰川滿布建 이하 45명 전몰자의 충혼을 기리고자 합니다.

돌이켜보니 1907년 여름 7월에 폐하의 명을 받들어 한국에 건너온 이래 맹서 혹한을 가리지 않고 밤낮없이 폭도 진압에 나선 지 오늘로 2년, 크고 작은 전투가 수백 합이요 적 수색에 나선 것까지 치자면 그 수를 헤아릴 수조차 없습니다. 여기서 제군들은 용맹하게 헌신적으로 분투하시다 적탄에 쓰러지거나 병마가 덮쳐 다시 일어나지 못하게 되셨습니다. 오랫동안 목숨을 보존하고자 하는 것은 인간의 욕구일진대 이렇게 요절하셨으니 어찌 그 목숨이 아깝지 않겠습니까. 하지만 대명을 받들어 그 직책을 다하다 쓰러진 것이니 누가 죽어야 할 곳에서 죽은 것이다 칭송하지 않을 수 있겠습니까. 이제 한국의 천지는 제군들이 분투한 공로 덕에 전남 일부를 제외한 거의 모든 곳에서 평정을 되찾았으니 제군 영령들께서도 부디 편히 잠드십시오.

우리 보병 14연대는 임무를 다하고 임시한국파견대와 교대하여 이제 일본으로 귀환하게 되었습니다. 이러한 때를 맞아 제군들과 함께하지 못하고 영혼으로 이별을 고하게 되었으니, 어쩔 수 없는 일이라 하나 한 조각 사사로운 정으로 암루暗涙[148]가 쏟아짐은 금할 길이 없습니다. 하지만 제군들의 충혼은 오랫동안

계급

148 소리없이 흘리는 눈물

한일 양국 나아가 동양평화의 수호신이 될 것이며 또한 칙령에 따라 한국의 사당에 모셔 영원히 기릴 것입니다. 그 위대한 업적과 공훈은 오래도록 동양사에 이름을 남길 것이니 죽어서도 임무를 다하는 것이라 이 또한 영광이라 할 수 있을 것입니다. 올린 산해의 산물이 보기에 부족할지언정 전우의 지성이 하늘에 통했다면 신령으로 혹은 그에 방불하여 오셔서 드시기를 바랍니다.

111. 발전에 공헌한 군대의 힘

임시파견대 도착

6월 2일, 임시한국파견대 사령관 와타나베 스이사이渡邊水哉 소장 이하 장교들이 모두 착임했다. 파견대 간부는 다음과 같다.

사령관 와타나베 스이사이渡邊水哉 소장, 부관 우메다 이와키梅田岩樹 소좌, 동 아다치 겐조安達堅造 대위, 동 마쓰다 젠에이松田善衛 대위, 3등 군의정 야마다 고지山田孝次, 3등 주계主計[149]정 니시무라 다케지로西村竹次郎

대구에 제2연대 본부가 설치되고, 연대장 미와 미쓰기三輪光儀 대좌가 야마다山田 부관을 거느리고 같은 날 부임했다. 이에 앞서 민단에서는 각 분야의 사람들을 소집하여 3일 신구 여단의 환송회 겸 환영회에 대해 협의하고 8일에 소학교에서 그 행사를 열기로 하였다. 위원으로 추천된 인물은 다음과 같다.

마스다 도라타增田虎太, 아오키 시게노부青木重信, 와타나베 히스루渡邊比, 구로카와 엔지黒川圓治, 마쓰무라 다이스케松村泰輔, 가토 이치로加藤一郎, 후쿠치 요시사쿠福地義作, 하야시 진시치林甚七, 우치다 로쿠로內田六郎, 사카이 만지로堺萬次郎, 오자키 시즈오尾崎鎭雄, 마에카

149 회계를 관장함 혹은 그 담당자

와 도모지前川知二, 다케카와 세이지武川盛次, 야스카와 와사부로安川和三郎, 우에다 겐스케上田謙助, 와케 헤이지로和氣平次郎, 사토 슈조佐藤周藏, 후쿠나가 도쿠지로福永德治郎, 가와이 아사오河井朝雄, 고미야 히코지小宮彥次, 기무라 다케타로木村竹太郎, 이나모토 신신稻本新臣, 사키사카 쇼키치向坂庄吉, 고라 도노마루高羅殿丸, 미와 야키치二輪彌吉, 무라카미 도모요시村上知義, 니시자와 사토루西澤智, 사이토 요시조齋藤芳造

환송, 환영회 광경

위원들은 5일 회의를 열어 모두 일치단결하여 환영과 환송의 성의를 피력한다는 의미로 관공서와 단체 모두 발기인이 되기로 하였다. 그리고 다음과 같이 발기인을 결정하였다.

대구공소원, 동 검사국, 토목국 대구출장소, 동인의원, 권업모범장, 대구보세창고, 대구재무감독국, 동 재무서장, 대구헌병대, 측후소, 제일은행 대구출장소, 대구역, 대구우편국, 경상농공은행, 대구기관차고, 임업사무소, 대구지방재판소, 동 경찰서, 동 감옥서, 동 구區재판소, 경북관찰도, 대구군아, 대구거류민단사무소, 동 이사청, 동 일본인상업회의소, 대구신문사

회원 800여 명이 모여 8일 오후 4시부터 군대 환송회 겸 환영 대회를 열었다. 귀환부대에서는 쓰네요시恒吉 소장 이하 장교, 하사, 병졸, 그리고 14연대장 기쿠치菊

池 대좌 이하 장교, 하사, 병졸 등이 참석했고 새로 오는 부대에서는 와타나베渡邊 소장 이하 사령부 장교, 하사, 병졸, 보병 제1연대장 미와三輪 대좌 이하 장교, 하사, 병졸 등 모두 백여 명이 참석했다. 조금 흐리긴 했으나 더할 나위 없는 날씨였다. 회장 입구에 아치 문을 설치하고 주위에는 홍백의 장막을 둘러쳤으며 만국기를 다는 등 때와 장소에 걸맞도록 아름답게 장식하기 위해 최선을 다하였다. 어용상인과 군대 관계자의 기증으로 맥주, 빙수, 스시 등을 제공하는 간이음식점을 준비했다. 주빈은 쓰네요시 소장, 와타나베 소장을 비롯하여 신구 부대의 간부들이었다. 오카모토岡本 이사관 및 박 관찰사가 인사를 하고 쓰네요시 여단장, 와타나베 사령관, 기쿠치 연대장이 감사 인사를 하였다. 성대한 회합이었다.

개선凱旋과 공로자

귀환부대는 여단사령부, 제14연대본부를 선두로 하여 제47연대 순으로 개선했다. 남한 수비와 폭도 토벌에 공로를 세운 장교는 다음과 같다.

보병 제12여단 사령부

여단장 전임 소장 요다 히로타로依田廣太郎, 소장 쓰네요시 다다미치恒吉忠道, 부관 대위 히지카타 기요시土方淸, 전임 대위 니노미야 규지二宮久次, 중위 나카무라 신로쿠中牟田辰六

보병 제14연대

연대장 대좌 기쿠치 슈덴菊池主殿, 부관 대위 야스다 구스지保田楠二, 동 제1대대장 소좌 아카시 야스이치로赤司安一郎, 동 하야시 한스케林半祐, 동 제2대대장 소좌 후와 다로시치不破太郎七, 소좌 요시다 가쓰사부로吉田勝三郎, 동 제3대대장 동 이자와 이와히라井澤岩平

보병 47연대

연대장 대좌 나마타메 신生田目新, 부관 전임 대위 가와노 데쓰지로河野鐵次郎, 대위 미즈타 야스지로水田安次郎, 동 제1대대장 전임 소좌 야마가미 사다나오山上定直, 소좌 우에무라 린타로植村臨太郎, 동 제2대대장 소좌 이시카와 구스지로石川楠次郎, 동 제3대대장 전임 소좌 시모바야시 야스타케下林保武, 소좌 시게히사 유히코重久雄彦

대구의 발전은 12여단 및 임시파견대와 특별한 관계가 있다. 군사행동이라는 명목으로 교통 시설을 마련했고 도시를 건설했으며 그 외 여러 시설을 정비했다. 각 주재지 수비대는 주로 대구에서 군수품을 공급받았기 때문에 강원도, 충청북도, 전라북도, 경상남도의 오지와 대구 사이의 교통은 당시 일찍부터 개통되었다. 초창기 대구의 발전을 이끈 군대의 공헌은 오늘날 상상하는 것 이상으로 매우 컸다. 파견사령관 와타나베渡邊 소장은 지쿠고筑後 지방 야나가와柳川의 구 번사 출신으로 여순 공위군攻圍軍[150]에서 명성을 떨친 용장이었다. 당시 머리 쪽에 총상을 입어 귀가 조금 어두워졌다고 하는데 일상 사무를 보는 데는 불편한 기색이 없었고 그저 원만하고

150 공격하여 포위하는 군대

마음좋은 할아버지처럼 보였다. 그리고 당시 『구마모토실업신문사』 주최로 한국수비위문단체가 대구를 방문하여 달성공원에서 환영회를 열었던 적도 있다. 그 일행은 이케다 야스치카池田泰親, 미야자키 고쿠조宮崎穀造, 야마다 신타로山田信太朗, 하야시 이치리키林一力 외 28명이었다. 지금 사람들은 잘 못 느끼겠지만 당시 한국에 있든 본국에 있든 상관없이 한국수비대를 국가 비상시의 군인을 대하는 것과 같은 심정으로 대하였다. 애국부인회 대구지부와 대구부인회는 한 달에 몇 번씩 군대 위문 활동을 하였다.

112. 공적을 쌓고 명성도 얻었던 이토 공의 사망

한국통감 경질

이토 통감은 서남순행 배종을 끝으로 2월 3일 경성으로 돌아와 2월 11일 일단 일본으로 귀국했다. 이토 공은 귀국 후 줄곧 사의를 표명하여 곧 통감에서 경질될 것이라 예상되었으나 쉽게 구체화되지는 못했다. 4월 5일에는 통감 사임에 관한 협의 및 사임 전 처리해야 할 중요 사무를 매우 바쁘게 처리하여 언제 그만두더라도 좋을 만반의 준비를 하였다. 1909년 6월 15일 통감 이토 히로부미 공작은 추밀원 의장으로 전임되고 부통감 소네 아라스케曾禰荒助 자작이 통감으로 승임陞任되었다. 돌이켜 보면 이토 공이 통감이 된 지 어느덧 3년 반이 되었는데, 공의 대한정책에 대해 누군가는 회유가 지나치다고 지적하고 누군가는 한국 중심으로 기울었다고 비평하며 수많은 비난을 쏟아내기도 했으나 공은 몸을 던져 보호정치의 난국 속에서 지성으로 그 직무에 전념하였다. 안으로는 한국의 시설을 개선하고 밖으로는 여러 나라의 시기와 의심을 해소하며 한 발 한 발 한국에서 일본의 지반을 공고히 한 공적은 내외 모두 인정하는 바이다. 오늘날 내선일가內鮮一家의 초석은 일찌이 이도 공이 깔아놓은 것이라 해도 옳을 것이다. 통감 사임 전 이토공은 일본 귀국길에 다음과 같은 내용으로 신문기자에게 이야기했다고 한다. 그 이야기

▶ 소네 아라스케 자작

에서 이토 공의 대한정책 일반을 엿볼 수 있을 것이다.

이토 공의 정책

일본인은 여하간 스스로 일을 망치는 나쁜 습성이 있어서 위정자로서 이만저만 당혹스러운 것이 아니다. 현재 나오고 있는 한국에 대한 언동이 그 예이다. 우리 당국자들이 열심히 우리 정부의 뜻을 주지시키고자 회유책을 취하면 즉시 더디다고 절규하며 권고하듯 공격하는 자들이 있다. 그렇지 않아도 이들은 우리 정부의 본뜻을 의심하고 걸핏하면 반대하려고만 하는데, 모국에 있는 국민의 목소리라 하여 강경한 정책을 촉구하려 하면 그들은 더더욱 우리를 의심하고 점점 더 그릇된 추측을 덧붙이니 통치의 어려움을 실감하지 않을 수 없다. 그렇다고 해서 그들이 말하는 소위 강경책이라 칭하는 것은 어떤 구체적 방책이 있는 것도 아닌 무책임한 자의 무책임한 발언에 지나지 않는다. 설령 악의가 없다 하더라도 중대한 결과를 초래할 수 있으니 삼가주길 바란다. 나는 원래 한 입으로 두말하기를 싫어해서 내외 누구에게든 내가 가진 의견을 결코 비밀로 하지 않으며 될 수 있는 한 개방주의적인 자세를 취하고 있다. 그러니 한국에 관해서도 한국인에게 말하는 것과 내외 관헌 유지들에게 말하는 것이 동일하다. 이미 일본정부의 대 방침은 완전히 확정되어 있어서 설령 내각이 몇 번이나 경질되든 그리고 통감이 몇십 번 바뀐들 지금의 시정 통치방침이 결코 바뀌지 않을 것이라고 거리낌없이 단언할 수 있다.

만약 일본정부의 확정 방침을 변경해야 한다면 그것

은 한국인 스스로가 해내야 할 일이지 일본이 먼저 나서서 대 방침을 변경하는 일은 결코 없을 것이다. 그래서 나는 늘 말한다, 한국을 망하게 하는 것은 바로 한국인이고 일본의 정책을 파괴하는 것은 바로 일본인이라고. 한국에서의 폭도 진압에 대해서는, 파병할 병사를 증원했으나 이것이 영구히 필요한 조치인지 아닌지는 당분간 상황을 지켜보아야 알 수 있을 것이다. 현재 폭도들은 마치 종이 위에 문진을 올려놓은 것과 같아서 문진이 있는 동안에는 무게에 눌려 있지만 문진을 치우면 종이가 바람에 날리는 것처럼 병력이 감소하면 곧바로 봉기할지도 모른다. 한국의 폭도들 중에도 나라를 너무도 염려하여 그릇된 생각을 갖게 된 자도 있다. 그들은 의병이라 칭하며 우리에게 반항하고 있으나 점차 귀순하고 있다. 하지만 저런 초라한 폭동까지 일으킨 것을 보면 그들을 덕화德化시키는 것이 상당히 어렵다고 생각되기도 한다. 이번에 파견한 우리 군대의 방침은 이른바 단독 경찰관의 임무를 수행하는 것으로, 이들을 적어도 1중대 단위로 편성하고 여기서 분립된 병사는 귀환시킬 필요가 있으므로 이번에 한국정부에 매년 1백만 원을 지출하여 헌병 6천명을 준비하도록 하였다. 이 가운데 2천 명은 일본 헌병, 4천 명은 보조로서 한국인 중에서 모집할 것이다. 이들은 원래 병사였으나 지금은 폭도에 섞여 있는 경우가 있으므로 이들을 귀순시켜 한편으로는 폭도의 세력을 약화시키고자 하는 방침이다. 이미 모집을 시작했는데 결과가 매우 좋다. 응모자 수가 정원의 2배 이상인데 그 대부분은 전직 한국 병사이다. 곧 헌병대 편성도 완료될 것이니 이제부터는 점차 지방행정의 결실도 거두게 될 것이다. 이제 비로소 우리 자본가들이 안심하고 지방 산업에 투자할 수 있게 되었으니 일본인의 발전을 기대할 수 있게 되었다는 것은 논할 필요도 없다.

한국 정부에 하직을 고하다

이토 공은 사임 후 한국정부에 하직을 고하기 위해 7월 5일 경성에 도착, 6일 한국 황제폐하를 배알하고 친히 하직을 아뢰었다. 8일에는 경성 및 지방 관민 수백 명을 초대하여 경성에서 송별회를 열고 14일 경성을 떠났다. 공의 처신은 실로 공명정대하여 공의 인격으로 계림 8도를 덕으로 교화한 그 힘은 위대한 것이었다. 공으로서도 한국으로서도 이것이 영원한 하직이 될 줄은 알지 못했다. 6월 22일, 소네 자작은 신임 통감으로 부임하며 부산에 그 첫 발자취를 남기고 같은 날 대구를 통과하여 경성으로 향했다.

113. 대구신문사의 분란

노세能勢에 대한 기억

1909년 6월 24일 대구이사관 노세 다쓰고로能勢辰五郎가 부임했다. 노세는 외교관양성소 출신으로 1884, 1885년 무렵 무로타 요시부미室田義文가 부산영사관에 있던 시절에 영사관 서기생으로 근무한 적이 있다. 인천영사에서 1899년 부산영사로 전임한 뒤 북미합중국 및 영국령 캐나다 영사로 전전하다 총영사가 되어 일본으로 귀국하던 중 대구이사관으로 발령받았던 것이다. 당시 54세로 이듬해 한일병합 직후 전라남도 장관으로 임명받아 부임하였으나 얼마 지나지 않아 얼굴에 종기가 생겨 앓다가 광주의 관사에서 사망했다.

이나모토稻本의 책동

1908년 9월, 신문이 합병된 후 다행히 거류민 사이에 표면적으로는 다툼이 사라졌으나 신문을 사이에 두고 그 이면에서 더욱 복잡한 일들이 벌어졌다. 1908년 10월에 신문이 합병되고 가토 이치로加藤一郎와 필자가 이사로서 신문을 공동 경영하게 되었다. 그해 연말이 되어 천 원 가까운 결손이 발생한 것을 알고 가토 이사는 정나미가 떨어졌는지 1월부터는 경영상 상의할 것이 있어도 응해주지 않았다. 그래도 신문은 1월 1일자 발행호부터 지면 체재를 정비하여 12면으

▶ 이나모토 신신

로 발행했다. 가토 이사는 2월이 되어서도 태도를 바꾸지 않았다. 3월이 되자 구 『대구신보』 측에서 대구신문사조합을 해산하자고 제의하였다. 앞에서 말한 바 있지만 구 대구일일신문사와 대구신보사가 합병하여 『대구신문』이 만들어졌고 대구일일신문사 측에서 필자가, 대구신보사 측에서 가토 이치로가 추천받아 이사를 맡았다. 가토와 필자는 극히 원만하여 무슨 일이든 서로 의논하고 협조하여 일을 진행하였지만 대구신보사 측 조합원들에게는 만족스럽지 못한 부분이 많았던 것 같다. 게다가 이나모토 신신稲本新臣은 딴생각을 품고 있었는데 그것은 경우에 따라 가토와 필자를 배제하고 이나모토 자신이 신문을 빼앗아 보겠다는 계획이었다. 구 대구일일신문 측의 출자자는 1908년 12월 28일부로 권리의무를 모두 필자에게 양도하여 신문과는 하등의 관계도 없었으나 그래도 편을 갈라 대항할 일이 있으면 얼마든지 맞서주었다. 5대 5의 권리를 가진 자들이 충돌하면 결코 수습되지 않는다. 구 대구신보사 측이 해산을 제의했지만 상대가 양보하지 않는 한 사태는 더욱 분란으로 치달을 뿐이다. 그래서 당분간 필자가 단독으로 경영을 맡았다. 만약 결손이 생긴다면 대구신보사 측 관계자도 부담 의무가 있고 이익이 생긴다면 분배하겠다는 필자의 성명에 다른 관계자들은 다소 곤란했던 것 같다. 이나모토 신신, 아오키 시게노부青木重信, 가토 이치로 3명이 교섭 위원으로 추천받아 구 대구일일신문사 쪽의 출자를 모두 매수하겠다며 필자와 수차례 교섭을 벌였으나 타결되지 않았다.

경영 악화

그런 가운데 회계상 부정이 있으니 감사를 해야한다며 오구라 다케노스케小倉武之助, 시부사와 슈조澁澤周藏 두 사람을 회계감사원으로 추천했다. 어느 날은 판을 인쇄기 위에 올려놓은 채 기계부에서 신문을 찍으려 하지 않았다. 노사카野坂가 교섭해 보니 20원을 내면 인쇄하겠지만 그렇지 않으면 인쇄하지 않겠다고 하여 그날 밤 연회에 참석중이던 필자를 찾아와 그러한 실상을 호소했다. 필자는 끼고 있던 반지를 빼어 그것을 담보로 돈을 빌려준 적도 있을 정도로, 분란으로 인해 적극적으로 신문을 경영하기 어려워 비참한 꼴을 당한 시절도 있었다. 회계에도 별다른 부정은 없었고 감사 결과는 무난했다. 이나모토가 부추겨 아오키, 가토 두 사람이 완화적인 교섭을 요청하기도 하였으나 응하지 않았다. 어떻게 되든 되겠지라는 태도로 5월 무렵부터 필자는 침착하게 신문이 발전할 방책을 강구하였다. 이나모토는 그 사이에 구 대구신보사 측 사람들의 권리를 양도받으려고 한 것 같으나 실패하자 결국 아집을 꺾고 책동을 그만두었다. 이렇게 그 소란도 가라앉게 되었다. 1909년 8월 2일 가토 이치로의 주선으로 필자에게 경영 일체를 위임하기로 하고 대구신보사 측 13명이 흔쾌히 연서하면서 경영위임서면을 교부받았다.

114. 이해타산 없이 신문 경영

▧ 독립경영 방침

조합 조직인 대구신문사는 출자조합원 전원의 승낙으로 필자에게 경영을 위임하였는데, 당시 실정으로는 달리 방법이 없다 할 만큼 교착상태에 빠져 있었기 때문이다. 이보다 앞서 7월 20일, 대구신문사는 지령 1천 호를 달성, 기념호를 발행하고 25일에는 야마토에서 축하회를 개최했다. 사령부 장교들과 민관의 대표, 상공업자 등 각 방면의 인사 200여 명이 참석했으며 필자는 이날 처음으로 신문경영에 대한 포부의 일단을 밝혔다. 하지만 아직 신문인이 되었다고는 할 수 없었다. 신문인이라고 자처하기에는 떳떳하지 못한, 어딘가 이상한 신문인이었다.

사고社告

폐사弊社는 종래 이사를 두어 경영을 맡도록 하였으나 이번에 이사를 폐지하고 사장을 두어 전적으로 관리를 위임하기로 하였으며, 전 이사 가와이 아사오河井朝雄를 사장에 임명하여 경영상 일체의 건을 맡기게 되었음을 삼가 알리는 바입니다. 1909년 8월 12일

8월 12일부터 필자는 사장에 임명되었다. 하지만 위임 경영이 만기되면 자리를 넘겨주어야 했기 때문에 전적으로 신문 경영에만 몰두할 수는 없었다. 한편으로는 상업을, 다른 한편으로는 신문을 경영하는 두 마리 토끼

를 쫓는 형국이었다. 상업을 하자니 신문이 안 되고 신문에 힘을 쏟자니 상업이 안 되는 딜레마에 빠진 것이다. 이노우에 쓰네나오井上常直 옹은 "자네는 신문 같은 건 하면 안되네. 얼른 그만 두고 본업에 전념 하시게." 라고 친절히 권하였다. 이노우에 옹 뿐만 아니라 많은 이들로부터 종종 그러한 충고를 들었다.

위임에서 양도로

나 역시 그렇지 않아도 그런 임무에 부족하다고 충분히 자각하고 있었기 때문에 내 고집과 주장이 관철된 이상 하루라도 빨리 신문에서 손을 떼는 것이 나 자신에게도 좋겠다고 생각하여 그 기회를 엿보고 있었다. 하지만 한편으로는 계륵처럼 버리기엔 아깝다는 생각도 들어서 결국 전적으로 뛰어들어보기로 하였다. 1911년 8월 구 대구신보사 출자자들은 다음과 같은 한 장의 증서를 나에게 주었다.

양도증

1. 자기 소유의 대구신보사 출자를 금번 무상으로 가와이 아사오에게 양도한다.

1911년 8월 2일

후지나와 분준藤縄文順, 오구라 다케노스케小倉武之助, 가토 이치로加藤一郎, 이와세 시즈카岩瀬靜, 마치다 규고町田久吾, 아오키 시게노부青木重信, 이나모토 신신稲本新臣, 스기하라 신키치杉原新吉, 기무라 다케타로木村竹太郎, 사토 슈조佐藤周藏, 구로카와 엔지黒川圓治, 시부사와 슈조澁澤周藏,

후쿠치 요시사쿠福地義作

필자는 현재『조선민보』를 경영하고 있는데, 신문과 관련을 맺게 된 유래와 그 경과는 대체로 이상과 같다. 지금도 예전의 나를 아는 사람들은 "가와이河井는 신문보다 실업實業을 했더라면 상당히 성공했을 거야."라고 말한다. 과연 그렇게 실업으로 성공할 수 있었을지 잘 모르겠지만 신문과 관계를 맺은 지 벌써 이십 하고도 삼 년, 일생을 신문사업에 바쳤다고 해도 좋을 정도로 지금까지 일관해 왔다.

일생을 신문에

과거 23년간 대구가 걸어온 길을 생각하니 금석지감今昔之感을 금할 길이 없다. 당시 3만 명이던 대구의 인구는 현재 무려 10만에 달하였고, 10만도 돌파하려는 발전상을 보여주고 있다. 시가도로 하나에도 가로수 하나에도 1904년부터 대구의 개척자들과 함께 적으나마 힘을 보태고 그 수고를 나누어 왔다. 위에 언급한 대구신문사조합의 인물들과 함께 젊은 시절부터 귀밑머리에 서리가 내린 오늘까지 대구라는 땅이 나를 부양했다는 사실을 생각하면, 미력하나마 살아있는 한 대구를 위해 일해야겠다는 보은의 마음은 가득한데 미력하여 어떤 도움도 되지 못하는 것이 부끄러울 따름이다.

역자 후기

『대구물어』는 20세기 초반 대구의 변화상을 기록한 보기 드문 기록물이다. 19세기 후반부터 20세기 초반에 대구로 이주한 일본인들 중 대표적 언론인이라고 할 수 있는 가와이 아사오가 저술한 일종의 회상기이다. 저자는 1904년 아직 경부철도가 완전히 개통되기도 전에 대구로 이주하여 한일병합 이전까지 일본인들이 이주하며 변모되어가는 대구의 모습을 연도순으로 자세히 기술하였다. 성벽이 파괴되고 일본인 거주지가 형성되며 교육, 의료, 위생, 오락 시설 등이 설치되는 과정은 물론 순종의 남순행과 일본 황태자의 한국 방문 당시 대구의 분위기 등도 자세히 전하고 있다. 특히 대구의 상업과 금융을 지배한 일본인들과 그들 사이의 관계, 대구에 부임한 사법, 행정 관료 등도 자세히 소개하고 있어 당시 대구를 지배한 민관 유력 인사들과 민관의 변화상을 자세히 엿볼 수 있다.

20세기 초반 대구의 상황을 기록한 한국어 기록물이 매우 적은 상황에서 『대구물어』는 당시 대구의 변화 양상을 파악할 수 있는 중요한 기록물이라고 할 수 있으나 일본인 식민자의 시각에서 한국의 역사와 풍습을 기술하고 한국인의 항일 운동을 화적이나 도적의 봉기로 폄하하고 있어 비판적인 독해 또한 매우 필요하다고 할 수 있다. 교수자는 번역에 앞서 이러한 점을 학부생과 대학원생 번역자들과 충분히 토론한 후 이 책의 기록물로서의 가치를 존중하여 표현과 용어를 원문에 충실하게 번역하였다. 이미 10여 년 전에 『대구 이야기』라는 제목으로 한 차례 번역된 바 있으나 이 번역서에서는 일본인 인명을 철저히 조사하여 사실 관계를 보다 더 명확히 하고 주석을 통해 독자들의 정확한 이해를 도모함으로써 더 깊고 쉽게 이해할 수 있도록 하였다. 학부생과 대학원생으로서 근대 일본어 기록물을 번역한다는 것이 여간 어려운 일이 아니었겠으나 성실하고 끈기있게 끝까지 번역에 임하는 모습을 보여주어 대표 번역자이자 교수자로서 큰 감동을 받았다. 학부생과 대학원생의 번역이지만 대표 번역자 및 전공 교수의 철저한 감수를 거쳤기에 원문에 충실한 완성도 높은 번역서를 내놓았다고 자부한다. 6개월 동안 쉽지 않은 번역에 임했던 영남대학교 일어일문학과 학부생들의 번역자로서의 첫 소감을 소개하며 역자 후기를 끝내고자 한다.

번역 프로젝트를 하기 전에는 통번역이라는 것이 단순히 외국어를 모국어로 바꾸는 게 전부라고 생각했다. 『대구물어』를 번역하면서 현재 일본이나 한국에서 잘 쓰지 않는 한자 단어들을 많이 발견했는데 자연스럽게 읽히도록 의역하는 것이 중요함을 깨달았다. 그리고 1900년대 초 한일 관계나 사람들의 삶의 모습 등 이 시대에 관한 지식의 폭을 넓히는 계기가 되었다. 특히 매 수업시간 끝에 교수님이 번역 내용에 관해 보충설명을 해주신 것이 큰 도움이 되었다. - 김서진 올해 『대구물어』 번역에 참가하여 지금까지 알지 못했던 대구의 역사에 대해 많이 알 수 있었다. 일본 현대어에만 익숙했었는데 이 프로젝트를 통해 과거의 문체나 어법을 공부할 수 있었다. 그리고 번역 실력도 확실히 향상시킬 수 있었다. 쉽지 않은 프로젝트였지만 매우 보람있고, 다시 없을 기회라고 생각한다. - 김유영

좋은 번역을 위해서는 단순히 언어뿐만이 아닌 풍부한 사회 문화적 배경 지식까지 갖추고 있어야 함을 깨달을 수 있었던 소중한 기회였다. 역사적 가나 표기법이나 구자체 등에 대해서는 어느정도 알고 있었으나, 사실상 수필인 본문의 내용을 1900년대 초기 인물의 어감 그대로 살린다는 것이 쉽지 않았다. 한국인으로 태어나 한국의 시각으로 밖에 보지 못했던 어느 특정 시기를 평범한 일본인의 관점에서 바라볼 수 있었기에 굉장히 신선했다. - 심영재

당시의 문법과 표현방식, 말투 등 시대상을 그대로 느낄 수 있어 더욱 생생하게 다가왔다. 그러한 표현을 살리면서 번역해야 하는 것이 어려운 과제였다. 여러 자료를 찾아보고 번역하는 일이 무척이나 힘들었지만 일본 역사를 다시금 배우고 일본어 실력을 더욱 성장시키는 계기가 된 것 같다. - 이수민

처음 해보는 번역이었지만 경험 삼아 해보자는 생각으로 지원하였는데 반년 조금 넘는 기간 동안 값진 경험

을 했다고 생각한다. 책에는 생각보다 흥미로운 내용도 많았다. 모르는 단어들을 찾아가며 번역했기 때문에 일본어 공부에 큰 도움이 되었다. - 성기훈

『대구물어』를 통해 접할 기회가 흔치 않은 당시 대구의 구체적인 상황에 대해 알게 되어 감회가 새로웠다. 또한 일본인의 시각에서 본 것이 새롭고 인상 깊었다. 근대 일본어 번역이라는 게 어렵게 느껴졌지만 어려웠던 만큼 공부가 되었다. - 오창희

평소 일본어 번역을 하면서 특별히 막히는 부분이 없었기에 이번에도 같을 것이라 생각했지만 기본 지식이 턱없이 부족해 어려움을 겪었다. 처음에는 낙담했지만 거기서 끝내지 않고 기회로 삼아 탐구하고 공부하여 지금 살고 있는 대구에 대해 자세히 알게 되었다. 덕분에 재미있게 번역에 참여 할 수 있었다. - 임동영

'번역 과정'을 단순히 외국어를 모국어로 바꾼다는 식으로 설명할 수 없다는 생각이 들었다. 작가의 배경, 글을 쓴 시대배경부터 시작해 한국인 입장에서 적절한 표현 등 전체를 아우르는 시선과 책임감이 필요하다고 느꼈다. 이 소중한 경험을 바탕으로 앞으로도 열심히 번역을 공부해 나가고 싶다. - 전민지

번역을 위한 자료 조사만으로도 답답할 때가 많았다. 용어 분석부터 자료 조사까지 해야 했기에 막막하고 시

간도 많이 걸렸지만 힘들었던 만큼 뿌듯함도 많이 느꼈다. 특히 번역문에 관해 서로 의견을 나누는 것이 즐거웠는데 이를 통해 많은 것을 배웠다. 앞으로 번역을 마주하는 자세의 큰 바탕이 될 것이다. - 정수현

이번 대구물어 번역을 통해 대구와 일본에 어떤 일이 있었는지 배울 수 있었다. 근대 일본어를 읽는 것도, 또 이를 적당한 한국어로 바꾸는 것도 어려웠다. 이런 활동이 처음이라 쉽지는 않았지만 보람을 느끼며 즐겁게 번역할 수 있었다. - 하루카, 아오바

색인

ㄱ

ㄷ

ㄹ

ㅁ

ㅇ

ㅈ

ㅊ

ㅎ

가와이 아사오河井朝雄 1879-1931

오이타현 오이타시 출생. 1897년 무렵부터 상업에 종사하며 1904년 5월 대구로 건너와 무역과 담배 제조업을 시작으로 점차 대구지역 신문 발행에 관여하였다. 대구로 이주한 일본인 중 대표적인 언론인으로, 1907년 『대구일일신문』 후원을 시작으로 1909년 『대구신문』 사장, 1913년부터 사망 당시까지 『조선민보』 사장을 역임했다. 재직 중 『경북요람』을 발행하고 『대구물어大邱物語』 등을 저술하였다. 슬하에 1남 2녀를 두었는데 장남인 가와이 도시오河井戶四雄는 저자 사후 『조선민보』 사장이 되었다.

역자 : 영남대학교 일어일문학과 근대사료번역팀

역자 소개 : 2021년 영남대학교 일어일문학과에서 대구 지역의 일본어 근대 사료를 번역하기 위해 근대사료번역팀을 결성하였다. 영남대학교 일어일문학과 최범순 교수, 윤경애 연구교수를 중심으로 학부생과 대학원생으로 구성되었으며 이후 지속적으로 대구의 일본어 근대 사료를 번역해 나갈 예정이다.

윤경애, 김서진, 김유영, 성기훈, 심영재,
야마시타 아오바, 오창희, 요시무라 하루카, 이수민,
임동영, 전민지, 정수현, 정찬휘 옮김